ポケットスタディ 歴史年号

中学教科書ワーク 学習カード

社会 歴史

🔊 音声つき

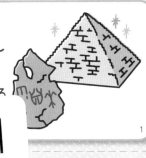

○ 何が起こった年？

前3000〜
BC　　さんぜん

前1500年ごろ

1

○ 何が起こった年？

一瞬だったなあ

前221年
じつにいっ(しゅん)

2

○ 何が起こった年？

239年
じさく

3

○ 何が起こった年？

593年
いつく(し)み

Love

4

○ 何が起こった年？

645年
むようのごう(ぞく)

や—！

5

○ 何が起こった年？

701年
なおいっ(そう)

さらなる
国づくりに
はげもう！

6

○ 何が起こった年？

710年
なんと

わたし、唐の長安にそっくりです

7

○ 何が起こった年？

743年
なじみ

開墾して、
わたしのものに
するぞ！

8

○ 何が起こった年？

794年
なくよ

ホー
ホケキョ！

9

○ 何が起こった年？

935年
ぐさっといつ

やめて！
私が王だ！

10

○ 何が起こった年？

1016年
とおいむ(こう)

この世をば、
我が世とぞ思ふ…

11

何年に起こった？

各地に文明がおこる

- 大河のそばでおきた

エジプト	メソポタミア
ナイル川	チグリス川・ユーフラテス川

インダス	中国
インダス川	黄河・長江

ゴロゴロヒント　BCに輝く文明さんぜんと，文字は以後のいしずえに

 使い方

音声も聞けるよ！

- 切り取ってリングなどでとじましょう。
- カードは表からも裏からも使えます。
- ゴロゴロヒントも覚えてみましょう。

https://www.kyokashowork.jp/so11.html

何年に起こった？

卑弥呼が魏に使いを送る

- 卑弥呼は邪馬台国の女王
- 魏から「親魏倭王」の称号を授かった
- 「魏志倭人伝」

ゴロゴロヒント　魏の王へ　卑弥呼は手紙を自作する

何年に起こった？

秦の始皇帝が中国を統一

- わずか15年でほろびてしまう
- 北方民族にそなえ，万里の長城を築く
- 文字などを統一

ゴロゴロヒント　秦の国　実に一瞬の栄華をほこり

何年に起こった？

大化の改新が始まる

- 中大兄皇子と中臣鎌足が，蘇我氏をたおして始めた
- 律令国家をめざした政治改革

ゴロゴロヒント　改新で　無用の豪族しりぞけて

何年に起こった？

聖徳太子が政務に参加する

- おばである推古天皇の摂政となる
- 蘇我氏と協力
- 冠位十二階・十七条の憲法・遣隋使

ゴロゴロヒント　明日からも　太子は仏教いつくしみ

何年に起こった？

都が平城京に移る

- 現在の奈良県奈良市
- 仏教と唐の影響を受けた，天平文化が花開いた

ゴロゴロヒント　平城京　なんと長安そっくりだ

何年に起こった？

大宝律令が定められる

- 唐の法律にならってつくられた
- 律＝刑罰　令＝行政のきまり

ゴロゴロヒント　律令で　なおいっそうの国づくり

何年に起こった？

都が平安京に移る

- 現在の京都府京都市
- 唐の文化をふまえて，日本の風土にあっている国風文化が，花開いた

ゴロゴロヒント　なくよ　うぐいす平安京

何年に起こった？

墾田永年私財法が定められる

- 口分田が不足して定められた
- 私有地（荘園）が増え，公地公民の原則がくずれていった

ゴロゴロヒント　開墾で　なじみの土地を私有地に

何年に起こった？

藤原道長が摂政になる

- 「この世をば…」の歌が有名
- 自分のむすめを天皇のきさきにして，政治の実権をにぎった

ゴロゴロヒント　道長は　遠い向こうの月をよむ

何年に起こった？

平将門が関東で反乱

- 朝廷への不満から武士団を率いて反乱を起こした
- この後、瀬戸内海で藤原純友も反乱

ゴロゴロヒント　将門に　矢じりがぐさっと　いつの間に

何が起こった年？

1167年
ひびきむな（しい）

何が起こった年？

1185年
ひとびとはご（おん）

何が起こった年？

**1274・
1281年**
ひとつもなし
いつものはい（とう）

何が起こった年？

1333年
いざさんざん

何が起こった年？

1392年
いざくに

何が起こった年？

1467年
ひとよでむなしく

何が起こった年？

1543年
いごしがみちる

何が起こった年？

1573年
いごなみだ

何が起こった年？

1590年
せんごくお（わらせ）

何が起こった年？

1600年
ヒーローおれ

何が起こった年？

1635年
いちろさんきんこう

何が起こった年？

1641年
いろよい

何年に起こった？

源頼朝が 守護・地頭をおく
- 弟の源義経をとらえることを口実に設置
- 後に征夷大将軍
- 将軍と御家人は御恩と奉公の関係

ゴロゴロヒント 人々は　御恩に報いる奉公を

何年に起こった？

平清盛が 太政大臣になる
- 平清盛は，武士として初めて政治の実権をにぎった
- 航路をととのえ，日宋貿易を行った

ゴロゴロヒント 清盛は　響きむなしい　鐘を聞く

何年に起こった？

鎌倉幕府 がほろぶ
- 後醍醐天皇が，足利尊氏などとともに幕府をほろぼした
- その後，建武の新政が始まった

ゴロゴロヒント いざ　散々な幕府討て

何年に起こった？

元寇が起こる （文永の役・弘安の役）
- 元軍は集団戦法や火薬で攻撃
- 御家人たちは活躍したが，十分な恩賞が与えられなかった

ゴロゴロヒント 一つもなしか　いつものほうびの配当は

何年に起こった？

応仁の乱が 始まる
- 室町幕府8代将軍足利義政の後継者争いがきっかけ
- 戦乱は11年続いた
- 以降，戦国時代へ

ゴロゴロヒント 応仁の　一夜でむなしく京は燃え

何年に起こった？

足利義満が 南北朝を統一
- 60年近く続いた南北朝時代の終わり
- 義満は室町に御所をかまえ，朝貢形式の日明貿易も始めた

ゴロゴロヒント いざ国を　まとめて御所を　室町に

何年に起こった？

室町幕府が ほろびる
- 織田信長が15代将軍足利義昭を京都から追放した
- 信長は，その後勢力を強めた

ゴロゴロヒント 京追われ　以後涙に暮れる足利氏

何年に起こった？

種子島に 鉄砲が伝わる
- 種子島に漂着したポルトガル人が伝えた
- 鉄砲は堺（大阪府）や国友（滋賀県）で量産された

ゴロゴロヒント 鉄砲で　以後死が満ちる戦場に

何年に起こった？

関ヶ原の戦いが 起こる
- 東軍を率いた徳川家康が政治の実権をにぎった
- 3年後に家康は征夷大将軍になった

ゴロゴロヒント 関ヶ原　「ヒーローおれだ」と家康は

何年に起こった？

豊臣秀吉が 全国を統一する
- 秀吉は織田信長の後継者争いに勝利
- 検地・刀狩が行われ兵農分離が進んだ

ゴロゴロヒント 秀吉が　戦国終わらせ　全国統一

何年に起こった？

鎖国の体制が 整う
- この年オランダ商館が出島に移された
- 中国とオランダだけが長崎での貿易を許された

ゴロゴロヒント 外国の　色よい返事をわたせない

何年に起こった？

参勤交代が 制度化される
- 3代将軍徳川家光が制度化
- 領地と江戸との1年おきの往復は，大名に多額の負担となる

ゴロゴロヒント 大名は　一路参勤交代へ

何が起こった年？

1688年
いろはは

24

何が起こった年？

1716年
ひなんもいろんも

25

何が起こった年？

1776年
（なりた）いな　なろ（う）

26

何が起こった年？

1787年
ひなんはかな（く）

27

何が起こった年？

1789年
ひなんばく（はつ）

28

何が起こった年？

1841年
いやよとひと（は）

29

何が起こった年？

1853年
いやでござ（るぞ）

30

何が起こった年？

1868年
いやだむや（み）

31

何が起こった年？

1874年
いやなよ

32

何が起こった年？

1889年
ひとははく（しゅ）

33

何が起こった年？

1894年
ひとはくるし（む）

34

何が起こった年？

1904年
ひく（な）おし

35

何年に起こった？
享保の改革が始まる
（きょうほう　かいかく）
- 質素・倹約を命じた
- 上げ米の制，公事方御定書，目安箱設置
- 書物の輸入が一部認められ，蘭学が発展

コロコロヒント　改革に　非難も異論も出ない今日

何年に起こった？
イギリスで名誉革命
（めいよかくめい）
- 専制を行う王が追放され，「権利章典」が定められた
- 立憲君主制と議会政治の始まり

コロコロヒント　議会制　「いろは」はここから始まった

何年に起こった？
寛政の改革が始まる
（かんせい　かいかく）
- 松平定信が行った
- 享保の改革が理想
- 御家人・旗本の借金の帳消しや出版統制で反感を買う

コロコロヒント　改革は　非難はかなく完成し

何年に起こった？
アメリカで独立宣言発表
（どくりつせんげん）
- 前年に始まった独立戦争の中で発表
- 啓蒙思想の影響
- 人民主権・三権分立をうたう

コロコロヒント　なりたいな　なろう！　独立した国に

何年に起こった？
天保の改革が始まる
（てんぽう　かいかく）
- 水野忠邦が幕府の強化を目的に開始
- 外国には薪水給与令
- 性急な改革は，大名などが反発して失敗

コロコロヒント　はやすぎる　テンポが嫌よと人は言い

何年に起こった？
フランス革命が始まる
（かくめい）
- 絶対王政と身分による貧富の差が原因
- 基本的人権の尊重と国民主権をうたう人権宣言が発表された

コロコロヒント　王政に　非難爆発　フランス革命

何年に起こった？
戊辰戦争・五箇条の御誓文
（ぼしんせんそう）（ごかじょう　ごせいもん）
- 戊辰戦争は旧幕府軍と新政府軍の戦い
- 五箇条の御誓文は，新政府が新しい政治の方針を定めたもの

コロコロヒント　嫌だむやみな戦争は　誓文出して国づくり

何年に起こった？
ペリーが浦賀沖に来航
（うらが）
- ペリーはアメリカ東インド艦隊司令長官
- 開国を求める大統領の国書を出した
- 翌年，日米和親条約

コロコロヒント　開国は　嫌でござるぞ　ペリーさん

何年に起こった？
大日本帝国憲法の発布
（だいにっぽんていこくけんぽう）
- 君主権の強いドイツなどの憲法を参考に伊藤博文らが作成
- 主権天皇，法律の制限付きで言論の自由

コロコロヒント　待っていた　人は拍手で　憲法発布

何年に起こった？
民撰議院設立の建白書提出
（みんせんぎいんせつりつ）（けんぱくしょ）
- 板垣退助らが提出
- 自由民権運動のきっかけとなる
- 西南戦争後，運動は活発になった

コロコロヒント　嫌な世を　直せと板垣訴える

何年に起こった？
日露戦争が起こる
（にちろせんそう）
- 義和団事件の後
- 戦争の継続が厳しくなったころ，日本海海戦で日本が勝利
- ポーツマス条約

コロコロヒント　引くな押し込め　日露戦争

何年に起こった？
日清戦争が起こる
（にっしんせんそう）
- 朝鮮の甲午農民戦争への介入がきっかけ
- 日本が勝ち，翌年下関条約が結ばれた
- 賠償金で工業が発達

コロコロヒント　朝鮮の人は苦しむ　日清戦争

何が起こった年？

1914年
ひくいし

ロシア
イギリス
ドイツ
オーストリア
36

何が起こった年？

1915年
いっくいちごん

37

何が起こった年？

1919年
いくいく

38

何が起こった年？

1925年
いくにじゅうご

いいなー
投票箱
39

何が起こった年？

1929年
ひどくふく（らむ）

借金
40

何が起こった年？

1931年
いくさのひ（だね）

41

何が起こった年？

1937年
いくぞみんな

42

何が起こった年？

1939年
いくさでくる（しい）

43

何が起こった年？

1941年
いくよひとり

44

何が起こった年？

1945年
ひびくよご（れた）

たえがたき
をたえ…
45

何が起こった年？

1951年
インクでごうい

46

何が起こった年？

1989年
ひくとやく（そく）

47

何年に起こった？
日本が中国に 二十一か条の要求
にじゅういっ じょう ようきゅう

- 第一次世界大戦中に日本が中国に出した
- 日本の権益拡大要求
- 中国は反発し、反日運動が本格化した

コロコロヒント 要求の 一句一言忘れない

何年に起こった？
第一次世界大戦 が始まる
だいいちじ せ かいたいせん

- バルカン半島のサラエボ事件がきっかけ
- 各国とも総力戦になり、死者は1500万人に達した

コロコロヒント どの国も 引く意思はなく 大戦へ

何年に起こった？
普通選挙法が 定められる
ふ つう せん きょ ほう

- 満25才以上のすべての男子に選挙権が与えられた
- 同じ年に治安維持法も定められた

コロコロヒント 選挙行く 25以上の男子だけ

何年に起こった？
ベルサイユ条約 が結ばれる
じょうやく

- 第一次世界大戦の講和条約。パリ講和会議で話し合われた
- 五・四運動や三・一独立運動も同じ年

コロコロヒント 講和しに 行く行くパリとベルサイユ

何年に起こった？
満州事変が 起こる
まん しゅう じ へん

- 奉天郊外の柳条湖事件がきっかけ
- 翌年日本は「満州国」を建国
- 国際連盟は認めず

コロコロヒント 日中の 戦の火種は満州に

何年に起こった？
世界恐慌が 起こる
せ かい きょう こう

- ニューヨークの株式市場暴落がきっかけ
- **イギリス** ブロック経済
- **アメリカ** ニューディール政策
- ロシアは影響小

コロコロヒント 恐慌で ひどくふくらむ借金よ

何年に起こった？
第二次世界大戦 が始まる
だい に じ せ かいたいせん

- ヒトラーが主導するナチス・ドイツがポーランドに侵攻
- 枢軸国と連合国の戦いに発展

コロコロヒント 世界中 戦で苦しい生活に

何年に起こった？
日中戦争が 始まる
にっちゅうせん そう

- 北京郊外の盧溝橋事件がきっかけ
- 中国は国民党と共産党が抗日民族統一戦線をつくって対抗

コロコロヒント 事件起き 行くぞみんなで大陸へ

何年に起こった？
第二次世界大戦 が終わる
だい に じ せ かいたいせん

- 同じ年のできごと

3月	東京大空襲/沖縄戦開始
5月	ドイツ降伏
8月	原爆投下/ソ連侵攻 ポツダム宣言受諾

コロコロヒント 玉音が 響く汚れた町並みに

何年に起こった？
太平洋戦争が 始まる
たい へい よう せん そう

- 日本軍がイギリス領マレー半島とハワイの真珠湾を攻撃
- 日本の戦局はミッドウェー海戦後に悪化

コロコロヒント 行くよ一人で 戦争へ

何年に起こった？
冷戦が終わる （マルタ会談）
れい せん　かいだん

- 米ソによって冷戦の終結が宣言された
- 同じ年、冷戦の象徴、「ベルリンの壁」が壊された

コロコロヒント 米ソとも 引くと約束いたしましょう

何年に起こった？
サンフランシスコ 平和条約を結ぶ
へい わ じょうやく

- 日本はアメリカなど48か国と平和条約を結び独立を回復
- 同時に日米安全保障条約が結ばれた

コロコロヒント 条約に インクをつけて合意する

帝国書院版 社会歴史 もくじ

カード音声

ステージ1　ステージ2　ステージ3

写真提供：秋田県立博物館，アフロ，甲斐 善光寺，川越市立博物館，喜多院，岐阜県白山文化博物館，玄福寺，公益財団法人美術院，神戸市立博物館，国文学研究資料館，国立国会図書館，国立歴史民俗博物館，滋賀大学経済学部附属史料館，慈照寺，正倉院正倉，新華社，新ひだか町博物館，中尊寺，東京国立博物館，東京大学史料編纂所，東京大学法学部附属明治新聞雑誌文庫，東大寺，遠野市立博物館，徳川美術館，中島洋祐，長野県立歴史館，奈良市教育委員会，奈良文化財研究所，東大阪市立郷土博物館，長崎県対馬歴史研究センター，日本近代文学館，平等院，福岡市博物館，不審菴，毎日新聞社，鹿苑寺，AP，ColBase（https://colbase.nich.go.jp/），National Museum of China，NISSHA株式会社，Steve Vidler，The New York Times，TNM Image Archives，U.S. Army（敬称略・五十音順）
ポケットスタディ音声：那波一寿

予習・復習 ◀ こつこつ ▶ 解答 p.1

第1節　歴史の流れと時代区分
第2節　歴史の調べ方・まとめ方・発表のしかた

教科書の **要点**　（　）にあてはまる語句を答えよう。

1 年代の表し方と時代区分　　　　　　　教 p.2～5

● **過去をさかのぼる時の約束事**

◆過去の謎を解くとき，「（① 　　　　　　　　　　）」を作ってつ

ながりを整理していくと，答えが探しやすくなる。

● **年代の表し方のいろいろ**

◆西暦 ▶（② 　　　　　　　　　　）が生まれたとされる年を基準に，
　　　　　　　キリスト教を開いた人物

それ以前を紀元前（B.C.）〇〇年，以後を紀元（A.D.）〇

〇年と表す。紀元やA.D.はよく省略される。

◆（③ 　　　　　　　　　　）▶西暦を基準に，100年を一区切りと

する単位。21世紀は2001年1月1日～2100年12月31日。

◆（④ 　　　　　　　　　　）▶中国に始まり，日本へ伝えられた。

明治・大正・昭和・平成・令和などの区分。
　　　　　　　　　平成31年と令和元年は同じ2019年

● **時代区分のいろいろ**

◆社会のしくみなどによる区分 ▶（⑤ 　　　　　　　）・**中**

世・近世・（⑥ 　　　　　　　）・現代。

◆生活や文化の特徴から名付けた時代名 ▶縄文時代・弥生時代

◆（⑦ 　　　　　　　）の中心地から名付けた時代名 ▶平安時

代・（⑧ 　　　　　　　）時代・室町時代・江戸時代など。

2 歴史の調べ方・まとめ方・発表のしかた　教 p.6～12

● **歴史の謎を探る～問いを作ろう～**

◆地域の人物，建物，遺跡，行事などから，問いを作る。

■情報の集め方 ▶図書館の本，（⑨ 　　　　　　　）館・資

料館の展示物，インターネットでウェブサイトを調べる。

● **資料をよく見てヒントを探そう**

◆資料から情報を発見し，それを基に（⑩ 　　　　　　　）を

立て，さらに**教科書**などで調べて謎の答えを推理する。

■さまざまな調査 ▶教室に帰って結果をまとめる。

┌─────────────────┐　　┌─────────────────┐
│（⑪ 　　　　　　　）│ ➡ │（⑫ 　　　　　　　）│
│**調査**で，地域を観察 │　　│**調査**をして話を聞く │
└─────────────────┘　　└─────────────────┘

● **謎解きの答えを分かりやすくまとめよう**

◆（⑬ 　　　　　　　）の形でまとめ，**劇**やイラスト，新聞や
　　　　　　　報告書のこと

テレビニュースの形式で発表する。

↓**西暦と世紀の区分**

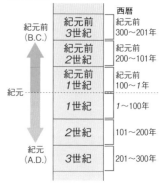

	西暦
紀元前（B.C.）	紀元前3世紀 ／ 紀元前300～201年
	紀元前2世紀 ／ 紀元前200～101年
	紀元前1世紀 ／ 紀元前100～1年
紀元	1世紀 ／ 1～100年
	2世紀 ／ 101～200年
紀元（A.D.）	3世紀 ／ 201～300年

世紀の始まりは，西暦の1けたが0年ではなく1年なので，注意！

↓**調査のしかた**

	野外調査	聞き取り調査
出かける前	ルートを決めて地図に書き込む。	質問相手と質問内容を質問用紙に書く。
持ち物	記録用紙，筆記用具，カメラ，ビデオ，方位磁針，地図（地形図），ビニール袋，メジャーなど	
調査の注意点	・何が，どこに，どのくらいあったかメモする。 ・見つけたものをスケッチする。 ・観察地点を地図に記入する。	・質問用紙に沿ってインタビューする。 ・不明確な点を整理して，改めて質問する。

😊まるごと暗記　🔵近世　古代・中世に続く時代区分で，安土桃山時代から江戸時代までを指す。

第1編

📖教科書の 資 料　次の問いに答えよう。

| | 2000 | 紀元 | 100 | 200 | 300 | 400 | 500 | 600 | 700 | 800 | 900 | 1000 | 1100 | 1200 | 1300 | 1400 | 1500 | 1600 | 1700 | 1800 | 1900 | 2000 |

紀元前(B.C.)｜紀元後(A.D.)

| 古代 | | | | 中世 | ② | 近代 | 現代 |

| | | | | 飛鳥 | 奈良 | ① | 鎌倉 | 室町 | 戦国 | 江戸 | 大正 |

| 縄文 | 弥生 | | 古墳 | | | | | | | 南北朝 | | 安土桃山 | | 明治 | 昭和 | 平成 | 令和 |

| 2000年前 | 1900年前 | 1800年前 | 1700年前 | 1600年前 | 1500年前 | 1400年前 | 1300年前 | 1200年前 | 1100年前 | 1000年前 | 900年前 | 800年前 | 700年前 | 600年前 | 500年前 | 400年前 | 300年前 | 200年前 | 100年前 | 現在 |

A　　　　　B　　　　　C

(1) ①・②にあてはまる時代区分を書きなさい。

①（　　　　　　）②（　　　　　　）

(2) A～Cにあてはまる人物名を　　から選びなさい。

雪舟（せっしゅう）　板垣退助（いたがきたいすけ）　行基（ぎょうき）　卑弥呼（ひみこ）

A（　　　　　）　B（　　　　　）　C（　　　　　）

📖教科書 一 問 一 答 チェック　次の問いに答えよう。

/10問中

★は教科書の太字の語句

1 年代の表し方と時代区分

①キリストが生まれたとされる年を基準とした年代の表し方を何といいますか。

★□①＿＿＿＿＿＿＿＿＿

②キリストが生まれたとされる年の10年前を，①の表し方では何年といいますか。

□②＿＿＿＿＿＿＿＿＿

③1世紀は何年間ですか。

□③＿＿＿＿＿＿＿＿＿

④西暦1600年は何世紀ですか。

□④＿＿＿＿＿＿＿＿＿

⑤西暦1901年は何世紀ですか。

□⑤＿＿＿＿＿＿＿＿＿

⑥社会のしくみをもとに歴史を五つに分けるとき，古代と近世の間に位置する時代を何といいますか。

★□⑥＿＿＿＿＿＿＿＿＿

⑦縄文時代の次，古墳時代（こふん）の前の時代を何といいますか。

□⑦＿＿＿＿＿＿＿＿＿

⑧明治の次，昭和の前の元号を何といいますか。

□⑧＿＿＿＿＿＿＿＿＿

2

⑨疑問（ぎもん）が生まれたら，集めた情報を基に予想を立てておく必要があります。この予想を何といいますか。

□⑨＿＿＿＿＿＿＿＿＿

⑩情報の集め方のうち，博物館などのウェブサイトでリンクをたどって調べられるものを何といいますか。

□⑩＿＿＿＿＿＿＿＿＿

知識の泉　元号（げんごう）は「大化の改新（たいか かいしん）」「応仁の乱（おうにん）」「明治維新（めいじ いしん）」など，歴史上の出来事を表すときにもよく用いられます。「壬申の乱（じんしん）」「戊辰戦争（ぼしん）」の「壬申」「戊辰」は，60通りある十干十二支（じっかんじゅうに し）のうちの一つです。

確認のワーク　ステージ1　第1節　人類の登場から文明の発生へ①

教科書の**要点**（　）にあてはまる語句を答えよう。

❶ 人類がたどった進化

教 p.14〜15

700万年前	猿人が登場
240万年前	原人が登場
20万年前	新人が登場
1万年前	最後の氷期が終わる
紀元前	
3500年	メソポタミア文明
3100年	エジプト文明
2300年	インダス文明

●**人類の誕生／環境の変化と人類**

◆約700万年前▶アフリカで最古の人類（① 　　　　　）

が誕生。2本足で立って歩き，石などを**道具**として使用。
手を使い，脳が発達していった

◆約260万年前〜▶氷期と間氷期を繰り返す**氷河時代**。

■（② 　　　　　）は火を使い，**言葉**が発達。石を打ち
約240万年前〜の人類

砕いた**打製石器**を作る→（③ 　　　　　）**時代**。

◆20万年前〜▶（④ 　　　　　）が誕生。
現代人に直接つながる人類

●**日本列島に住み始めた人々**

◆氷期の日本列島▶地続きの大陸から**移動**した**大型動物**を

追って，**新人**がやって来る。
ナウマンゾウやオオツノジカなど

■群馬県の（⑤ 　　　　　）で打製石器を発見。

●**氷期の終わりと農耕の始まり**

◆約1万年前▶最後の氷期が終わる→大型の動物が減り，

食料が不足→**牧畜**や**農耕**を開始。

■**磨製石器**や土器の使用→（⑥ 　　　　　）**時代**。
石を磨いて作った石器

↓打製石器と磨製石器

❷ 世界各地で生まれる文明

教 p.16〜17

●**文明が生まれる条件**

◆大河の流域で農耕や牧畜が発達▶**王**が現れ，**神殿**や**宮殿**など
農作業や軍事を指揮

を持つ（⑦ 　　　　　）を建設。祭り・戦いに用いる**青**

銅器が作られ，記録用に（⑧ 　　　　　）も生まれる。
どうき

●**メソポタミア文明／エジプト文明**

◆「（⑨ 　　　　　）」とよばれる地域で最初の文明が誕生。
ヨーロッパから見て東の「太陽の昇る土地」という意味

◆（⑩ 　　　　　）**文明**▶紀元前3500年ごろ，**ティグリ**

ス・ユーフラテス川流域。**くさび形文字**，**太陰暦**，**60進法**。

◆（⑪ 　　　　　）**文明**▶紀元前3100年ごろ，**ナイル川**流

域。**ピラミッド**を建設。**神聖文字**を発明し，**太陽暦**を使用。
王の権力の強さを示す　　象形文字の一つ

●**インダス文明**

◆**インダス文明**▶紀元前2300年ごろ，**インダス川**流域。都市

（⑫ 　　　　　）には上下水道が整備。**インダス文字**。

●**アルファベットの誕生と鉄器**

◆**アルファベットの原型**▶**象形文字**や**くさび形文字**が基。

◆（⑬ 　　　　　）の普及▶農産物の生産量が増大。
紀元前1000年ごろ。王の軍事力も強大に

↓くさび形文字と神聖文字

↓ピラミッド

農耕が発達することで，多くの人が同じ場所に住めるようになったよ。

📖 教科書の 資料　次の問いに答えよう。

(1) Xは，最古の人類である猿人が生まれた大陸です。この大陸を何といいますか。（　　　　　　）

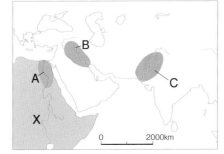

(2) 原人が使い始めたYのような石器を何といいますか。
（　　　　　　　　　）

第2部
第1章

(3) 地図中のAの地域で生まれた文明で作られたものを，◌◌◌から選びなさい。（　　　　　　）

太陰暦　　太陽暦　　くさび形文字

(4) 地図中のB・Cで発達した文明をそれぞれ何といいますか。

B（　　　　　　　　）　C（　　　　　　　　　）

📖 教科書 チェック 一問一答　次の問いに答えよう。　　/10問中

★は教科書の太字の語句

① 人類がたどった進化

①氷河時代の人類は，仲間どうしで意思を伝えあうために何を発達させましたか。　★①＿＿＿＿＿

②狩りによって手に入れた食べ物を加工するため，火を使うようになった時期の人類を何といいますか。　②＿＿＿＿＿

③新石器時代以降に多用された，石を磨いて作った石器を何といいますか。　★③＿＿＿＿＿

④約1万年前から使われるようになった，粘土を焼いて作った道具を何といいますか。　★④＿＿＿＿＿

② 世界各地で生まれる文明

⑤最も早い文明が生まれたオリエントとよばれる地域は，メソポタミアとどこですか。　⑤＿＿＿＿＿

⑥メソポタミア文明で作られ，インダス文明・中国文明でも使われた金属器を何といいますか。　★⑥＿＿＿＿＿

⑦メソポタミア文明で使われた，時間を計るために生まれた数の数え方を何といいますか。　⑦＿＿＿＿＿

⑧エジプト文明が生まれたのは，何という川の流域ですか。　⑧＿＿＿＿＿

⑨モヘンジョ゠ダロなど，計画的に上下水道・公衆浴場を備えた都市を建設した文明を何といいますか。　★⑨＿＿＿＿＿

⑩象形文字やくさび形文字を基に原型が発明された，より簡単な文字を何といいますか。　⑩＿＿＿＿＿

📖 知識の泉　インダス川は，そのほとんどがインドのとなりの国・パキスタンを流れています。「インダス」はインドの国名の由来ですが，文明は現在のパキスタンで栄えました。

確認のワーク ステージ1 第1節 人類の登場から文明の発生へ②

教科書の 要点 （ ）にあてはまる語句を答えよう。

1 東アジアの文明の広がり 教 p.18〜19

●**中国文明／統一された中国**

◆**中国文明**▶（①　　　　　　　）と長江流域で農耕が発達。

■紀元前1600年ごろに（②　　　　　　　）が成立。王が占いによる政治を行う→**青銅器**が発達。**甲骨文字**で記録。

◆**春秋戦国時代**▶紀元前8世紀ごろに周が衰え，戦乱の時代に。

■紀元前6世紀ごろ，（③　　　　　　　）が儒教を説く。

■紀元前4世紀ごろから（④　　　　　　　）の農具を使用。

◆**中国の統一**▶紀元前3世紀，秦の（⑤　　　　　　　）が中国を統一。北方の遊牧民の侵入を防ぐ**万里の長城**を修築。

◆秦に続き（⑥　　　　　　　）が中国を統一。周辺国が**朝貢**。

■西方との交通路として（⑦　　　　　　　）も整備。

2 ギリシャとローマの政治と文明 教 p.20〜21

●**ギリシャの民主政**

◆（⑧　　　　　　　）▶紀元前8世紀ごろから成立した**都市国家**。戦闘の義務を果たす成人男子市民が政治に参加。

◆**アテネ**▶紀元前5世紀，（⑨　　　　　　　）が行われる。

●**ローマの政治**

◆**古代ローマ**▶紀元前3世紀初めには（⑩　　　　　　　）が完成。紀元前1世紀には**帝政**に→ローマ帝国は道路や水道，法律を整備し，ラテン文字（ローマ字）を広める。

◆**奴隷**▶ギリシャとローマの生活基盤となる労働を支えていた。

3 仏教・キリスト教・イスラム教の誕生 教 p.22〜23

●**宗教のおこり／仏教**

◆仏教・キリスト教・イスラム教は，世界的な規模で信仰される。

◆**仏教**▶紀元前6世紀ごろ，（⑪　　　　　　　）が身分制度を批判し，苦悩を乗り越える道を説く。

●**キリスト教／イスラム教**

◆**キリスト教**▶紀元前後のころ，（⑫　　　　　　　）が現れ，パレスチナで古くから信仰されていたユダヤ教を批判。

■ローマ帝国は当初迫害したが，4世紀末に国教とした。

◆**イスラム教**▶メッカで（⑬　　　　　　　）が唯一神（アッラー）の教えを伝え，神の前では人々は平等であると説いた。

紀元前1100年ごろ	周が殷を滅ぼす
8世紀	中国で春秋戦国時代が始まる
	ギリシャで都市国家が誕生
6世紀	シャカが仏教を説く
	孔子が儒教を説く
3世紀	秦が中国を統一
	漢が中国を統一
1世紀	ローマ帝国が成立
紀元前後	イエスが誕生
7世紀	ムハンマドがイスラム教を始める

↓甲骨文字

↓紀元前後の東アジア

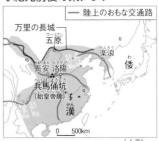

↓ギリシャのパルテノン神殿

キリスト教の教典は「聖書」，イスラム教は「コーラン」というよ。

😊**まるごと暗記** ●●**奴隷制** 古代のギリシャやローマで採用されていた，農業などの労働を奴隷に担わせる制度。

教科書の 資料 次の問いに答えよう。

(1) 地図は宗教が誕生した地を示しています。A〜Cにあてはまる宗教を，………からそれぞれ選びなさい。

A（　　　　　　）
B（　　　　　　）
C（　　　　　　）

キリスト教　仏教　イスラム教

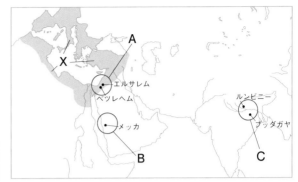

(2) Aの宗教を，4世紀末に国教とした，Xの国を何といいますか。（　　　　　　）

(3) 中国からシルクロードを通って(2)に運ばれたもので，シルクロードの名称の基になったものを何といいますか。（　　　　　　）

教科書 チェック 一問一答 次の問いに答えよう。 ／10問中

★は教科書の太字の語句

1 東アジアの文明の広がり

①殷（商）で使われた，亀の甲や牛の骨に書かれた文字を何といいますか。
★①＿＿＿＿

②紀元前3世紀に中国を統一した始皇帝（しこうてい）は，何という国の皇帝でしたか。
★②＿＿＿＿

③始皇帝が，北方の遊牧民の侵入を防ぐために修築させたものを何といいますか。
③＿＿＿＿

④漢が国の支配に取り入れた，孔子の教えを何といいますか。
★④＿＿＿＿

⑤漢の周辺諸国は，漢に貢ぎ物を渡して忠誠を誓いました。このことを何といいますか。
⑤＿＿＿＿

2 ギリシャとローマの政治と文明

⑥紀元前8世紀ごろから，ポリスとよばれる多くの都市国家が生まれたのはどこですか。
⑥＿＿＿＿

⑦労働力としてギリシャとローマを支えていたのは，どのような立場の人々ですか。
⑦＿＿＿＿

3 仏教・キリスト教・イスラム教の誕生

⑧シルクロードを通って中国に伝えられ，やがて朝鮮や日本にも広まった宗教は何ですか。
★⑧＿＿＿＿

⑨ローマ帝国に支配されていたパレスチナに現れたイエスは，何という宗教の指導者を批判しましたか。
⑨＿＿＿＿

⑩7世紀のアラビア半島で，ムハンマドが開いたイスラム教の教典を何といいますか。
⑩＿＿＿＿

知識の泉　秦の時代までの中国では，王が死ぬといけにえとして多くの人を生きたまま埋葬（まいそう）しました。始皇帝はこの風習をやめ，兵士や馬の人形（兵馬俑（へいばよう））を作って副葬品（ふくそう）としました。

こつこつ　テスト直前　解答 p.2

定着のワーク ステージ2　第1節　人類の登場から文明の発生へ

1 人類の進化と世界各地の文明　右の年表を見て，次の問いに答えなさい。

(1)　年表中の□□□にあてはまる，最古の人類を何といいますか。

（　　　　　　　　　）

(2)　火や言葉を使う原人が生きていた時期を，年表中のア〜ウから選びなさい。

（　　　　　　　　　）

年代	できごと
700万年前	直立歩行をする□□□が登場
	⇕ ア
20万年前	新人が登場
	⇕ イ
1万年前	最後の氷期が終わる
	⇕ ウ
紀元前1000年ごろ	鉄器が普及し始める

(3)　右の表の①〜③にあてはまる道具の名前を，それぞれ書きなさい。

①（　　　　　　　）
②（　　　　　　　）
③（　　　　　　　）

旧石器時代	石を打ち砕いた（ ① ）を使用
新石器時代	石を磨いた（ ② ）を使用
	粘土を焼いた（ ③ ）を使用

(4)　次の文を読んで，あとの問いに答えなさい。

　　　大河の流域で（ A ）や牧畜が発達すると，人々は食料を蓄え，定住生活を行った。やがて農作業や戦いを指揮する王が現れ，神殿や宮殿などを持つ（ B ）ができ，記録用に（ C ）も生まれた。このような文明には，最も早くに□□□で生まれた a メソポタミア文明や b エジプト文明のほか，c インダス文明，d 中国文明がある。

①　A〜Cにあてはまる語句を，右の□□□からそれぞれ選びなさい。

　　都市　　文字　　青銅器　　農耕

A（　　　　　　　）　B（　　　　　　　）　C（　　　　　　　）

②　□□□にあてはまる地域を何といいますか。

（　　　　　　　）

③　下線部a〜dで使われていた文字を，右から選び，またそれぞれの名前を書きなさい。

a（　　，　　）
b（　　，　　）
c（　　，　　）
d（　　，　　）

ア　　イ

ウ　　エ

④　下線部a〜dと関係の深いものを，□□□からそれぞれ選びなさい。

a（　　　　　　　）　b（　　　　　　　）
c（　　　　　　　）　d（　　　　　　　）

　　ピラミッド　　モヘンジョ＝ダロ　　太陰暦　　殷

ヒントの森

(4)②aとbの地域をまとめたよび方です。
③ア亀の甲や牛の骨に書かれました。

全部できたら，➡に✔をかいて😊にしよう！ 😊😊😊

9

2 東アジアの文明の広がり 次の地図と文を見て，あとの問いに答えなさい。

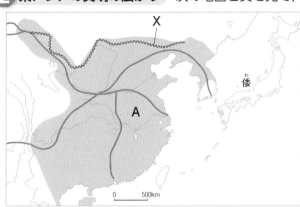

- ●Aは紀元前3世紀におこり，ａ秦に続いて中国を統一した。
- ●Aは国の支配にｂ孔子の教えを取り入れた。
- ●周辺諸国は，Aのｃ皇帝に貢ぎ物を渡して忠誠を誓った。
- ●Aと西方との間に □ が整備され絹織物が運ばれた。

第2部
第1章

(1) Aは何という国ですか。 （　　　　　）

よく出る (2) 下線部ａが修築した地図中のＸの建造物を何といいますか。 （　　　　　）

(3) (2)が修築された理由を次から選びなさい。 （　　　　　）

　ア　交通路として利用するため。　　イ　北方の遊牧民の侵入を防ぐため。
　ウ　治水やかんがいに利用するため。　エ　皇帝の墓にするため。

レベルUP (4) 下線部ｂ・ｃをそれぞれ何といいますか。

　　　　　　　　　　　　　　b （　　　　　）
　　　　　　　　　　　　　　c （　　　　　）

(5) □ にあてはまる語句を書きなさい。 （　　　　　）

ヒントの森
(5)中国から西方へ運ばれた品名から名づけられました。

3 ギリシャとローマの政治と宗教の誕生 次の問いに答えなさい。

(1) 次の①～④にあてはまる語句をそれぞれ書きなさい。

　① ギリシャで，紀元前8世紀ごろに多く生まれた都市国家 （　　　　　）
　② ①の一部で行われた成人男子市民が主体となる政治 （　　　　　）
　③ 地中海一帯を支配し，実用的な文化を発展させた帝国 （　　　　　）
　④ ①や③で市民の生活に必要な労働を担っていた人々 （　　　　　）

(2) 宗教についてまとめた右の表を見て，Ａ～Ｅにあてはまる語句を， □ からそれぞれ選びなさい。

A （　　　　　）
B （　　　　　）
C （　　　　　）
D （　　　　　）
E （　　　　　）

地域	パレスチナ	アラビア半島	インド
開祖	（ Ａ ）	ムハンマド	（ Ｂ ）
時期	紀元前後	7世紀	紀元前6世紀
宗教名	キリスト教	（ Ｃ ）	（ Ｄ ）
教え	神の前ではみな平等で，神を信じるものは誰もが救われる。	唯一神（ Ｅ ）を信じ，正しい行いをすることが大切である。	悟りを開いて仏となれば，だれでも苦しみから救われる。

　ヒンドゥー教　　仏教　　アッラー　　始皇帝
　イスラム教　　イエス　　ユダヤ教　　シャカ

ヒントの森
(2)B仏像のモデルです。

予習・復習 こつこつ 解答 ▶ p.3

ステージ1 第2節　東アジアの中の倭（日本）

教科書の 要点（　　　）にあてはまる語句を答えよう。

❶ 縄文から弥生への変化　教 ▶ p.26～27

●**土器が生まれた縄文時代**
約1万数千年前～紀元前3世紀ごろまで

◆約1万年前 ▶ 氷期が終わり日本列島が大陸から切り離される。

◆（①　　　　　　　） ▶ 表面に縄目文様が付けられた土器。

◆（②　　　　　　　）住居，近くに（③　　　　　　　）。
ごみを捨てた場所

◆**土偶** ▶ まじないに使われた。　◆**三内丸山遺跡**（青森県）。

●**稲作が広まった弥生時代**
紀元前3世紀ごろ～紀元3世紀ごろまで

◆紀元前3世紀ごろ ▶ 北九州に（④　　　　　　　）が伝わる。
中国や朝鮮半島などから

◆（⑤　　　　　　　） ▶ 薄くて硬く，米の煮炊きに使う土器。

◆**石包丁**や鉄製の鎌で稲の穂先を摘み取り，
（⑥　　　　　　　）に稲を蓄える。　◆**ムラ**(集落)に定住。

◆**銅鐸**などの（⑦　　　　　　　），武器や工具の**鉄器**を使用。

❷ ムラがまとまりクニへ　教 ▶ p.28～29

●**ムラからクニへ／中国の歴史書から見た倭**

◆ムラとムラの争い ▶ 有力な（⑧　　　　　　　）ができる。

◆**吉野ヶ里遺跡**（佐賀県） ▶ 柵と深い濠に囲まれた大きな集落。
土地や水の利用をめぐる争い

◆紀元前1世紀ごろ ▶ **倭**（日本）は100ほどの国に分かれる。

◆1世紀半ば（⑨　　　　　　　）の王が**漢**から**金印**を授かる。
「漢書」に記述

◆3世紀**邪馬台国**の（⑩　　　　　　　）が中国に使いを送る。
「後漢書」に記述

●**縄文・弥生時代の交易と交流** ▶ 南北の地域が活発に交流。
「魏志」倭人伝に記述

❸ 鉄から見えるヤマト王権　教 ▶ p.30～31

●**古墳の出現／倭国と朝鮮半島の関係**

◆3世紀末 ▶ 円墳・方墳・（⑪　　　　　　　）などの古墳が
大仙(大山)古墳など
出現。富と権力を持つ（⑫　　　　　　　）が各地に現れる。
埴輪を置く

■3世紀～6世紀の約300年間 ▶ **古墳時代**。
支配者

◆朝鮮半島の動き ▶（⑬　　　　　　　）が北部へ領土を拡大。
領土
南部では小国がまとまり，**百済・新羅**が成立。

◆**ヤマト王権** ▶ **加羅**（**伽耶**）地域とつながり，百済を支援。
奈良盆地南東部に成立　　　　　広開土王碑に記述

●**ヤマト王権の支配の拡大** ▶ 5世紀後半

◆ワカタケルが「（⑭　　　　　　　）」と名乗り，**鉄剣**
ヤマト王権の王
や**鉄刀**を豪族に与える→各地の豪族がヤマト王権に従う。
稲荷山古墳（埼玉県）出土の鉄剣など

●**渡来人** ▶ 戦乱の多い中国や朝鮮半島から移住。

◆鉄器や（⑮　　　　　　　），機織り・漢字などを伝える。

登り窯を用いて高温で焼いた土器

1万年前	日本列島が現在の姿になる
前3世紀	大陸から稲作や金属器が伝わる
前1世紀	倭には100ほどの国がある
後1世紀	奴国の王が漢に使いを送る
3世紀	邪馬台国の卑弥呼が中国に使いを送る 古墳が現れる
5世紀	ワカタケルが大王を名乗る

鉄器や青銅器は大陸からもたらされたんだよ。

↓「漢委奴国王」と彫られた金印

↓「魏志」倭人伝

邪馬台国では，下戸（民衆）が大人（有力者）と道で会うと，草むらの中に後ずさりして道を譲る。

↓鉄の延べ板の出土地

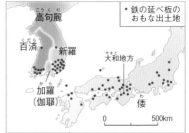

・鉄の延べ板のおもな出土地

高句麗
百済　新羅
大和地方
加羅（伽耶）
倭
0　　500km

😊まるごと暗記　😶卑弥呼 弥生時代の邪馬台国の女王　😶古墳 各地で豪族がつくる

📖教科書の 資料　次の問いに答えよう。

(1) 右のA〜Dの遺物の名前をそれぞれ書きなさい。

A（　　　　　　）　B（　　　　　　）
C（　　　　　　）　D（　　　　　　）

(2) A〜Dはどの時代に作られたものですか。☐からそれぞれ選びなさい。同じものを選んでかまいません。

A（　　　　　　）　B（　　　　　　）
C（　　　　　　）　D（　　　　　　）

> 縄文時代　　古墳時代
> 弥生時代　　旧石器時代

第2部 第1章

📖教科書 一問一答　次の問いに答えよう。 /10問中

★は教科書の太字の語句

1 縄文から弥生への変化

①大型の建物が造られ，遠い地域との間での交易が行われていた，青森県の遺跡を何といいますか。
☐①＿＿＿＿

②たて穴住居の近くにできた，貝がらやこわれた石器・土器などを捨てた場所を何といいますか。
☐★②＿＿＿＿

③紀元前3世紀ごろから紀元3世紀ごろまで続いた時代を何といいますか。
☐★③＿＿＿＿

④③の時代に，収穫した稲の穂先を摘み取るために使われた道具は，鉄製の鎌と何ですか。
☐④＿＿＿＿

2 ムラがまとまりクニへ

⑤物見やぐらなどを構える大きな集落が発掘された，佐賀県の遺跡を何といいますか。
☐⑤＿＿＿＿

⑥奴国の王が漢に使いを送り，皇帝から与えられたものは何ですか。
☐⑥＿＿＿＿

⑦倭国（日本）が何年も争うようになった3世紀に，女性の卑弥呼を王としたのは何という国ですか。
☐★⑦＿＿＿＿

3 鉄から見えるヤマト王権

⑧3世紀末からの約300年間，古墳が盛んに造られた時代を何といいますか。
☐★⑧＿＿＿＿

⑨大和地方（奈良盆地東南部）に成立した王権を何といいますか。
☐★⑨＿＿＿＿

⑩⑧の時代に，中国や朝鮮半島から倭国に移住してきた人々を何といいますか。
☐★⑩＿＿＿＿

知識の泉　邪馬台国がどこにあったかはまだわかっていません。九州説や畿内説が有力ですが，卑弥呼の墓や，魏の皇帝から授けられた金印はまだ発見されていないのです。

定着のワーク　ステージ2

第2節　東アジアの中の倭（日本）

1 縄文から弥生への変化　次の表を見て，あとの問いに答えなさい。

時代	食べ物	道具	建物
縄文時代	・a狩り，採集，漁	・b土器…煮炊き ・石器 ・□…まじない	・（ A ）住居に住む
弥生時代	・狩り，採集，漁 ・c稲作	・土器…米の保存・煮炊き ・d石包丁や鉄製の鎌 ・e青銅器…祭り ・鉄器…武器や工具	・（ A ）住居に住む ・（ B ）倉庫に米を保存

A

B

(1) 右の資料を見て，表中の（　）にあてはまる語句をそれぞれ書きなさい。
A（　　　　　　　）住居
B（　　　　　　　）倉庫

(2) 下線部aについて，当時の人が集落のそばに食べ物などのごみを捨てたところを何といいますか。
（　　　　　　　　）

ア　　　　　　　イ

(3) 下線部bについて，あてはまる土器を右のア・イから選びなさい。また，その名前も書きなさい。
記号（　　）　名前（　　　　　　）

(4) □にあてはまる語句を書きなさい。
（　　　　　　　　）

(5) 下線部cは，縄文時代の終わりごろに，どこから日本に伝えられたものですか。次から選びなさい。
（　　　）
ア　中国や朝鮮半島など　　イ　東南アジア　　ウ　インド

(6) 下線部dは，どのような作業に使われたものですか。次から選びなさい。
（　　　）
ア　水田を耕した。　　　イ　稲の穂先を摘み取った。
ウ　稲穂からもみがらを取り去った。

(7) 下線部eについて，右の資料の青銅器を何といいますか。
（　　　　　　　　）

(8) ①縄文時代と②弥生時代について，あてはまる説明を次からそれぞれ選びなさい。　①（　　　）　②（　　　）
ア　三内丸山遺跡では，遠い地域と物の交換が行われていた。
イ　水田の近くで定住し，ムラをつくっていた。
ウ　日本列島にナウマンゾウなどの大型動物が移動した。
エ　氷期の時期で，打製石器が使われていた。

ヒントの森
(1)B床が高くなっています。
(3)縄目の文様が特徴。

❷ ムラがまとまりクニへ　右の年表を見て，次の問いに答えなさい。

(1) 次の文の＿＿にあてはまる語句を，それぞれ2字で書きなさい。

① (　　　　　　　　)

② (　　　　　　　　)

ムラとムラの間で土地や水の利用をめぐる ① が起こった。やがて周辺のムラをまとめる有力な ② が現れた。

年代	できごと
前3世紀	稲作が日本に伝わる
前1世紀	倭(日本)が約100の国に分かれていた
1世紀	(　A　)の王が漢に使いを送る…………a
3世紀	(　B　)の卑弥呼が倭国の女王となる…b

(2) 年表中の(　　)にあてはまる国名をそれぞれ書きなさい。

A (　　　　　　　) B (　　　　　　　)

(3) aについて，このとき，漢の皇帝から右の資料を与えられました。これを何といいますか。　(　　　　　　　)

(4) bについて，このころの日本の様子を書いた中国の歴史書を次から選びなさい。　(　　　　　)

ア 「漢書」　イ 「魏志」倭人伝　ウ 後漢書

ヒントの森
(4)当時の中国は三国時代でした。

❸ 古墳時代　次の文を読んで，あとの問いに答えなさい。

3世紀末，各地に a古墳が出現した。このころ，大和地方に成立した(　A　)は b朝鮮半島とのつながりを強めていった。(　B　)たちは，朝鮮半島の＿＿や技術を手に入れるため，Aに従うようになった。これは，5世紀に「(　C　)」と名乗ったAの王の名前が刻まれている＿＿剣や＿＿刀が，各地で見つかったことからもわかる。

(1) 下線部aについて，右の資料の形の古墳を特に何といいますか。　(　　　　　　　)

(2) (　　)にあてはまる言葉を＿＿からそれぞれ選びなさい。

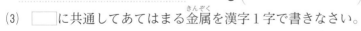

邪馬台国	豪族
ヤマト王権	大王

A (　　　　　　　)

B (　　　　　　　)

C (　　　　　　　)

(3) ＿＿に共通してあてはまる金属を漢字1字で書きなさい。　(　　　　　　　)

(4) 下線部bについて，Aと結び付きが強かった国や地域を，右の地図中から2つ選びなさい。

(　　　　　　　)

(　　　　　　　)

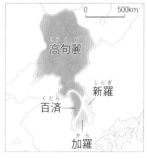

(5) この時期，中国や朝鮮半島から倭国に移住した人々を何といいますか。　(　　　　　　　)

(6) (5)の人々が日本に伝えた孔子の教えを何といいますか。　(　　　　　　　)

ヒントの森
(1)前が四角，後ろが円。
(5)漢字を伝えた人々。

予習・復習 こつこつ 解答 p.4

確認のワーク ステージ**1**

第3節 中国にならった国家づくり①

教科書の **要点** ( )にあてはまる語句を答えよう。

1 ヤマト王権と仏教伝来 教 p.36〜37

●**朝鮮半島の動乱と隋の誕生**▶東アジア諸国の緊張が高まる

◆朝鮮半島▶6世紀, (①) と**新羅**が勢力拡大。

◆中国▶6世紀末に (②) が国内を統一。
高句麗に出兵

●**蘇我氏と聖徳太子**▶6世紀半ば百済から**仏教**が伝わる。

◆豪族が対立▶蘇我氏が勢力を伸ばし, 仏教導入に努める。

◆(③)▶大王の摂政となり, **蘇我馬子**と協力
のちの推古天皇
して, 大王中心の政治を目指す。

■有能な役人を用いるための (④) の制度。
家柄にとらわれず登用

■役人の心得を (⑤) に示す。

■小野妹子らを (⑥ 仏教や儒教の考え方を取り入れた) として隋に派遣。

●**最初の仏教文化**▶それまでの**古墳**に代わり, 寺院を重視。

◆大和の飛鳥を中心に, 聖徳太子の建てた (⑦)
西アジアやインドの
影響が見られる
などに代表される (⑧) 文化が栄える。

2 律令国家を目指して 教 p.38〜39

●**唐の誕生と緊迫する東アジア**

◆7世紀初め中国で (⑨) が建国。
都の長安は国際都市

■**律令**による政治→人々に土地を割り当て, 税を課した。

◆対立した**高句麗**を攻撃▶東アジアの緊張がさらに高まる。

●**天皇を中心とする国づくり**

◆**大化の改新** 645年 ▶(⑩) が**中臣鎌**
後の天智天皇
足らと蘇我氏を倒し, 政治改革に着手。50年ほどかかる。
聖徳太子の死後, 権力を独占していた

◆**白村江の戦い** 663年 ▶唐・(⑪) の
連合軍と, 百済を支援する倭国が戦うが, 大敗。

◆倭国は**大宰府**を設置。 ◆朝鮮半島は新羅が統一。
九州地方の政治や防衛

◆百済の人々の知識や技術で国づくり。全国の戸籍を作る。

◆**天武天皇**▶(⑫) 672年 に勝利。
天智天皇の後継ぎ争い

◆(⑬)▶7〜9世紀に, 唐から政治のし
くみや進んだ文化を取り入れるために派遣。

●**律令政治の始まり**

◆**律令国家**▶**律**と**令**に基づいて国を治める。
律は刑罰のきまり, 令は政治のきまり

◆(⑭) 701年 制定▶**中央集権化**。

◆**朝廷**から**国司**が派遣され, 地方の政治を行う。
中央政府 郡司に任命された地方豪族や里長を監督

538	百済から仏教が伝来
589	隋が中国を統一
593	聖徳太子が摂政となる
603	冠位十二階を定める
604	十七条の憲法を定める
618	唐が中国を統一
645	大化の改新
663	白村江の戦い
672	壬申の乱
701	大宝律令を定める

↓**十七条の憲法**

一に曰く, 和をもって貴し
となし, さからうことなき
を, 宗となせ。
二に曰く, あつく三宝を敬え。
三宝とは, 仏・法・僧なり。

↓**7世紀の東アジア**

↓**律令国家のしくみ**

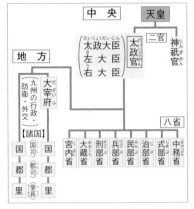

📖 教科書の 資料 次の問いに答えよう。

(1) 右の写真の寺院の一部は，現存する世界最古の木造建築です。この寺院を何といいますか。
（　　　　　　　　　）

(2) この寺院を建てたと伝えられる人物は誰ですか。
（　　　　　　　　　）

(3) 仏教の導入に努め，(2)と協力して政治を行った一族を，　　から選びなさい。（　　　　　　　）

物部氏（もののべ）　中臣氏（なかとみ）　藤原氏（ふじわら）　蘇我氏（そが）

(4) (2)の人物が定めた十七条の憲法では，役人の心得として，誰の命令に従うことが示されていますか。
（　　　　　　　　　　　）

第2部
第1章

📖 教科書 チェック 一問一答 次の問いに答えよう。
/10問中

★は教科書の太字の語句

1 ヤマト王権と仏教伝来

①国境を接する，隋や唐に従わなかったため，攻撃を受けた朝鮮半島の国を何といいますか。
☐① ＿＿＿＿＿＿

②聖徳太子（厩戸王）は，何という人物の摂政になりましたか。
☐② ＿＿＿＿＿＿

③聖徳太子が，家柄にとらわれず，有能な人を役人に用いるために設けた制度を何といいますか。
☐★③ ＿＿＿＿＿＿

④聖徳太子が遣隋使として隋に派遣した人物は誰ですか。
☐④ ＿＿＿＿＿＿

2 律令国家を目指して

⑤唐の皇帝は，何という法律で国を治めましたか。
☐★⑤ ＿＿＿＿＿＿

⑥中大兄皇子や中臣鎌足らが，645年から行った改革を何といいますか。
☐★⑥ ＿＿＿＿＿＿

⑦百済を支援するため，朝鮮半島に大軍を送った倭国が，唐・新羅の連合軍に敗れた戦いを何といいますか。
☐★⑦ ＿＿＿＿＿＿

⑧壬申の乱に勝利して大きな権力を握った天皇は誰ですか。
☐★⑧ ＿＿＿＿＿＿

⑨律と令に基づいて治められた国家を何といいますか。
☐★⑨ ＿＿＿＿＿＿

⑩日本が⑨の国家になったときに整えられた中央政府を何といいますか。
☐★⑩ ＿＿＿＿＿＿

 知識の泉　6月10日は，「時の記念日」です。これは，天智天皇の時代に日本で初めて時計を使って鐘を打ったことに由来します。このときの時計は，「漏刻」とよばれる水時計でした。

確認のワーク ステージ1 第3節 中国にならった国家づくり②

📖 教科書の **要点** （　）にあてはまる語句を答えよう。

❶ 律令国家での暮らし 教 p.40～41

●**新しい都 平城京**▶唐の都・長安を手本とする。
碁盤目状に土地を区画。現在の奈良市

◆都が（①　　　　　　）に移される。 710年▶**奈良時代**。
以降約80年

◆高い地位を持つ豪族（**貴族**）が住む。 ◆**東西の市**
貨幣として和同開珎が作られた。

●**農民の暮らし**▶土地を人々に与える制度を定める。
公地 公民

◆（②　　　　　　）▶６年ごとに作られる戸籍に基づき，
良民と賤民 そ いね しゅうかく

人々に口分田を与え，税をかける制度。
く ぶんでん

　■**租**▶稲の収穫の約３％を納める。 ■**庸**▶布を納める。
よう ぬの

　■（③　　　　　　）▶成人男性が特産物を納める。
自分たちで都まで運んだ

●**進む開墾**▶人口増加，自然災害などで口分田が不足。
かいこん さいがい

◆（④　　　　　　） 743年▶開墾を奨励するため。
開墾地の永久私有を容認 しょうれい

◆貴族や寺社が私有地を独占，（⑤　　　　　　）とよぶ。
しゅうち どくせん

❷ 大陸の影響を受けた天平文化 教 p.42～47

●**唐中心の国際関係と栄える東西交流**

◆８世紀の東アジア▶（⑥　　　　　　）中心の国際関係。
首都長安は国際都市

◆**イスラム帝国**▶首都のバグダッドが国際都市として栄えた。
ていこく 東西交易で繁栄した

●**天皇・貴族による国際色豊かな文化**
てんのう

◆**天平文化**▶（⑦　　　　　　）のころの，都を中心に栄え
てんぴょう 遣唐使によってもたらされた

た天皇や貴族による文化。東大寺の（⑧　　　　　　）に
とうだいじ

は，シルクロードを通ってもたらされた品も納められた。

●**聖武天皇と仏教**▶妻の光明皇后とともに仏教を全国に広める。
しょうむ こうみょうこうごう

◆伝染病や飢きんから仏教の力で国を守ろうとした。
でんせんびょう き

◆都▶（⑨　　　　　　）を建てて，**大仏**を納める。
だいぶつ

　■民衆の信頼を得ていた（⑩　　　　　　）が建設に協力。
みんしゅう しんらい

　■**唐招提寺**▶唐から招かれた（⑪　　　　　　）が建立。
とうしょうだいじ まね

◆地方▶（⑫　　　　　　）と**国分尼寺**を造る。
こくぶんにじ

●**文字の普及と歴史書**▶貴族や僧侶の間で文字が普及。
ふきゅう れきししょ

◆**歴史書**▶天皇が日本を治める正統性を明らかにする目的。
せいとう

　■『（⑬　　　　　　）』と『**日本書紀**』が作られる。
にほんしょき

◆**地理的な情報**▶国ごとの『（⑭　　　　　　）』。
天皇家の由来を説明するため
産物や地名の由来，伝承などをまとめたもの

◆**和歌集**▶万葉がなが使われた『（⑮　　　　　　）』。
まんよう

　■大伴家持がまとめたとされ，柿本人麻呂・山上憶良などの
おおとものやかもち かきのもとのひとまろ やまのうえのおくら

歌人や農民，**防人**が作った和歌も収められた。
さきもり
３年間，九州の警備を担当

710	平城京に遷都
712	『古事記』が成立
720	『日本書紀』が成立
743	墾田永年私財法
752	東大寺の大仏開眼
754	鑑真が来日

↓農民の負担

租	稲の収穫の約3％
調	絹や魚などの特産物
庸	労役の代わりに麻布
出挙 すいこ	稲を借りて利息付きで返す
雑徭 ぞうよう	国司の下で１年に60日以内の労役
兵役	衛士(都の警備)：1年 えじ 防人(北九州警備)：3年 さきもり

↓木簡

近江国生羕二合

重い負担にたえかねて，逃亡する人もいたよ。

↓東大寺の大仏

教科書の 資料 次の問いに答えよう。

(1) Aは，貴重な品を納めるために東大寺に造られた建物です。これを何といいますか。
（　　　　　　　）

A

(2) Aには，奈良時代に仏教の力によって国を守ろうと東大寺を建てた天皇の品が納められました。この天皇は誰ですか。
（　　　　　　　）

B
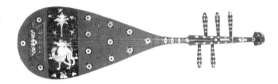

(3) Bは，Aに納められた品で，インドや西アジアなどへ通じる道を通ってもたらされました。この道を何といいますか。
（　　　　　　　）

第2部
第1章

教科書 一問一答 チェック 次の問いに答えよう。

/10問中

★は教科書の太字の語句

1 律令国家での暮らし

①平城京を中心に政治が行われた約80年間は，何という時代ですか。
★①＿＿＿＿＿＿＿

②平城京の市では，物と交換するお金が使われました。富本銭に続き和銅元年に作られたお金を何といいますか。
②＿＿＿＿＿＿＿

③班田収授法のもと，人々に与えられた土地を何といいますか。
③＿＿＿＿＿＿＿

④稲の収穫の約3％を納める税を何といいますか。
★④＿＿＿＿＿＿＿

⑤人々に与える土地が不足してきたため，743年に出された法令を何といいますか。
★⑤＿＿＿＿＿＿＿

2 大陸の影響を受けた天平文化

⑥都を中心に栄えた天皇や貴族による文化を，聖武天皇のころの元号から何といいますか。
★⑥＿＿＿＿＿＿＿

⑦行基などの僧侶の協力で都につくられた寺院には，大仏が納められました。この寺院を何といいますか。
★⑦＿＿＿＿＿＿＿

⑧唐からやってきた鑑真が，都に建てた寺院を何といいますか。
⑧＿＿＿＿＿＿＿

⑨天皇家の由来を説明するために作られた歴史書は，『古事記』ともう1つは何ですか。
★⑨＿＿＿＿＿＿＿

⑩大伴家持がまとめたといわれる和歌集を何といいますか。
★⑩＿＿＿＿＿＿＿

 知識の泉 正倉院には蘭奢待とよばれるとても良い香りがする香木があります。これには，足利義政や織田信長，明治天皇が切り取った跡が残っているともいわれます。

定着のワーク　ステージ**2**　第**3**節　中国にならった国家づくり

1 ヤマト王権と律令国家　右の年表を見て，次の問いに答えなさい。

(1) （　）にあてはまる語句をそれぞれ◯◯◯から選びなさい。

a （　　　　　　　　　）　　b （　　　　　　　　　）

c （　　　　　　　　　）　　d （　　　　　　　　　）

> 聖徳太子（しょうとくたいし）　小野妹子（おののいもこ）　壬申（じんしん）
> 大宝律令（たいほうりつりょう）　冠位十二階（かんいじゅうにかい）　大化（たいか）

年代	できごと
6世紀半ば	百済から仏教が伝わる ↕X
593	（ a ）が摂政となる………A
645	（ b ）の改新が始まる……B ↕Y
672	（ c ）の乱が起こる ↕Z
701	（ d ）が定められる………C

(2) Aについて，次の問いに答えなさい。

① 資料**1**は，aが定めた法律（ほうりつ）です。この法律を何といいますか。（　　　　　　　　　）

② 資料**2**は，aが建てたとされる寺院で，現存する世界最古の木造建築（もくぞうけんちく）として知られています。この寺院を何といいますか。（　　　　　　　　　）

③ ②に代表される，日本で最初の仏教文化を何といいますか。（　　　　　　　　　）

(3) Bのできごとの中心人物を，二人書きなさい。

（　　　　　　　　　）

（　　　　　　　　　）

(4) Cについて，次の文を読んで，◯◯にあてはまる語句をそれぞれ書きなさい。

① （　　　　　　）　② （　　　　　　）

③ （　　　　　　）　④ （　　　　　　）

⑤ （　　　　　　）

> 7世紀（せいき）から，唐（とう）の政治のしくみや文化を取り入れるために ① がたびたび派遣（はけん）され，律（りつ）と令（りょう）に基（もと）づいて国を治める ② 国家のしくみが整えられた。**資料3**の図のように， ③ を頂点とした中央政府は ④ という。中央からは地方に国司が派遣され， ⑤ や里長（ちょう）を監督（かんとく）した。

資料**1**

> 一に曰く，和をもって貴しとなし，さからうことなきを，宗となせ。

資料**2**

資料**3**

中央　天皇

太政大臣（だいじょうだいじん）／左大臣／右大臣　太政官（だじょうかん）〔二官〕　神祇官（じんぎかん）

地方

大宰府（だざいふ）〔九州の行政・防衛・外交〕

【諸国】　国（国司）／国（郡司）／郡／郡／里（里長）／里

八省

宮内省（くない）／大蔵省（おおくら）／刑部省（ぎょうぶ）／兵部省（ひょうぶ）／民部省（みんぶ）／治部省（じぶ）／式部省（しきぶ）／中務省（なかつかさ）

(5) 年表中のX〜Zの時期に起きたできごととして正しいものを，次からそれぞれ選びなさい。

X （　　　　　）　Y （　　　　　）　Z （　　　　　）

ア 天武天皇（てんむてんのう）が，天皇を中心とする強い国家づくりを目指（めざ）す。

イ 隋（ずい）が中国を統一する。　ウ 白村江（はくすきのえ）の戦いが起こる。

ヒントの森
(3)一人は後の天智天皇。
(4)②律は刑罰，令は政治のきまりです。

全部できたら，➡に✔をかいて☺にしよう！ ☺ ☺ ☺

❷ 奈良時代の暮らし 　次の文を読んで，あとの問いに答えなさい。

710年に都が（　A　）に移された。この時代の朝廷は，a 人々（公民）に土地（公地）を与える制度を定め，6年ごとに作成する（　B　）に基づき，人々は（　C　）と賤民に分けられて土地を与えられ，それぞれに b 税などの負担を定められた。やがて人口が増えてくると耕作地が不足するようになった。743年，朝廷が c 新たな開墾地をいつまでも自分のものにしてよいと認める法律を定めると，貴族や寺社は私有地を広げた。やがてその土地は（　D　）とよばれるようになった。

(1) （　）にあてはまる語句をそれぞれ書きなさい。

A（　　　　　　　　）　B（　　　　　　　　）

C（　　　　　　　　）　D（　　　　　　　　）

(2) 下線部 a について，次の問いに答えなさい。

① この制度を何といいますか。（　　　　　　　　）

② 人々に与えられた土地を何といいますか。

（　　　　　　　　）

(3) 下線部 b について，右の表中 X〜Z にあてはまる語句を次からそれぞれ選びなさい。　X（　　　　　　　）

Y（　　　　　　　）　Z（　　　　　　　）

出挙　　調　　庸　　防人　　衛士

(4) 下線部 c について，この法律を何といいますか。

（　　　　　　　　）

奈良時代の農民の負担

租	稲の収穫の約3％
（　X　）	絹や魚などの特産物
（　Y　）	労役の代わりに麻布
雑徭	国司の下で1年に60日以内の労役
兵役	1年間の都の警備 3年間の北九州の警備 …（　Z　）

ヒントの森

(1)A 現在の奈良市です。
B 現代も同じ名前。
C ほとんどが農民。

(3)X Y 自分たちで都まで運んだ税です。

❸ 奈良時代の文化 　右の資料を見て，次の問いに答えなさい。

(1) **資料1**は，仏教の力で国を守ろうと考えた天皇が造らせた仏像です。次の問いに答えなさい。

① この天皇の名前を書きなさい。

（　　　　　　　　）

② この仏像が納められた寺院を何といいますか。（　　　　　　　　）

③ このころ，都を中心に栄えた天皇や貴族による文化を何といいますか。

（　　　　　　　　）

資料1

資料2　防人の歌

可良己呂武　須曽尓等里都伎
奈苦古良乎　意伎弖曽己奴也
意母奈之尓志弖

唐衣　裾に取りつき　泣く子らを
置きてそ来ぬや　母なしにして

(2) **資料2**の和歌が収められている和歌集を，◯◯◯から選びなさい。

（　　　　　　　　）

風土記　　古事記　　万葉集　　日本書紀

ヒントの森

(2)日本語の音が漢字で表されています。ほかの語句は歴史書と地理書です。

予習・復習 こつこつ 解答 p.5

確認のワーク ステージ1　第4節　展開する天皇・貴族の政治

教科書の 要点　（　）にあてはまる語句を答えよう。

1 権力を握った貴族たち　教 p.50〜51

●平安京と東北支配

◆新しい都▶（① 　　　　　　　　）天皇は寺院と政治の結び付きを嫌い，都を（② 　　　　　　　　）へ移す 794年。

■地方の政治▶国司の監督を強化，農民の労役を軽減。

■東北地方▶坂上田村麻呂を（③ 　　　　　　　　）に任じ，朝廷に抵抗する蝦夷とよばれた人々を攻める。

胆沢地域の指導者アテルイなど

●摂関政治▶藤原氏は一族で官職を独占し，多くの荘園を保有。

◆娘を天皇の后とし，生まれた子どもを天皇にして，摂政や関白となった（④ 　　　　　　　　）政治）。

天皇が幼いときにその政治を代行／天皇が成人後に後見人として政治を補佐

■11世紀前半の（⑤ 　　　　　　　　）と頼通のとき全盛。

◆地方の乱れ▶国司が不正。班田収授の実施が難しくなる。

農民が戸籍を偽ったり，逃亡したりすることが増加

●唐から宋へ

◆中国▶唐が衰える→（⑥ 　　　　　　　　）が遣唐使の派遣の停止を提案 894年。唐が滅亡し，10世紀後半に宋が統一。

◆朝鮮半島▶10世紀，（⑦ 　　　　　　　　）が新羅を滅ぼす。

シルラ

2 唐風から日本風へ変わる文化　教 p.52〜55

●東アジアの動きと国風文化

◆日本独自の文化▶摂関政治のころ，唐風の文化をもとに日本の貴族の好みに合う（⑧ 　　　　　　　　）文化が発達。

遣唐使停止後も，商人や僧侶が中国の文物をもたらす

◆貴族の住居▶（⑨ 　　　　　　　　）が完成。

絵画では日本独自の大和絵が生まれた

●かな文字と新しい文学

◆文字の発達▶漢字を書き崩した（⑩ 　　　　　　　　）が生まれ，宮廷に仕える女性による文学が発達。

■『源氏物語』▶（⑪ 　　　　　　　　）が書いた長編小説。

■『（⑫ 　　　　　　　　）』▶清少納言が書いた随筆。

■『古今和歌集』▶紀貫之らの編集した和歌集。

●仏教の新しい動き　平安時代の初めに唐から伝わり，密教として天皇や貴族が信仰。

◆最澄▶（⑬ 　　　　　　　　）を開く→延暦寺。比叡山

◆空海▶（⑭ 　　　　　　　　）を開く→金剛峯寺。高野山

●末法の世と浄土信仰

◆阿弥陀仏の信仰▶死後に極楽浄土へ生まれ変わることを願う（⑮ 　　　　　　　　）が広まる。

藤原頼通は，極楽浄土を再現しようとして，平等院鳳凰堂を造った

784	長岡京へ都を移す
794	平安京へ都を移す
805	最澄が天台宗をひらく
806	空海が真言宗をひらく
866	藤原良房が摂政となる
905	「古今和歌集」ができる
1016	藤原道長が摂政となる
1053	平等院鳳凰堂ができる

↓藤原道長がよんだ歌

> この世をばわが世とぞ思ふ
> 望月の欠けたることも
> なしと思へば

「この世は私のための世界のように思える。まるで満月の欠けたところのないように，満ちたりた思いがするのだから。」という意味。

かな文字で，日本語の発音を表現しやすくなったんだよ！

↓かな文字

ひらがな		カタカナ	
安	あ	阿	ア
以	い	伊	イ
宇	う	宇	ウ
衣	え	江	エ
於	お	於	オ

↓平等院鳳凰堂

😊まるごと暗記 😊摂関政治 藤原氏が摂政，関白となって行った政治。 😊国風文化 平安時代の文化

📖教科書の 資料 次の問いに答えよう。

(1) 右の資料では，平安京に都が移された時代の貴族の生活が描かれています。この時代を何といいますか。 （　　　　　　　）

(2) 資料のように，日本の風物を描いた日本独自の絵画を何といいますか。 （　　　　　　　）

(3) 資料の題材となった長編小説で，紫式部によって書かれたものを何といいますか。 （　　　　　　　）

(4) 紫式部は，このころ権力を握っていたある貴族の娘の家庭教師として働いていました。この貴族の一族を何といいますか。 （　　　　　　　　　　）

📖教科書 チェック 一問一答 次の問いに答えよう。

/10問中

★は教科書の太字の語句

1 権力を握った貴族たち

①寺院の勢力が政治と結び付くのを嫌った桓武天皇が，794年に移した都を何といいますか。 ★①＿＿＿＿＿＿

②蝦夷とよばれる人々の抵抗をおさめるため，征夷大将軍に任じられたのはだれですか。 ②＿＿＿＿＿＿

③藤原氏が独占した朝廷の官職のうち，天皇が幼いときにその政治を代行する職を何といいますか。 ③＿＿＿＿＿＿

④藤原氏は広大な私有地を持つようになりました。この私有地を何といいますか。 ④＿＿＿＿＿＿

⑤唐が衰えたため，遣唐使の派遣を停止するよう提案した人物はだれですか。 ⑤＿＿＿＿＿＿

⑥唐が滅亡した後，10世紀後半に中国を統一した国を何といいますか。 ★⑥＿＿＿＿＿＿

⑦随筆の『枕草子』を著した女性は誰ですか。 ★⑦＿＿＿＿＿＿

2 唐風から日本風へ変わる文化

⑧紀貫之らが編集した和歌集を何といいますか。 ★⑧＿＿＿＿＿＿

⑨比叡山に延暦寺を建て，天台宗を開いた僧侶は誰ですか。 ★⑨＿＿＿＿＿＿

⑩藤原頼通が極楽浄土をこの世に表現しようとして造った建物を何といいますか。 ⑩＿＿＿＿＿＿

知識の泉 藤原頼通が天皇の后にした娘は，男子に恵まれず，戦乱も相次いだため，藤原氏は衰退してしまいます。栄華を満月にたとえた道長は，衰退も予見していたのでしょうか。

定着のワーク ステージ2　第4節　展開する天皇・貴族の政治

1 権力を握った貴族たち　右の年表を見て，次の問いに答えなさい。

年代	できごと
794	a 平安京に都が移される
	‡ A
907	b 唐がほろびる
	‡ B
936	（ X ）が朝鮮半島を統一する
	‡ C
979	（ Y ）が中国を統一する
	‡ D
1016	c 藤原道長が摂政となる

(1) 下線部 a について，次の問いに答えなさい。

① このときの天皇は誰ですか。

（　　　　　　　　　）

② この年から始まった時代を何といいますか。

（　　　　　　　　　）

(2) 年表の時代について，次の文の▢にあてはまる
語句を▢▢▢それぞれから選びなさい。

① （　　　　　　　）

② （　　　　　　　）

③ （　　　　　　　）

朝廷は ① 地方で律令国家の支配に抵抗する人々を ② と
よんで差別し，やがてこれを討つために坂上田村麻呂を
③ とする軍を派遣した。

東北	近畿
九州	防人
蝦夷	征夷大将軍

(3) 下線部 b について，次の問いに答えなさい。

① 唐に対して，7世紀から行われていた遣唐使の派遣が停止された時期はいつですか。
年表中の A 〜 D から選びなさい。　　　　　　　　（　　　　　）

② 遣唐使の派遣の停止を提案した人物の名前を書きなさい。　（　　　　　　　）

(4) 年表中の X・Y にあてはまる国名を，▢▢▢からそれぞれ選びなさい。

X（　　　　　　　　　）　Y（　　　　　　　　　）

宋　　百済　　漢　　新羅　　隋　　高麗

(5) 下線部 c について，次の問いに答えなさい。

① 右の表中の▢にあてはまる官職を，▢▢▢から
選びなさい。　（　　　　　　　）

太政大臣　　大王　　関白　　国司

藤原氏が独占した朝廷のおもな官職

摂政	天皇が幼いときに政治を代行した。
▢	天皇が成人した後に後見役として天皇を補佐した。

② 藤原氏が一族で朝廷の官職を独占して行った政
治を何といいますか。　（　　　　　　　）

③ このころの社会の様子を正しく説明した文を，次から選びな
さい。　（　　　　　）

ア　表面に縄目の文様を付けた土器が盛んに用いられた。

イ　農民が戸籍を偽ったり，逃亡することもあった。

ウ　班田収授がきちんと行われ，地方の政治も安定した。

エ　西日本の各地に山城を造り，唐・新羅の侵攻に備えた。

ヒントの森

(1)②都の名前です。

(2)③は，②を討つため
に任じられました。

(5)②二つの官職名を組
み合わせた名前です。

2 平安時代の文化 次の資料を見て，あとの問いに答えなさい。

資料1

資料2 平安時代に生まれた文字

資料3 源氏物語絵巻

資料4 平等院鳳凰堂

(1) 平安時代の半ばに生まれた文化の特色を，次から選びなさい。（　　　）

ア 中国からもたらされた国際的な文化の影響が強い文化。

イ 日本で栄えた最初の仏教文化。

ウ 唐風の文化を基礎に日本の貴族の好みに合わせた独自の文化。

エ この時代に大陸から渡ってきた渡来人がもたらした文化。

(2) (1)の文化を何といいますか。（　　　）

(3) 資料1は平安時代の貴族の住居です。これを何といいますか。（　　　）

(4) 平安時代には，資料2の□で示した文字が生まれました。これらの文字を何といいますか。（　　　）

(5) 右の表は，(4)の文字で書かれた文学をまとめたものです。A〜Cにあてはまる語句をそれぞれ書きなさい。

作品	著者（編者）
源氏物語	（ A ）
（ B ）	清少納言
（ C ）集	紀貫之ら

A（　　　）　B（　　　）　C（　　　）

(6) 資料3のような，日本独自の絵画を何といいますか。（　　　）

(7) 平安時代の新しい仏教について，次の文にあてはまる人物をそれぞれ書きなさい。

① 唐の経典を持ち帰り延暦寺を建てた。（　　　）

② 密教を学び，真言宗を開いた。（　　　）

③ 京都の市などで人々に念仏を広め，「市聖」とよばれた。（　　　）

(8) 資料4が建てられたころに広まっていた，阿弥陀仏にすがって極楽浄土へ生まれ変わることを願う信仰を何といいますか。（　　　）

ヒントの森

(1)政治の中心となっていた人々の好みに合った文化です。

(8)極楽浄土への生まれ変わりを願うので，このようによびます。

実力判定テスト　ステージ3　総合問題編　**第1章　古代　古代国家の成立と東アジア**　30分　/100

1 右の地図を見て，次の問いに答えなさい。

(3)9点, 他4点×5 (29点)

(1) 地図中の a 〜 c は，宗教が広まった方向を示しています。次の問いに答えなさい。

① a の宗教名を書きなさい。

② a の宗教は，何という交通路を通って中国や朝鮮，日本に広まりましたか。

③ b の宗教を初め迫害したものの，4世紀末に国教にした帝国を何といいますか。

④ c の宗教が広まった地域でかつて栄えた文明は，エジプト文明，インダス文明ともう1つは何ですか。

(2) 右の資料は，(1)②を通って唐にもたらされた文化の影響を受けています。このようなものが納められたところを，次から選びなさい。

ア 国分寺　　イ 正倉院　　ウ 唐招提寺　　エ 国分尼寺

(3) b の宗教が生まれる前のギリシャで行われた民主政について，現代の民主政治と異なる点を，女性に着目して簡単に説明しなさい。

(1) ①		②		③		④	
(2)		(3)					

2 4人の人物に関する次の文を読んで，あとの問いに答えなさい。

(3)9点, 他4点×3 (21点)

A　私は寺院が政治に結び付くのを嫌い，都を平安京へ移しました。

B　私は中臣鎌足らと図り，蘇我氏を倒して大化の改新を始めました。

C　私は都に東大寺を建て，国ごとに国分寺と国分尼寺をつくりました。

D　壬申の乱に勝利して天皇となった私は，天皇を中心とする国づくりを進めました。

(1) A 〜 D を年代の古いものから順に並べなさい。

(2) A と B の人物についてあてはまる文を，次から選びなさい。
ア 国司に対する監督を厳しくした。　　イ 冠位十二階の制度を定めた。
ウ 初めて全国の戸籍を作らせた。　　エ 律令や歴史書をまとめるよう命じた。

(3) C の人物が活躍したころ定められた墾田永年私財法は，どのようなことを認めたものですか。「開墾地」という語句を使って簡単に説明しなさい。

(1)	→	→	→	(2) A		B	
(3)							

目標
- □ 世界の古代文明をおさえよう。
- □ 古代までの社会・文化をおさえよう。
- □ 政治を中心に，古代国家の成立と発展を確認。

自分の得点まで色をぬろう！
がんばろう	もう一歩	合格！
0	60　80	100点

3 右の年表を見て，次の問いに答えなさい。

(2)(7)① 9点，他4点×8（50点）

世紀	できごと
1	倭の奴国の王が中国に使いを送る…A
	↕ あ
3	卑弥呼が中国に使いを送る…………B
	↕ い
	前方後円墳が現れる………………C
	↕ う
7	飛鳥文化が栄える…………………D
	↕ え
9	延暦寺と金剛峯寺が建てられる……E
	↕ お
11	平等院鳳凰堂が建てられる………F

(1) 次の①・②の文があてはまる時期を，年表中のあ〜おからそれぞれ選びなさい。
　① ワカタケルが大王を名乗り，鉄剣や鉄刀を各地の豪族に与えた。
　② 平城京に都が移され，律令に基づく政治が進められた。

(2) Aのころ，吉野ヶ里遺跡（佐賀県）で資料1のような建物が造られました。この建物が造られた目的を，簡単に説明しなさい。

(3) Bのとき，中国は三国に分かれていました。卑弥呼が使いを送った国は何といいますか。

(4) Cについて，古墳の上に並べられたものを，次から選びなさい。
　ア　仏像　　イ　銅鐸　　ウ　土偶　　エ　埴輪

(5) 資料2は，Dのころに聖徳太子によって造られた寺院です。この寺院について正しく説明した文を，次から選びなさい。
　ア　浄土信仰が広まるきっかけとなった。
　イ　現存する世界最古の木造建築である。
　ウ　大仏がまつられた。　　エ　京都府にある。

資料1　物見やぐら

(6) 年表中のEの寺院を開いた人物を正しく組み合わせたものを，次から選びなさい。
　ア　延暦寺－最澄　　金剛峯寺－空海
　イ　延暦寺－鑑真　　金剛峯寺－空海
　ウ　延暦寺－空海　　金剛峯寺－鑑真
　エ　延暦寺－空海　　金剛峯寺－最澄

資料2　法隆寺

(7) Fのころの政治について，次の文中の①にあてはまる内容と，②・③にあてはまる語句をそれぞれ書きなさい。
　藤原氏は，自分の娘を天皇の后とし，_____①_____。そして，天皇が幼いときにはその政治を代行する　②　となり，成人後は後見役として天皇を補佐する　③　となって政治を行っていた。

(1)	①		②		(2)	
(3)			(4)		(5)	(6)
(7)	①			②		③

実力判定テスト ステージ3　資料活用・思考力問題編　こつこつ　解答 p.7

第1章　古代　古代国家の成立と東アジア

30分　/100

1 次の系図と資料を見て，あとの問いに答えなさい。

(1)(5)5点，他8点×5（50点）

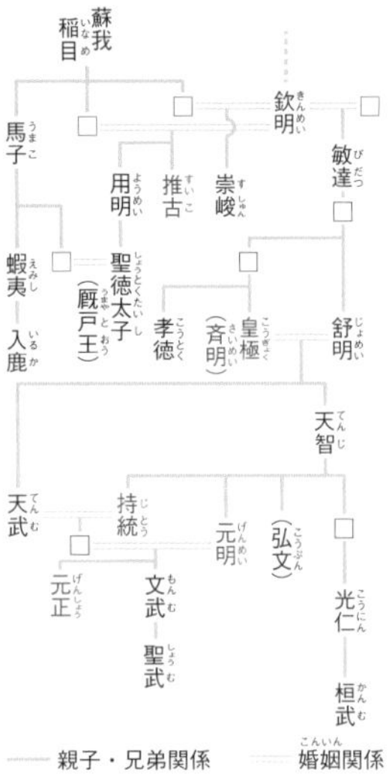

資料1　系図中の聖徳太子が隋の皇帝に送った手紙（一部）

日出づる処の天子，書を日没する処の天子に致す。つつがなきや…

資料2　法隆寺

資料3　都の移動

(1)　系図に赤字で示された天皇の共通点を書きなさい。

(2)　豪族の蘇我氏が勢力を伸ばすことができた理由として，系図から読み取れることを15字以内で書きなさい。

(3)　**資料1**について，次の問いに答えなさい。

①　聖徳太子がこの手紙を送り，隋と正式な国交を目指した理由を簡単に書きなさい。

②　隋が日本（倭国）との関係を重視した理由を，「高句麗」という国名を用いて，当時の東アジアの国際関係にふれて簡単に書きなさい。

レベルUP (4)　系図の蘇我氏や聖徳太子が活躍した時期は，その前と比べて，支配層が豪族と結び付く上で重要な役割をもつ権威の象徴が変化しました。何をきっかけにして，何から何に変化しましたか。**資料2**を参考に，「古墳」「寺院」「仏教」の語句を用いて書きなさい。

(5)　**資料3**の①～⑧は，都が造られた順を示しています。天武天皇の死後，皇后が即位し，日本で初めての本格的な都が造られました。この都を何といいますか。

レベルUP (6)　平城京と比較すると，長岡京や平安京の位置は，どのような利点があると考えられますか。**資料3**の河川や古道に着目して，8字以内で書きなさい。

(1)		(2)	
(3)	①	②	
(4)			
(5)		(6)	

変化を記述するときは，「～から～へ」だけでなく，「～だけでなく，～も」という書き方ができることに注意しよう。

自分の得点まで色をぬろう！

| 0 | | 60 | 80 | 100点 |

2 次の年表と地図を見て，あとの問いに答えなさい。

(1)①③ 5点，他 8点×5(50点)

年代	できごと
7世紀	（ a ）の戦いが起こる
8世紀	b 鑑真が来日し，唐招提寺が造られる
9世紀	c 遣唐使の派遣が停止される

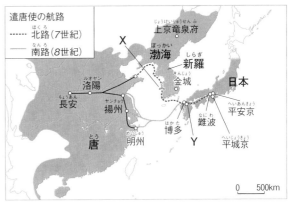

遣唐使の航路
----- 北路(7世紀)
—— 南路(8世紀)

(1) a には，日本(倭国)が唐・新羅の連合軍と戦った地図中のXの名前があてはまります。次の問いに答えなさい。

① a にあてはまる地名を書きなさい。

② 日本が a に大軍を派遣した目的を，朝鮮半島にあった国名を使って 10 字以内で書きなさい。

③ この戦いのあと，Y に設けられた九州地方の政治や防衛のための役所を何といいますか。

④ ③の防衛のために，右の図のようなしくみの水城が築かれました。水城で敵が攻め込みにくくなる理由を，図中の言葉を 2 つ使って，簡単に説明しなさい。

水城のしくみ

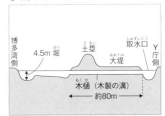

(2) 下線部 b の鑑真は，日本への渡航に 5 回失敗しました。これは，新羅との対立から，日本と唐を結ぶ航路が変わり，航海が危険になったためと考えられます。7 世紀から 8 世紀に遣唐使の航路がどのように変わったのかを地図から読み取り，簡単に説明しなさい。

資料1 東アジア諸国の文字

宋	西夏	遼	日本
漢字を使用			あいうえお

(3) 下線部 c の背景には，唐の衰えがありました。資料1を参考に，日本や中国の周辺地域で共通して起きたことを簡単に書きなさい。

資料2 題材となる「花」の数の変化

(4) 資料2から，奈良時代から平安時代にかけて，「花の好み」がどのように変化したことがわかりますか。簡単に書きなさい。

梅 118 / 18
桜 42 / 56

■『万葉集』
□『古今和歌集』

(1)	①	②	③
	④		
(2)		(3)	
(4)			

予習・復習 こつこつ 解答 ▶ p.8

確認のワーク ステージ1 第1節 武士の世の始まり①

📖 教科書の 要点 （ ）にあてはまる語句を答えよう。

❶ 各地で生まれる武士団
教 p.60〜61

935	平将門の乱
939	藤原純友の乱
1068	後三条天皇が即位
1086	白河上皇が院政を開始
1156	保元の乱
1159	平治の乱
1185	壇ノ浦の戦い

●**増える荘園**▶10世紀以降，（①　　　　　　　）や**公領**を地方
の有力者が支配。→土地を財産として重視。→土地にかけられ
る年貢などの（②　　　　　　　）が誕生。→土地の権利や境
界をめぐる争いが増加。→人々は武装して紛争を解決。

●**武士の役割**▶弓矢や騎馬などの武芸を身につけた武士が成長。
大寺社も武装した僧侶（僧兵）を持つ
天皇の住まいや朝廷の警備，犯罪の取り締まりを行う。

◆一族の長である**惣領**が中心となって**武士団**を形成。

◆**武士団の成長**▶天皇の子孫でもある**源氏**と**平氏**が有力
な統率者（（③　　　　　　　））となる。

●**地方の武士の自立の動き**▶10世紀半ばに**平 将門**や，
　関東地方
（④　　　　　　　）が乱を起こす。
　瀬戸内地方

◆11世紀半ばに東北地方の勢力争いを**源 義家**らが平定。

◆（⑤　　　　　　　）氏が東北地方を統一し，**平泉**を
　金や良質の馬などの交易で栄える
中心に勢力を広げる。

↓武士団のしくみ

棟梁
（天皇・貴族の子孫）

武士団

惣領（本家）
（一族の長）

家子
（惣領の親戚）

家人

下人・
所従

❷ 朝廷と結び付く武士
教 p.62〜63

●**院政と武士**

◆**上皇の政治**▶11世紀後半，（⑥　　　　　　　）が即位し，
天皇中心の政治が復活。その子の**白河天皇**は，位を皇子に
　摂関政治の終わり
譲って上皇となり，政治を動かす（（⑦　　　　　　　））。

◆**朝廷の争い**▶12世紀半ばに（⑧　　　　　　　）が起こる。
■**後白河天皇**が**源 義朝**や**平 清盛**らの力を得て勝利。

■3年後の（⑨　　　　　　　）→平清盛が勝利し，義朝の
子**源頼朝**は伊豆へ流される。

↓中尊寺金色堂

●**平氏の政治と日宋貿易**▶（⑩　　　　　　　）が政治
の実権を握り，武士として初めて**太政大臣**となる。

◆**大輪田泊**を修築して（⑪　　　　　　　）貿易を進
　現在の兵庫県神戸市にあった港 基盤
め，重要な経済的基盤とした。

●**源平の争乱と平氏の滅亡**▶平氏に対する貴族や武士の
不満→諸国の武士が平氏打倒のために兵を挙げる。

◆（⑫　　　　　　　）と**源義仲**が挙兵。

◆頼朝は弟の**源義経**らを派遣。（⑬　　　　　　　）
（山口県）で平氏を滅ぼす1185年。

↓源平の争乱

😊まるごと暗記 ☺️**院政** 天皇の地位を退いた上皇による政治。 ☺️**平清盛** 初めて政治の実権を握った武士

📖 教科書の 資料 次の問いに答えよう。

(1) 次の人物を ▢ から選びなさい。
① 10世紀半ばにA付近で反乱を起こした。（　　　　）
② 大輪田泊を修築して，日宋貿易を行った。（　　　　）

平清盛　平将門　藤原純友

(2) (1)②が棟梁をつとめた，Bにあてはまる一族を何といいますか。
（　　　　）

(3) (1)②の援助によって整備されたCの神社を何といいますか。（　　　　　）

— 日宋貿易の行路
▢ B が朝廷から支配を認められたところ
金／高麗／宋／汴京(開封)／平泉／日本／京都／大輪田泊／A／C／0 5000km

第2部 第2章

チェック
📖 教科書 一問一答 次の問いに答えよう。 /10問中
★は教科書の太字の語句

1 各地で生まれる武士団

①武装した大寺院の僧侶で，みずからの要求を通すためにしばしば都に押しかけた人々を何といいますか。 ①＿＿＿

②武士たちが，一族の長である惣領を中心としてつくっていったまとまりを何といいますか。 ★②＿＿＿

③武士のまとまりのうち，特に有力な存在となった一族は，平氏ともう1つを何といいますか。 ★③＿＿＿

④東北地方を統一した奥州藤原氏はどこを中心に勢力を振るいましたか。 ④＿＿＿

2 朝廷と結び付く武士

⑤11世紀末に，天皇の位を幼い皇子に譲った後，院政を始めた上皇は誰ですか。 ⑤＿＿＿

⑥保元の乱で中心となって後白河天皇に味方した武士は平清盛ともう1人は誰ですか。 ⑥＿＿＿

⑦保元の乱の後，後白河上皇の政権内で起こった勢力争いがきっかけで始まった乱を何といいますか。 ★⑦＿＿＿

⑧平清盛は，武士として初めて朝廷の最高の官職に就きました。この官職を何といいますか。 ⑧＿＿＿

⑨日宋貿易を進めるために平清盛が修築した，現在の兵庫県神戸市にあった港を何といいますか。 ⑨＿＿＿

⑩源頼朝の弟で，壇ノ浦で平氏を滅ぼした武士は誰ですか。 ⑩＿＿＿

知識の泉 1181年に起こった養和の大飢饉では，京都を含め，西日本一帯が食料不足に見舞われました。東国に基盤を置く源氏が平氏との戦いに勝利した一因という説もあります。

確認のワーク ステージ1 第1節 武士の世の始まり②

教科書の 要点 （　）にあてはまる語句を答えよう。

① 鎌倉を中心とした武家政権 　教 p.64～65

● 鎌倉幕府の成立

◆ 源頼朝 ▶ 弟の源義経をかくまった奥州藤原氏を滅ぼす。

■ 義経を捕らえることを口実に，（①　　　　　　　　）を国ごとに，荘園や公領に地頭を置く 1185年 。

■ 1192年 頼朝が征夷大将軍に任じられる。

◆ 鎌倉幕府 ▶ 家来の（②　　　　　　　）と主従関係を結ぶ。

■ （③　　　　　　　）▶ 領地の保証，手柄に応じて新たな領地や守護・地頭の職を与える。

■ 奉公 ▶ 「弓馬の道」に励み，京都や鎌倉の警備を行う。

● 地頭の支配 ▶ 死後の領地は分割相続され，女性の地頭もいた。

◆ 農民たちは，荘園領主への年貢と地頭への労役などを負担。

● 執権政治の展開 ▶ 頼朝の死後，妻の北条政子とその父北条時政が実権を握る。→時政は（④　　　　　　　）となる。

◆ 1221年 承久の乱 ▶ （⑤　　　　　　　　　　　）が兵を挙げる。→これをしずめた幕府は，京都に六波羅探題を置く。

◆ 1232年 執権の北条泰時が武士の慣習をまとめ，（⑥　　　　　　　　　）を制定。以後，武家政治の基準に。

② 武士や僧侶たちが広めた鎌倉文化 　教 p.66～69

● 武士の台頭と新しい文化 ▶ 武士の気風に合った力強い文化。

◆ 建築・彫刻 ▶ 源平の争乱で焼け落ちた東大寺を再建。

■ 宋の様式を取り入れて（⑦　　　　　　　　　）が造られた。

■ 運慶や快慶らの手による（⑧　　　　　　　）。

◆ 文学 ▶ 軍記物の『（⑨　　　　　　　）』…琵琶法師。

■ 和歌集 ▶ 「新古今和歌集」を藤原定家が編集。

■ 随筆 ▶ 兼好法師の『（⑩　　　　　　）』，鴨長明の『方丈記』。

● 武士と庶民の心をとらえた鎌倉仏教

◆ 浄土宗 ▶ （⑪　　　　　　　）が開く。

◆ 法然の弟子親鸞が（⑫　　　　　　）（一向宗）を開く。

◆ 禅宗 ▶ 座禅によって悟りを得る。栄西や道元が広める。

◆ 日蓮宗 ▶ 法華経を重視。（⑬　　　　　　）が開く。

◆ 時宗 ▶ （⑭　　　　　　）が踊り念仏を広める。

1185	源頼朝が守護・地頭を置く
1192	源頼朝が征夷大将軍に任じられる
1203	北条時政が権力を握る
1221	承久の乱が起こる
	六波羅探題が置かれる
1232	御成敗式目を制定する

↓源頼朝

↓鎌倉幕府のしくみ

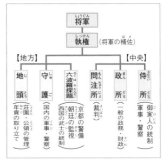

↓御成敗式目

一、頼朝公の時代に定められた，諸国の守護の職務は，国内の御家人を京都の警備に当たらせること，謀反や殺人などの犯罪人を取り締まることである。

念仏を唱える教えは，平安時代の浄土信仰を受け継いだんだね。禅宗は武士の気質に合ったんだ。

まるごと暗記 ⊙執権 鎌倉幕府で将軍を補佐し，幕政を運営した職。北条氏が代々つとめた。

教科書の 資料 次の問いに答えよう。

(1) 右は，鎌倉時代に作られた仏像です。この名前を書きなさい。

（ 　　　　　　　　 ）

(2) (1)を作った仏師の名前を2人書きなさい。

（ 　　　　　　　　 ）

（ 　　　　　　　　 ）

(3) (1)を納めた建物はある国の様式を取り入れて造られました。①この建物と②ある国の名前をそれぞれ書きなさい。

① （ 　　　　　　　 ）

② （ 　　　　　　　 ）

第2部
第2章

教科書 一問一答 チェック 次の問いに答えよう。

/10問中

★は教科書の太字の語句

❶ 鎌倉を中心とした武家政権

①鎌倉を拠点として，1192年に征夷大将軍に任じられた，鎌倉幕府を開いた人物は誰ですか。

★①＿＿＿＿＿＿＿＿

②①が，逃げた源義経を捕らえることを口実に，荘園や公領に置いた職を何といいますか。

★②＿＿＿＿＿＿＿＿

③御家人が①に対して負った，合戦に備えたり，京都・鎌倉を警備したりするなどの義務を何といいますか。

★③＿＿＿＿＿＿＿＿

④後鳥羽上皇が鎌倉幕府を倒す兵を挙げ，幕府軍に敗れた戦いを何といいますか。

★④＿＿＿＿＿＿＿＿

⑤北条氏が代々，執権として御家人たちをまとめ，幕府を運営していった政治を何といいますか。

★⑤＿＿＿＿＿＿＿＿

⑥1232年，公正な裁判を行うために，御成敗式目（貞永式目）を定めた執権は誰ですか。

⑥＿＿＿＿＿＿＿＿

❷ 武士や僧侶たちが広めた鎌倉文化

⑦『平家物語』に代表される，武士の活躍と運命を描いた文学を何といいますか。

⑦＿＿＿＿＿＿＿＿

⑧後鳥羽上皇が藤原定家に編集させ，西行らの和歌が収められた和歌集を何といいますか。

★⑧＿＿＿＿＿＿＿＿

⑨法然の弟子で，罪を自覚した悪人こそが救われると説き，浄土真宗を広めたのはだれですか。

★⑨＿＿＿＿＿＿＿＿

⑩栄西や道元が宋から伝えて広めた，座禅によって悟りを得る仏教の教えを何といいますか。

★⑩＿＿＿＿＿＿＿＿

 知識の泉 浄土宗を開いた法然は，源頼朝より14歳年上の武士の家の生まれ。武士のままだったら，源平の戦いにベテランとして参加していたかもしれません。

こつこつ　テスト直前　解答 p.9

定着のワーク　ステージ 2　第1節　武士の世の始まり

1 **武士のおこりと成長**　右の年表を見て，次の問いに答えなさい。

(1) 年表中の **A** について，このころ生まれた土地にかけられる税を何といいますか。

（　　　　　　　）

(2) 年表中の **B** について，次の問いに答えなさい。

① このころ成長した戦いを職業とする人々のまとまりを何といいますか。

（　　　　　　　）

② ①のうち，特に有力な一族で棟梁になったものを2つ書きなさい。（　　　　　）（　　　　　）

よく出る (3) 年表中の **C** について，□にあてはまる語句を書きなさい。

（　　　　　　　）

(4) **C** と同じころ，右の地図中の平泉を拠点として東北地方を統一した一族を何といいますか。

（　　　　　　　）

(5) 年表中のできごとについて，次の文にあてはまる人物を□□から選びなさい。

① 平治の乱で勝利し，武士として初めて政治の実権を握った。

（　　　　　　　）

② 保元の乱で①とともに後白河天皇に協力したが，平治の乱で敗れた。

（　　　　　　　）

③ ②の息子で，平治の乱の後，伊豆に流されたが，平氏打倒の呼びかけにこたえて兵を挙げた。

（　　　　　　　）

④ ③の弟で，壇ノ浦の戦いで平氏を滅ぼした。

（　　　　　　　）

年	できごと
935	a 平将門の乱が起こる………… A
939	b 藤原純友の乱が起こる
1051	東北地方で争乱が起こる……… B
1086	白河上皇が□□を開始………… C
1156	保元の乱が起こる
1159	c 平治の乱が起こる
1185	d 壇ノ浦の戦いが起こる

源 頼朝	源義朝	源義経	源義仲	平 清盛	後三条天皇

(6) (5)①が，地図中の大輪田泊を整備して行った中国との貿易を何といいますか。

（　　　　　　　）

レベルUP (7) (6)の貿易が行われていたころ，朝鮮半島のある国との間でも民間の商人による貿易が盛んでした。その国名を書きなさい。

（　　　　　　　）

レベルUP (8) 下線部 a ～ d の戦乱が起こった場所を，地図中のア～オからそれぞれ選びなさい。　　a（　　　）　b（　　　）

c（　　　）　d（　　　）

ヒントの森

(2)②棟梁とは武士の統率者のことです。

(3)天皇は位を譲ると上皇といいます。上皇による政治。

(6)陶磁器や絹織物，書籍のほか，宋銭も輸入されました。

❷ 武家政権と鎌倉文化　次の年表を見て，あとの問いに答えなさい。

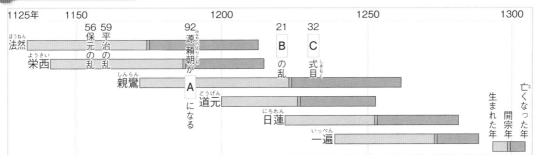

(1) 年表中のA〜Cにあてはまる語句をそれぞれ書きなさい。

A（　　　　　）　B（　　　　　）　C（　　　　　）

(2) Aについて，源頼朝が開いた幕府を何といいますか。　（　　　　　）

(3) (2)の幕府のしくみについて，次にあてはまる語句を右の資料から選びなさい。

① 国ごとに置かれ，軍事や警察の役割を果たす。

（　　　　　）

② 荘園や公領に置かれ，年貢の取り立てを行う。

（　　　　　）

③ 京都に置かれ，朝廷や西国の武士を監視する。

（　　　　　）

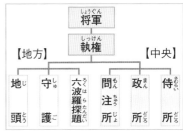

(4) Bについて，次の①〜④にあてはまる語句を□□□から選びなさい。

① （　　　　　）　② （　　　　　）

③ （　　　　　）　④ （　　　　　）

院政を行っていた　①　は，幕府を倒すために挙兵した。これに際し，頼朝の妻　②　が御家人に頼朝の　③　に報いるよう説き，幕府軍は①に勝利した。この後，②の一族が御家人たちをまとめ，　④　を始めた。

後鳥羽上皇
北条政子
後白河法皇
御恩　　奉公
執権政治
摂関政治

(5) Cは，公正な裁判を行うため，武士の慣習をまとめたものです。これを定めた当時の執権はだれですか。　（　　　　　）

(6) 右の資料は，年表のころに建設されました。運慶や快慶らによって作られ，この建物に置かれた彫刻を何といいますか。

（　　　　　）

(7) この時代に広まった新しい仏教について，次の宗派を開いた人物を年表中から選びなさい。

① 浄土宗　　（　　　　　）

② 禅宗（2人）　（　　　　　）（　　　　　）

(8) 年表のころ，琵琶法師によって広められた軍記物を，□□□から選びなさい。　（　　　　　）

平家物語　　方丈記　　徒然草　　古今和歌集

ヒントの森
(1)Aもとは蝦夷を征伐する役職でした。
(4)③領地の支配を認められ，新たな領地を与えられること。

予習・復習 こつこつ 解答 p.10

確認のワーク ステージ1 第2節 武家政権の内と外①

教科書の 要点 （ ）にあてはまる語句を答えよう。

1 海を越えて迫る元軍 教 p.70〜71

● **モンゴル帝国の拡大と結び付くユーラシア** ▶ 13世紀初め，（① ）が現れ，モンゴル帝国を築く。

◆孫のフビライ＝ハンが国号を（② ）とし，宋を滅ぼす。朝鮮半島の（③ ）は30年抵抗。

● **2度にわたる蒙古襲来** ▶ フビライの使者が日本に朝貢と服属を求めるが，8代執権（④ ）が拒否。

◆ **文永の役 1274年** ▶ 元軍が博多湾に上陸したが，引き揚げた。
集団戦法と武器で幕府軍は苦戦

◆ **弘安の役 1281年** ▶ 幕府軍の抵抗と防塁，暴風雨のため撤退。

■ 2度の戦いを蒙古襲来（（⑤ ））という。

● **御家人たちの不満** ▶ 海岸警備は継続で，負担が重い。

◆元軍との戦いの後，（⑥ ）が不十分だった。
防衛戦であったため

◆領地が分割して相続され，小さくなっていった→生活苦に。

■ 幕府は（⑦ ）を出すが効果は一時的。
御家人の借金などを帳消しにする

2 南北朝の内乱と新たな幕府 教 p.74〜75

● **鎌倉幕府の崩壊**

◆幕府に従わない武士たち（（⑧ ））が登場。

◆（⑨ ）天皇が幕府を倒す戦いを起こす。

◆1333年（⑩ ）・**新田義貞**ら東国の御家人，楠木正成ら悪党勢力の活躍で，鎌倉幕府が滅亡。

● **動乱の半世紀**

◆ **後醍醐天皇の政治** ▶ **1334年**（⑪ ）を始める。

■ 武士のしきたりを無視し，天皇に権力を集めた。

■ 批判が集まり，足利尊氏が挙兵。新政は2年半で終わる。

◆ **南北朝時代** ▶ 約60年，全国の武士が二手に分かれた内乱。

■ **1338年 足利尊氏** が新しい天皇を立て（北朝），自分は征夷大将軍となり京都に幕府を開く（武家政権の復活）。
京都

■ 後醍醐天皇は（⑫ ）へ（南朝）。
現在の奈良県

■ 守護が国を支配する（⑬ ）に成長。
荘園の年貢の半分を取り立てる権利を認められる

● **京都に置かれた室町幕府** ▶ 足利氏の幕府を室町幕府という。

◆将軍の補佐役 ▶（⑭ ）が置かれる。

◆ **1392年** 3代将軍（⑮ ）が南北朝を統一。

◆幕府の力が地方まで及ばなくなる。鎌倉公方とも対立。
鎌倉府の足利氏

1206	チンギス＝ハンがモンゴル民族を統一
1271	フビライ＝ハンが元を建てる
1274	文永の役
1276	元が宋を滅ぼす
1281	弘安の役
1297	幕府が徳政令を出す
1333	鎌倉幕府が滅びる
1334	建武の新政が始まる
1338	足利尊氏が幕府を開く
1392	南北朝の内乱が終わる

↓モンゴル帝国の領域

↓室町幕府のしくみ

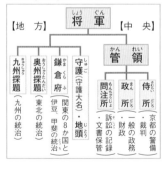

義満が京都の室町に御所を構えたから，室町幕府というんだね。

教科書の 資料 次の問いに答えよう。

(1) 右の絵は，文永の役の様子を描いたものです。このとき，日本に初めて攻めてきた国を何といいますか。（　　　　　　　　）

(2) 幕府軍は，A・Bのどちらですか。（　　　　）

(3) (1)の軍は，集団戦法と何を使って攻めていますか。
（　　　　　　　　　）

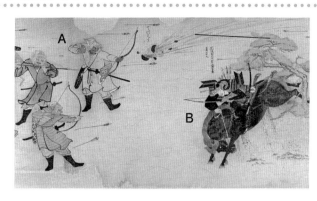

第2部
第2章

(4) (1)の軍が襲来したときの，鎌倉幕府の執権はだれですか。（　　　　　　　　　）

(5) 文永の役と弘安の役の，2度にわたる(1)の軍の襲来を，まとめて何といいますか。
（　　　　　　　　　）

教科書 一問一答 次の問いに答えよう。

/10問中

★は教科書の太字の語句

1 海を越えて迫る元軍

①チンギス＝ハンとその子孫が築いた帝国を何といいますか。
★① ＿＿＿＿＿＿＿＿

②チンギス＝ハンの孫で，中国北部を支配して国号を元に変えたのは誰ですか。
★② ＿＿＿＿＿＿＿＿

③1274年，元軍と幕府軍との間に起こった戦いを何といいますか。
③ ＿＿＿＿＿＿＿＿

④1281年，再び来襲した元軍と幕府軍との間に起こった戦いを何といいますか。
④ ＿＿＿＿＿＿＿＿

⑤生活に苦しむようになった御家人を救うため，幕府が出した法令を何といいますか。
★⑤ ＿＿＿＿＿＿＿＿

2 南北朝の内乱と新たな幕府

⑥鎌倉幕府を倒す戦いで大きな働きをした東国の御家人は，足利尊氏ともう一人は誰ですか。
⑥ ＿＿＿＿＿＿＿＿

⑦天皇に権力を集めて建武の新政を行った天皇は誰ですか。
★⑦ ＿＿＿＿＿＿＿＿

⑧朝廷が南北に分裂し，60年近く全国の武士が二つの勢力に分かれて争った時代を何といいますか。
★⑧ ＿＿＿＿＿＿＿＿

⑨領国の武士を家来として従え，一国を支配する大名となっていった守護を何といいますか。
★⑨ ＿＿＿＿＿＿＿＿

⑩3代将軍足利義満が京都の室町に御所を構えたため，足利氏の幕府を何とよびますか。
★⑩ ＿＿＿＿＿＿＿＿

 知識の泉　足利尊氏は気前がよく，家来へのほうびもおしみませんでした。そのため信頼を集め，後醍醐天皇を破って武家政治を復活することができました。

確認のワーク ステージ**1** 第2節 武家政権の内と外②

教科書の 要点 （　）にあてはまる語句を答えよう。

❶ 東アジアの交易と倭寇
教 p.76～77

●**倭寇の出現と明の成立**▶14世紀半ばの南北朝の内乱が続いていた時期に，（①　　　　　　　　　　）が東シナ海で活発に活動。
密貿易や海賊行為を行う

◆**1368年**中国で漢民族が（②　　　　　　　　　）を建国。
倭寇を取り締まるため，民間人の海外渡航と民間の交易を禁止

●**室町幕府と日明貿易**

◆**足利義満**が明から「**日本国王**」に任命され，**朝貢**する関係に。
倭寇を取り締まることが条件だった

■正式な貿易船には明から**勘合**が与えられるので，**日明貿易**は（③　　　　　　　）貿易ともいう。

◆貿易品▶日本は銅・硫黄・刀剣・扇などを輸出し，銅銭・生糸・絹織物・陶磁器・書画などを輸入。
通貨として利用　　青磁や白磁

■幕府は大きな利益を得る。15世紀後半には細川氏や大内氏が貿易の実権を握る。

●**室町幕府と朝鮮**

◆朝鮮半島▶14世紀末（④　　　　　　　　）が**高麗**を倒し，国名を（⑤　　　　　　　　　）に。

■**ハングル**などの独自の文化が発展。

◆朝鮮との貿易▶朝鮮が倭寇の取り締まりを要求し，その代わりに，貿易を許可。木綿・仏教の経典・陶磁器などを輸入。

■**対馬**の（⑥　　　　　　　　）氏が貿易に重要な役割。
長崎県

❷ 琉球とアイヌの人々がつなぐ交易
教 p.78～79

●**東アジアをつなぐ琉球**

◆琉球の3王国▶14世紀半ばに北山・中山・南山が成立。

◆琉球の統一▶15世紀に中山の王（⑦　　　　　　　　）が3王国を統一，（⑧　　　　　　　　）が成立。
首里（現在の那覇市）が都

◆琉球の貿易▶日本・朝鮮・東南アジアなどとの間で，（⑨　　　　　　　　）貿易が行われる。
輸入した品物をそのまま他地域へ輸出

●**アイヌの人々と交易**

◆**蝦夷地**▶13世紀までに，（⑩　　　　　　　）文化が成立。
北海道

アイヌの人々は樺太に進出し，アムール川流域と活発に交易。

◆交易▶津軽半島の（⑪　　　　　　　）が交易地となる。
青森県　　　　十三湊

■14世紀には領主である**安藤**（安東）氏の下で繁栄。

■**和人**（本州の人々）が蝦夷地南部に**館**という根拠地を造る。

■（⑫　　　　　　　）を指導者として和人と衝突。

1368	元を北へ追いやり，明が建国
1392	高麗が滅び，朝鮮が起こる
1404	日明貿易が始まる
1429	尚氏が琉球を統一
1457	コシャマインを指導者とするアイヌの人々が和人と衝突

↓14～15世紀の東アジア

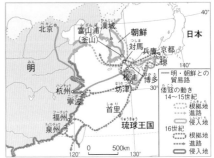

↓ハングル

안녕하세요
アンニョンハセヨ
（こんにちは）

김치 신년（新年）
キムチ　シンニョン

치마저고리
チマ チョゴリ
（女性の服装）

↓首里城

首里城跡は世界遺産に登録されているよ。再び復元する計画もあるよ。

 まるごと暗記 勘合貿易 明に対する朝貢形式の貿易。正式な貿易船に与えられた勘合を持参する。

教科書の 資料 次の問いに答えよう。

(1) 右の図は，日本と明との間で行われた貿易で使われた，通交証明書です。この通交証明書を何といいますか。

（　　　　　　　　）

(2) 室町幕府はこのとき，明とどのような関係を結びましたか。

（　　　　　　　　）

(3) 貿易を始めるにあたって，明が日本に取り締まりを要求した，東シナ海で密貿易や海賊行為を行っていた人々を何といいますか。

（　　　　　　　　）

(4) この貿易で日本が大量に輸入していたものは何ですか。　　　　から選びなさい。

（　　　　　　　　）

| 銅 | 銅銭 | 硫黄 | 刀剣 | 扇 |

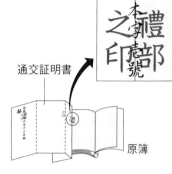

通交証明書

原簿

教科書 一問一答 （チェック） 次の問いに答えよう。

/10問中

★は教科書の太字の語句

1 東アジアの交易と倭寇

①14世紀半ばころ，倭寇が密貿易や海賊行為をしていたのは，日本で何という内乱が続いていた時期でしたか。

□① ＿＿＿＿＿＿＿＿

②明との間の貿易は，明から正式な貿易船に通交証明書が与えられたことから，何とよばれますか。

□★② ＿＿＿＿＿＿＿＿

③明から日本国王に任命されて，②を始めた室町幕府の将軍だった人物は誰ですか。

□③ ＿＿＿＿＿＿＿＿

④14世紀末，高麗を倒して国名を朝鮮と改めたのは誰ですか。

□④ ＿＿＿＿＿＿＿＿

⑤朝鮮で作られた独自の文字を何といいますか。

□⑤ ＿＿＿＿＿＿＿＿

⑥朝鮮との貿易で重要な役割を果たした宗氏はどこを根拠地にしていましたか。

□⑥ ＿＿＿＿＿＿＿＿

2 琉球とアイヌの人々がつなぐ交易

⑦15世紀に，尚氏が北山・中山・南山の3王国を統一して成立した国を何といいますか。

□★⑦ ＿＿＿＿＿＿＿＿

⑧⑦の王国の都とされたのはどこですか。

□⑧ ＿＿＿＿＿＿＿＿

⑨蝦夷地（北海道）に住み，樺太などに進出して交易を行っていた人々は何といいますか。

□★⑨ ＿＿＿＿＿＿＿＿

⑩⑨の人々との交易を行い，北の日本海交通の中心となったのは，津軽半島のどこですか。

□⑩ ＿＿＿＿＿＿＿＿

 知識の泉 琉球王国の首里城正殿に掲げてあったと伝えられる「万国津梁の鐘」には，活発に行われた中継貿易の様子が示されています。

 第2節　武家政権の内と外

こつこつ　テスト直前　解答 p.10

1 **海を越えて迫る元軍と新たな幕府**　右の年表を見て，次の問いに答えなさい。

(1)　aについて，チンギス＝ハンが築き，後に子孫によってヨーロッパの東側まで領土を広げた国を何といいますか。

（　　　　　　　　）

年代	できごと
1206	チンギス＝ハンがモンゴル民族を統一…a
1271	フビライ＝ハンが（　A　）を建国
1274	文永の役が起こる……
1281	弘安の役が起こる……╎……………b
1297	幕府が徳政令を出す………………c
1334	後醍醐天皇の（　B　）が始まる
1338	足利氏が幕府を開く………………d
1392	南北朝の内乱が終わる……………e

(2)　年表中の（　）にあてはまる語句をそれぞれ書きなさい。

A（　　　　　　　　）
B（　　　　　　　　）

(3)　bは，Aが日本に攻めてきたできごとです。次の問いに答えなさい。

①　bについて，右の資料を参考に次の（　）にあてはまる語句を書きなさい。

　文永の役でA軍は，博多湾に上陸すると，（　X　）戦法と（　Y　）を使って幕府軍を苦しめた。弘安の役では，幕府が海岸に築いた（　Z　）がA軍の上陸をはばんだ。

X（　　　　　　　　）　Y（　　　　　　　　）　Z（　　　　　　　　）

②　このときの幕府の執権を書きなさい。（　　　　　　　　）

③　bをまとめて何といいますか。（　　　　　　　　）

(4)　cは誰を救うためのものですか。あてはまるものを次から選びなさい。
　ア　将軍　　イ　御家人　　ウ　農民　　エ　商人　　　　　　（　　　　）

(5)　dについて，この幕府は，後の将軍が御所を構えた京都の地名から，何といいますか。

（　　　　　　　　）

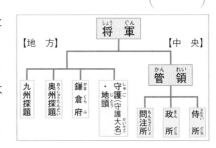

(6)　右の資料は(5)のしくみを示しています。次にあてはまるものを，資料からそれぞれ選びなさい。
①　将軍の補佐役をつとめた。（　　　　　　　　）
②　関東を支配し，のちに幕府と対立した。

（　　　　　　　　）

(7)　d～eの間に成長した，年貢の半分を取り立て，軍事費にあてる権限を認められることで，一国を支配するようになった守護を何といいますか。（　　　　　　　　）

(8)　eについて，このときの将軍は誰ですか。

（　　　　　　　　）

ヒントの森
(3)①資料左側がA軍。
(4)A軍との戦いに参加した人々です。
(6)①有力な(7)が任命されました。
(8)3代将軍です。

❷ 東アジアの交易　右の地図を見て，次の問いに答えなさい。

よく出る

(1) 14世紀半ばから，地図中◯の地域で密貿易や海賊行為を行っていた人々を何といいますか。

（　　　　　　　　　　）

よく出る

(2) 地図中のA～Dの国や地域の名前を◌◌◌◌からそれぞれ選びなさい。

元（げん）	高句麗（こうくり）	朝鮮（ちょうせん）
明（みん）	蝦夷地（えぞち）	琉球王国（りゅうきゅう）

A（　　　　　　　）
B（　　　　　　　）
C（　　　　　　　）
D（　　　　　　　）

15世紀ごろの日本の北と南の交易

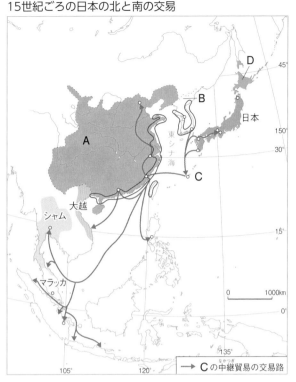

→ Cの中継貿易（なかつぎ）の交易路

(3) Aについて，次の問いに答えなさい。

① 資料1は，正式な貿易船であることを確認するため，Aから送られた通交証明書と原簿（げんぼ）を合わせるようすを示しています。この証明書を何といいますか。

（　　　　　　　　　　）

レベルUP

② ①を用いた貿易で，明から日本が多く輸入したものを次から選びなさい。（　　　　　）
ア　銅銭（どうせん）　イ　硫黄（いおう）　ウ　刀剣（とうけん）　エ　扇（おうぎ）

資料1

(4) Bでは資料2のような文字が独自（どくじ）に作られました。この文字を何といいますか。（　　　　　　　　）

資料2

안녕하세요
김치　신년
치마저고리

(5) 資料3はCの首都に建てられた城の正殿（せいでん）を復元していた建物です。この首都を何といいますか。

（　　　　　　　　　　）

資料3

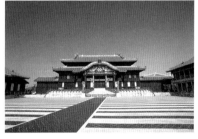

(6) Cは，地図中→の交易路（こうえきろ）を用いて，日本の産物などをAに持っていき，その返礼として得た品物をほかの国に転売していました。このような貿易を何といいますか。

（　　　　　　　　　　）

(7) Dについて，この地域に住み，独自（どくじ）の文化を持っていた人々を何といいますか。（　　　　　　　　　）

(8) 15世紀に(7)は，和人（わじん）（本州の人々）との間に衝突（しょうとつ）を起こしました。この指導者（しどうしゃ）を◌◌◌◌から選びなさい。（　　　　　　　）

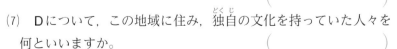

李成桂（りせいけい）	コシャマイン	尚氏（しょう）	宗氏（そう）	安藤氏（あんどう）

ヒントの森

(1)高麗が倒されるきっかけとなりました。
(3)②当時の日本では作られていなかったものです。
(5)現在の那覇市です。

予習・復習　こつこつ　解答 p.11

確認のワーク ステージ1　第3節　人々の結び付きが強まる社会①

教科書の要点 （　　）にあてはまる語句を答えよう。

1 技術の発達とさまざまな職業　教 p.82〜83

●**多くの作物を得る工夫**▶米と麦などの（①　　　　　　　　　　）が広がる。草木を焼いた灰や**人の糞尿**を肥料として利用。**牛馬**を耕作に利用。（②　　　　　　　　　　）を使って川から水を引く。

●**さまざまな職業の登場**▶鍛冶屋や結桶師などの職人が増加。

　◆手工業が発達し，西陣（京都市）の**絹織物**，瀬戸（愛知県）の**陶器**など，各地に（③　　　　　　　　　　）が生まれる。

　■輸出品にもなる硫黄・金・銀・銅などの採掘業者も成長。

●**盛んになる交通と定期市**▶**宋銭**や**明銭**が貨幣として流通。

　◆（④　　　　　　　　　　）▶月3回から6回に増える。

　◆運送業者▶陸上の運搬で（⑤　　　　　　　　　　）や**車借**が，港町で問（問丸）などの運送業者が活躍。

　◆幕府や寺社は，交通の要所に関所を設けて税を取る。

　◆金融▶京都・奈良などで（⑥　　　　　　　　　　）（質屋）や酒屋が高利貸しを営む→幕府はこれを保護して税を取る。

2 団結して自立する民衆　教 p.84〜85

●**民衆たちの一揆**▶庶民どうしなど，ヨコの結び付きが強まり，人々は（⑦　　　　　　　　　　）を結成するようになる。

　◆（⑧　　　　　　　　　　）1428年▶近江国（滋賀県）の**馬借**が中心となり，幕府に**徳政令**を求めて起こす。

　◆（⑨　　　　　　　　　　）1485年▶山城国（京都府）南部の武士や農民が起こす。**守護大名**を追い出し，8年間自治。

　◆（⑩　　　　　　　　　　）1488年▶加賀国（石川県）では，**一向宗**（浄土真宗）の信徒が起こし，約100年間自治を行う。

●**村の自治**▶後の江戸時代まで引き継がれるしくみができる。

　◆（⑪　　　　　　　　　　）▶近畿地方では，農民が団結して，地域を自ら運営する村々が現れる。→（⑫　　　　　　　　　　）を開いて独自に村の**おきて**を作ったり，罪人を処罰したりした。

●**都市の自治**▶京都・奈良・鎌倉のほかに，**港町**や**門前町**が誕生。

　◆（⑬　　　　　　　　　　）▶商工業者が作った同業者の組合。公家や寺社に税を納める代わりに，営業の独占権を得た。

　◆（⑭　　　　　　　　　　）▶京都や博多，堺の富裕な商工業者。寄合を開いて町の自治を行った。

↓結桶師

↓主な一揆

↓正長の土一揆の碑文

正長元年ヨリサキ者カンへ四カ
ンカウニヲヰメ
アルヘカラス

「負い目」とは借金のことだよ。

↓村のおきて

一，よそ者は，身元保証人がなければ村内に住まわせてはならない。

（1489年11月4日近江今堀郷のおきて）

😊 まるごと暗記　☺☺土倉 中世の金融業者で，京都や奈良，港町に多かった。☺☺座 商工業者の同業者組合。

📖 教科書の **資料**　次の問いに答えよう。

(1) 右の資料は，室町時代に活躍した運送業者の様子です。①この運送業者と，②牛などに車を引かせて荷を運搬する運送業者をそれぞれ何といいますか。□□□からそれぞれ選びなさい。

①（　　　　　　　　　）

②（　　　　　　　　　）

(2) 交通の要所に幕府や寺社が関所を作ったのは，通る人々から何を取り立てるためでしたか。（　　　　　　　　　）

| 問丸 | 車借 | 馬借 | 土倉 |
| といまる | しゃしゃく | ばしゃく | どそう |

(3) 1428年に近江国で資料のような運送業者の人々が起こした土一揆では，幕府に何を出させることによって借金の帳消しを実現しようとしましたか。（　　　　　　　　　）

📖 教科書 **チェック** 一問一答　次の問いに答えよう。　　　／10問中

★は教科書の太字の語句

1 技術の発達とさまざまな職業

①室町時代には西日本を中心に広がった，米と麦を同じ耕地で交互に栽培する農業を何といいますか。

★① _____

②西陣（京都市）や博多（福岡市）で特産物となったものは何ですか。

② _____

③港町で活躍した運送業者は何といいますか。

★③ _____

④交通の発達に目を付けた幕府や寺社が，通行税を取り立てるために交通の要所に作ったものは何ですか。

★④ _____

⑤京都や奈良などで高利貸しを営んだ業者は，土倉（質屋）ともう1つは何ですか。

★⑤ _____

2 団結して自立する民衆

⑥1428年，近江国（滋賀県）の馬借が中心となり，幕府に徳政令を要求して起こした一揆を何といいますか。

★⑥ _____

⑦1485年，山城国（京都府）の南部で武士や農民が守護大名の軍勢を追い出した一揆を何といいますか。

★⑦ _____

⑧1488年，加賀国（石川県）で一向宗（浄土真宗）の信徒たちが起こしたような一揆を何といいますか。

★⑧ _____

⑨惣（惣村）で開かれ，村のおきてなどを決めた会合を何といいますか。

★⑨ _____

⑩公家や寺社から保護を受ける代わりに税を納めた，商工業者の同業者の団体を何といいますか。

★⑩ _____

 知識の泉　1428年の正長の土一揆で襲われたのは，人々に高い金利で金を貸していた土倉や酒屋でした。困り果てた土倉や酒屋は大金を積んで，管領に一揆の鎮圧を頼んだとのことです。

予習・復習 こつこつ 解答 p.11

確認のワーク ステージ1 第3節 人々の結び付きが強まる社会②

教科書の 要点 （　）にあてはまる語句を答えよう。

① 全国に広がる下剋上

教 p.86～87

●**応仁の乱と下剋上**▶15世紀半ば，有力な**守護大名**が8代将軍
（①　　　　　　　　）の跡継ぎをめぐる争いを始める。

◆1467年 幕府の実力者細川氏と山名氏の争いと結び付き，
（②　　　　　　　　）が始まり，戦乱は11年間に及ぶ。

- ■京都は焼け野原となり，戦乱は地方へ広まる。
- ■守護大名の一族や家来が実力で守護大名に取って代わ
ろうとする（③　　　　　　　　）の風潮が全国に広がる。

●**各地で争う戦国大名**▶守護大名や家来が領国を独自に支配
→戦国大名となる（（④　　　　　　　　）の始まり）。
約100年間続いた いつ

◆**戦国大名の政策**▶強力な軍隊を作り，各地に城を造る。
大規模な治水・かんがい工事に力を入れ，耕地を広げる。

- ■（⑤　　　　　　　　）をつくり，家臣を住まわせる。
朝倉氏の一乗谷，北条氏の小田原など

◆**戦国大名の法律**▶独自の法律（⑥　　　　　　　　）を律
令や御成敗式目とは別に作り，武士や農民を統制。

◆16世紀後半，全国統一を目指す戦国大名が現れる。

② 庶民に広がる室町文化

教 p.88～91

●**北山文化と東山文化**▶武家の文化が公家の文化と融合。
幕府が鎌倉から京都に移ったため

◆**北山文化**▶足利義満が京都の北山に（⑦　　　　　　　　）を
造らせた。→寝殿造と禅宗の寺の様式を組み合わせた。

- ■猿楽や田楽などの芸能から生まれた（⑧　　　　　　　　）
公家の文化 芸能 武家の文化
を足利義満の保護を受けた**観阿弥**と**世阿弥**が完成。
保護
- ・能の合間に（⑨　　　　　　　　）が演じられる。
能

◆**東山文化**▶足利義政が京都の東山に（⑩　　　　　　　　）を
造らせ，禅僧の住まいに似た（⑪　　　　　　　　）を取り入
れる。龍安寺などに**枯山水**の庭園が造られる。
河原者が優れた手腕を発揮

- ■雪舟が（⑫　　　　　　　　）を完成。

●**庶民の間に広がった文化**▶**連歌**が地方の武士などの間で流行。
上の句と下の句を読み継ぐ いっすんぼうし
茶を飲む習慣が広がる。『浦島太郎』『一寸法師』などの
（⑬　　　　　　　　）が作られる。
庶民を主人公にした絵本

●**現代につながる生活様式**▶盆踊りなどの風習が生まれる。**木綿**
盆踊り 念仏踊りから生まれた
が衣服に用いられる。畳を敷き詰めた部屋が作られ，「わび」
「さび」という日本的な感覚が育つ。

↓応仁の乱開戦当初の対立関係

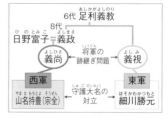

↓主な戦国大名

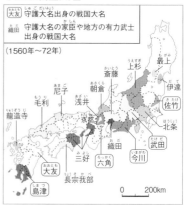

守護大名出身の戦国大名
守護大名の家臣や地方の有力武士
出身の戦国大名
（1560年～72年）

↓書院造（東求堂同仁斎）

↓雪舟の水墨画

下剋上 身分が下の者が実力で上の者を倒す風潮　　分国法 戦国大名が独自に定めた法

教科書の 資料 次の問いに答えよう。

(1) 資料のA・Bは，室町時代の文化
を代表する建物です。それぞれ何と
いう建物ですか。

A （　　　　　　）
B （　　　　　　）

A　　　　　　　　B

(2) A・Bを造らせた人物を，　　　か
らそれぞれ選びなさい。

A （　　　　　　）
B （　　　　　　）

足利尊氏　　足利義政　　足利義満

第2部
第2章

(3) Bに取り入れられた，禅僧の住まいをまねた建築の様式を何といいますか。

（　　　　　　　　　　）

教科書 一問一答 チェック 次の問いに答えよう。

/10問中

★は教科書の太字の語句

① 全国に広がる下剋上

①15世紀半ば，山名氏と対立していた幕府の実力者は何
氏ですか。

□① ＿＿＿＿＿＿＿

②1467年に京都で始まり，多くの守護大名を巻き込んで
地方にも広まった戦乱を何といいますか。

□★② ＿＿＿＿＿＿＿

③戦乱の中で，領国内の武士を家来として従えるように
なった大名を何といいますか。

□★③ ＿＿＿＿＿＿＿

④朝倉氏の一乗谷，北条氏の小田原などの，戦国時代に
各地でつくられた都市を何といいますか。

□★④ ＿＿＿＿＿＿＿

② 庶民に広がる室町文化

⑤足利義満が金閣を造らせたころ栄えた文化を何といい
ますか。

□★⑤ ＿＿＿＿＿＿＿

⑥能の成立に影響を与えた日本の伝統的な芸能は，猿楽
ともう1つは何ですか。

□★⑥ ＿＿＿＿＿＿＿

⑦足利義満の保護を受け，能を完成させたのは，世阿弥
ともう一人は誰ですか。

□⑦ ＿＿＿＿＿＿＿

⑧足利義政が銀閣を造らせたころ栄えた文化を何といい
ますか。

□★⑧ ＿＿＿＿＿＿＿

⑨明で水墨画を学び，日本の風景を巧みに描いた禅僧は
だれですか。

□★⑨ ＿＿＿＿＿＿＿

⑩元は貴族の遊びで，和歌の上の句と下の句を別の人が
読み継いでいくものを何といいますか。

□⑩ ＿＿＿＿＿＿＿

 自分の跡継ぎ問題が原因の一つだった応仁の乱でしたが，当の足利義政は趣味にあけくれまし
た。当時の天皇から注意を意味する漢詩が送られるほどだったそうです。

定着のワーク　ステージ2　第3節　人々の結び付きが強まる社会

1 室町時代の産業と社会　次のカードを見て，あとの問いに答えなさい。

A　農業の変化
- 米と麦の（　a　）が西日本を中心に広がる。
- かんがい技術が発達した。

B　鉱工業の発達
- 職人が急増。特産物が生まれる。
- 金・銀の採掘（さいくつ）が活発になり，輸出品（ゆしゅつ）にもなる。

C　交通と都市
- 陸上や港で交通が発達。
- 高利貸（こうりか）しが富を蓄（たくわ）えた。
- （　b　）の回数が月6回に増（ふ）えた。

D　民衆の団結
- 京都…（　c　）が祇園祭（ぎおんまつり）を復興（ふっこう）。
- 農村…寄合（よりあい）を開いて自治を行う。
- 民衆（みんしゅう）が結び付いて一揆（いっき）を起こした。

(1)　（　）にあてはまる語句をそれぞれ書きなさい。
　　a（　　　　　　）　b（　　　　　　）　c（　　　　　　）

レベルUP
(2)　Aの下線部について，河川から水を引くために使われたものを何といいますか。
　　　　　　　　　　　　　　　　　　（　　　　　　　）

(3)　Bについて，次の地域で作られた特産物をあとから選びなさい。
　　① 西陣（にしじん）（京都）　② 瀬戸（せと）（愛知県）　　①（　　）　②（　　）
　　ア 絹織物（きぬおりもの）　イ 紙（かみ）　ウ 陶器（とうき）　エ 刀剣（とうけん）

よく出る
(4)　Cについて，次にあてはまるものを……からそれぞれ選びなさい。
　　① 港町で活躍（かつやく）した運送業者　　（　　　　　　）
　　② 陸上の運搬（うんぱん）で活躍した運送業者　（　　　　　　）
　　③ 幕府（ばくふ）や寺社が交通の要所に置いた（　　　　　　）
　　④ 都市で高利貸しを営（いとな）んだ（2つ）
　　　　　（　　　　　　）（　　　　　　）

土倉（どそう）	問（とい）
関所（せきしょ）	馬借（ばしゃく）
座（ざ）	酒屋（さかや）

(5)　Dについて，農村の寄合では右の資料のようなおきてを作って自治を行いました。このような農村を何といいますか。（　　　　　　）

－　よそ者は，身元保証人（みもとほしょうにん）がなければ村内に住まわせてはならない。
－　堀（ほり）から東には，屋敷（やしき）を造ってはならない。

よく出る
(6)　Dの下線部について，次にあてはまる一揆をあとの……からそれぞれ選びなさい。
　　① 右の資料に書かれた幕府に徳政（とくせい）を求めた一揆
　　　　　　　　　　　（　　　　　　）
　　② 加賀国（かがのくに）などで起きた浄土真宗（じょうどしんしゅう）の信徒が中心の一揆
　　　　　　　　　　　（　　　　　　）

| 国（くに）一揆　土（ど）一揆　一向（いっこう）一揆 |

ヒントの森
(1)c 博多や堺にも同じように富裕な商工業者たちがいました。
(4)商工業者の同業者団体だけが残ります。
(6)①借金の帳消しを要求した一揆です。

②戦国時代　次の文を読んで，あとの問いに答えなさい。

15世紀半ば，有力な守護大名による8代将軍（　A　）の跡継ぎ争いをきっかけに，11年に及ぶ（　B　）が始まった。戦乱は京都から地方に及び，ₐ実力で守護大名に取って代わろうとする風潮が広がった。やがて，領国を独自に支配し，領国内の武士を家臣としてかかえる♭戦国大名が登場した。

(1)　（　）にあてはまる語句をそれぞれ書きなさい。

A（　　　　　　　　　）　B（　　　　　　　　　）

(2)　下線部aについて，この風潮を何といいますか。

（　　　　　　　　　）

(3)　下線部bについて，右の資料を見て，次の問いに答えなさい。

① 資料のような，bが独自に定めた法律を何といいますか。（　　　　　　　）

一　本拠である朝倉館のほか，国の中に城を構えさせてはならない。領地のある者はすべて一乗谷に移住し，村には代官くらいを置くべきである。

② 資料の下線部は，bがつくった都市の一つで，城の周囲に家臣を住まわせ商工業者を呼び寄せました。このような都市を何といいますか。（　　　　　　　）

③ bたちが領国支配の拡大を目指して争った約100年間を何といいますか。（　　　　　　　）

ヒントの森
(1)A 銀閣を建てた。
(2)下の者が上の者に勝つという意味。

③室町文化　右の資料を見て，次の問いに答えなさい。

(1)　Aについて，これを建てさせた人物はだれですか。

（　　　　　　　　　）

A

B

(2)　Bについて，次の文の①・②にあてはまる語句をア，イからそれぞれ選びなさい。

①（　　　）　②（　　　）

禅僧の住まいをまねた①｜　ア　書院造　イ　寝殿造　｜が取り入れられている。質素で気品のあるこのころの文化を，②｜　ア　北山文化　イ　東山文化　｜という。

C

(3)　次の文にあてはまるものをそれぞれ　　　　から選びなさい。

① (1)に保護された観阿弥・世阿弥が完成させた。

（　　　　　　　　　）

② 雪舟が描いた右のCのような風景画。

（　　　　　　　　　）

③ 庶民を主人公にした絵本。（　　　　　　　）

水墨画　枯山水　お伽草子　連歌　能　狂言

ヒントの森
(2)8代将軍のころの文化。

総合問題編

第**2**章 中世 武家政権の成長と東アジア

こつこつ｜テスト直前｜解答▶p.12

30分 /100

1 右の年表を見て，次の問いに答えなさい。 5点×6（30点）

レベルUP

(1) a について，位を皇子に譲った天皇を何といいますか。

(2) 年表中の◻︎にあてはまる次のできごとを，年代の古い
順に並び替えなさい。

　ア 平治の乱が起こり，源頼朝が伊豆に流される。

　イ 保元の乱が起こる。

　ウ 源頼朝が征夷大将軍になる。

　エ 平清盛が太政大臣になる。

(3) 右の**地図**中の**X**，**Y**，**Z**は，源頼朝，源義経，源義
仲のいずれかです。**Z**にあてはまる人物を書きなさい。

(4) b について，次にあてはまる語句を書きなさい。

　① 日本に朝貢と服属を要求してきた人物。

　② この7年後に再び襲来したときの戦い。

(5) c について，このとき倒幕に協力した楠木正成など，
幕府に反抗し，寺社や荘園を襲うなどしていた人々は
何とよばれましたか。

年代	できごと
1086	a 院政が始まる
12世紀後半	
1274	b 文永の役
1333	c 鎌倉幕府が滅びる

地図 源平の争乱

(1)		(2)	→	→	→	(3)	
(4)①			②			(5)	

2 右の資料を見て，次の問いに答えなさい。 5点×4（20点）

よく出る

(1) 右の資料の①・②にあては
まる役職を，それぞれ書きな
さい。

(2) **資料1**の問注所に関係の深
い法令を，1232年に定めた
人物は誰ですか。次から選び
なさい。

　ア 北条政子

　イ 北条時政　ウ 北条泰時　エ 北条時宗

資料1

資料2

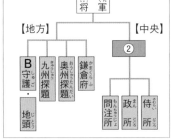

レベルUP

(3) 次の文にあてはまる時期の守護を資料中**A**・**B**から選びなさい。

　守護は，荘園の年貢の半分を取り立てる権限を得ると，領内の支配を強め，武士たちを
　支配するようになった。

(1)①		②		(2)		(3)	

目標
☐武家政権の成立，発展の様子を確認。
☐東アジアの交易の様子をおさえよう。
☐中世の社会や文化の様子をおさえよう。

自分の得点まで色をぬろう!

		⊙合格!
0	60	80 100点

3 次の文章を読んで，あとの問いに答えなさい。　　　　　　　　5点×7（35点）

　鎌倉時代以降，商業は活発化し，毎月開かれる定期市では a 輸入した宋銭や明銭が用いられるようになった。やがて，力をつけた庶民のあいだで，b 自分たちの要求を通すために団結する動きが盛んになり，また，村や都市でも c 寄合を開いて自治を行った。

(1)　下線部 a について，①明との貿易，②朝鮮との貿易，③琉球王国の貿易の説明としてあてはまるものを，次からそれぞれ選びなさい。

　　ア　民間貿易も盛んに行われ，後に宗氏が貿易を支配するようになった。

　　イ　東南アジアや朝鮮から得た品々を転売した。

　　ウ　貿易船には合い札が与えられ，日本は生糸や陶磁器を輸入した。

　　エ　十三湊で交易が行われ，鮭や昆布などが京都へ運ばれた。

(2)　下線部 b について，農民らが徳政を求めて土倉や酒屋を襲った行動を何といいますか。

(3)　下線部 c について，応仁の乱で荒廃した京都で，祇園祭を復活させて，自治的な都市運営を行った商工業者を何といいますか。

(4)　応仁の乱後，右の資料のような独自の法令を定め，領国内の武士や農民を統制しようとする大名が現れました。これに関して，次の①，②の問いに答えなさい。

　　①　このような大名を何といいますか。

　　②　右のような法令を何といいますか。

> 一　今川家の家臣が，自分かってに，他国より嫁や婿を取ること，他国へ娘を嫁に出すことを，今後は禁止する。

(1) ①	②	③	(2)
(3)	(4) ①	②	

4 右の資料を見て，次の問いに答えなさい。　　　　　　　　3点×5（15点）

資料1　　　　　　資料2

(1)　**資料1** がつくられたころに関係の深いものを，次から2つ選びなさい。

　　ア　方丈記　　イ　法隆寺
　　ウ　万葉集　　エ　平家物語

(2)　**資料1** は，宋の技術を取り入れて再建されました。このころに幕府に保護され，宋の僧侶が鎌倉に迎えられるきっかけになった仏教の宗派は何ですか。

(3)　**資料2** に見られる，床の間などを備えた建築様式を何といいますか。

(4)　**資料2** があり，質素で気品のある銀閣に代表される時期の文化を何といいますか。

(1)	(2)	(3)	(4)

資料活用・思考力問題編

こつこつ　解答 p.13

実力判定テスト　ステージ3　**第2章　中世　武家政権の成長と東アジア**　30分　/100

1　右の系図と地図を見て，次の問いに答えなさい。

(1)(3)(5)6点×3，他8点×4（50点）

(1) 系図の中から，関東地方で反乱を起こし，地図1のAの範囲で勢力をもった人物の名前を書きなさい。

(2) 系図を見ると，平氏と源氏が有力な存在になり，武士の統率者（棟梁）になった理由の一つがわかります。系図から読み取れる平氏と源氏の共通点を，「天皇」という語句を用いて書きなさい。

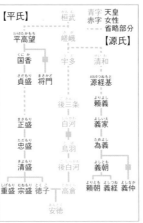

【平氏】
桓武
平高望
国香　　　宇多
貞盛　将門
後三条
正盛　　　白河
忠盛　　　鳥羽
清盛　　　後白河
重盛 宗盛 徳子　高倉
安徳

青字 天皇
赤字 女性
　　 省略部分
【源氏】
嵯峨
清和
源経基
源頼義
義家
為義
義朝
頼朝 義経 義仲

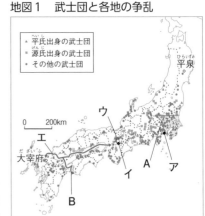

地図1　武士団と各地の争乱

平氏出身の武士団
源氏出身の武士団
その他の武士団

平泉
ウ
エ
大宰府
イ　A　ア
B
0　200km

(3) **地図1のB**は，瀬戸内海沿いの国司を襲ったある人物の略奪路を示しています。この人物名を書きなさい。

レベルUP
(4) **地図1**で平氏出身の武士団と源氏出身の武士団の分布を見ると，源氏出身の武士団は東国に多いことがわかります。源氏が東国で力を持つようになった理由を，　　　　の語句を用いて簡単に説明しなさい。

勢力争い　　源 義家　　平定

(5) 朝廷内の対立をきっかけに保元の乱や平治の乱が起こった場所を，**地図1**中の**ア〜エ**から選びなさい。

よく出る
(6) 政治の実権を握った平清盛がさらに権力を高めるために行ったことのうち，系図から読み取れることを，清盛の子と天皇の名前を用いて説明しなさい。

レベルUP
(7) **地図2**は，承久の乱の前後の鎌倉幕府の勢力の変化を表しています。承久の乱の後，幕府の勢力はどのように変化したか，簡単に説明しなさい。

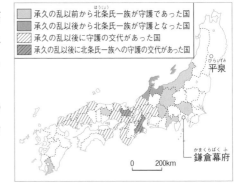

地図2

承久の乱以前から北条氏一族が守護であった国
承久の乱以後から北条氏一族が守護となった国
承久の乱以後に守護の交代があった国
承久の乱以後に北条氏一族への守護の交代があった国

平泉
鎌倉幕府
0　200km

(1)		(2)		(3)	
(4)					
(5)		(6)			
(7)					

地図や系図からは，「共通点」や「相違点」を読み取りましょう。平清盛と藤原氏の政治の共通点が系図から読み取れます。

自分の得点まで色をぬろう!

0 　　　　　　　　　　　　　 60　　 80　　100点

2 右の地図を見て，次の問いに答えなさい。

(3)(5)(7)10点×3，他5点×4（50点）

(1) 足利氏が幕府を開くまでの動きを述べた次の文を，年代の古い順に並べなさい。

ア 足利尊氏が新しい天皇を即位させた。

イ 足利尊氏・新田義貞らが幕府を滅ぼした。

ウ 後醍醐天皇が建武の新政を始めた。

エ 蒙古襲来以後，幕府の政治が行き詰まった。

(2) 吉野に逃れた後醍醐天皇が正統性を主張したため，南朝方と北朝方の二つに武士の勢力が分かれ，60年近く戦いが続いた時代を何といいますか。

(3) (2)の内乱で，軍事費などにあてるために，ある権限を認められた守護は，やがて領国の武士を家来として従え，国司に代わって一国を支配する守護大名へと成長しました。守護が認められた権限を，「荘園」という語句を用いて簡単に説明しなさい。

(4) **地図1**で，関東の支配のために**X**に置かれたものを何といいますか。

(5) **地図2**は，16世紀の主な戦国大名を示しています。**地図1**を参考に，**a**にあてはまる戦国大名の特色を，**b**との違いに着目して簡単に説明しなさい。

(6) **地図2**の**b**の戦国大名のように，実力で上の身分の者を倒し，権力を握る風潮のことを何といいますか。

(7) 右は，15世紀に成立した国の王城跡に復元されていた正殿の写真です。この国が東シナ海を舞台に行っていた交易活動の特色を，この国を含めて4つ以上の国名や地域名を用いて簡単に説明しなさい。

地図1　15世紀初めの主な守護大名

地図2　主な戦国大名

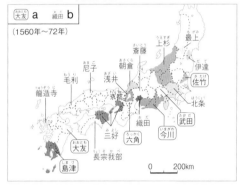

(1)	→ → →	(2)	
(3)		(4)	
(5)		(6)	
(7)			

確認のワーク ステージ1 **第1節　大航海によって結び付く世界**

📖 教科書の 要点 （　　）にあてはまる語句を答えよう。

1 ヨーロッパの変革　教 p.94~95

●**イスラムとの交流とヨーロッパ**▶11世紀末，**カトリック教会**の
首長（①　　　　　　　　）が呼びかけ，イスラム勢力の中にあ
る聖地エルサレムを奪い返すため（②　　　　　　　　）の遠征
を開始→イスラムの文化がヨーロッパにもたらされる。

●**新しい芸術と技術**▶14世紀，（③　　　　　　　　　　）の風潮。
　　　　　　　　　　　　　　　　　　　　　　　古代ギリシャ・ローマ
→16世紀全盛。**活版印刷術**も発明。科学や技術が進歩。の文化を理想

●**信仰の見直し**▶16世紀，教皇が**免罪符**を販売。天文学，羅針盤の改良
　　　　　　　　　　　　　　　　　　　　　　　　　　　　→航海技術
　◆ドイツの**ルター**が（④　　　　　　　　　）を始め，スイスでは
　　カルバンが改革→**プロテスタント**とよばれる。
　◆カトリック教会の改革▶**イエズス会**が海外布教へ。

2 大航海時代の幕開け　教 p.96~99

●**アジアの香辛料を求めて**▶（⑤　　　　　　　　　）などのアジア
の産物を直接取り引きするためヨーロッパ人は新航路開拓へ。
イスラム商人やイタリア商人を経由して高価だった
●**ヨーロッパ人の新航路開拓**▶航路開拓が続く**大航海時代**。
　◆ 1492年 （⑥　　　　　　　　　）が西インド諸島に到達。
　　　　　　　　　　　　　　　　　スペインの援助
　◆ 1498年 （⑦　　　　　　　　　）がインドに到達。
　　　　　　　　　　　　　　　　　ポルトガル人
　◆ 1522年 （⑧　　　　　　　　　）の一行が世界一周。
　　　　　　　　　　　　　　　　　スペインが派遣
●**アメリカ大陸の文明**▶**アステカ王国**や**インカ帝国**。
　　　　　　　　　　　　　メキシコ　　　　ペルー
●**世界に乗り出すヨーロッパ諸国／世界の一体化の始まり**
　◆（⑨　　　　　　）▶**ゴアやマラッカ**に拠点を置く。
　　　　　　　　　　　　インド　　マレー半島
　◆（⑩　　　　　　）▶南北アメリカで**インカ帝国**などを征
　服し，植民地を築く。→アフリカから奴隷を連れてくる。
　◆（⑪　　　　　　）▶17世紀には貿易・金融で繁栄。
　　　　　　　　　　　　スペインから独立。東インド会社を設立。

3 東アジアの貿易と南蛮人　教 p.100~101

●**東アジアの中継貿易**▶16世紀半ばからポルトガルとスペインが，
17世紀にはオランダが参入。
●**鉄砲の伝来**▶ 1543年 （⑫　　　　　　　　）に漂着したポルトガ
ル人が鉄砲を伝える→鉄砲は**堺**や**国友**で大量生産。
　◆**南蛮人**との間の（⑬　　　　　　　　）が始まる。
　　ポルトガル人やスペイン人
●**キリスト教の伝来**▶ 1549年 鹿児島にイエズス会の宣教師である
（⑭　　　　　　　　）が来てキリスト教を布教。
　◆信者は**キリシタン**とよばれて，**大名**の間にも広まった。
　　　　　　　　　　　　　　　　　大村氏・大友氏・有馬氏など

1096	十字軍開始
14世紀	ルネサンスが始まる
1492	コロンブスが西インド諸島に到達
1498	バスコ=ダ=ガマがインドに到達
1517	ルターの宗教改革
1519	マゼラン艦隊が出発
1543	種子島に鉄砲が伝来
1549	キリスト教伝来

ルネサンスや大航海時代は，イスラム勢力の影響があるんだね。

↓ルネサンスの絵画

↓フランシスコ=ザビエル

キリシタン大名は，4人の少年使節を教皇のもとへ送ったよ。

まるごと暗記　宗教改革　カトリック教会への批判から生まれたキリスト教の革新運動。

教科書の 資料　次の問いに答えよう。

(1)　右の地図中の**A〜C**の航路を開いた人物を　　　からそれぞれ選びなさい。

A（　　　　　　）

B（　　　　　　）

C（　　　　　　）

> バスコ゠ダ゠ガマ
> コロンブス
> マゼラン

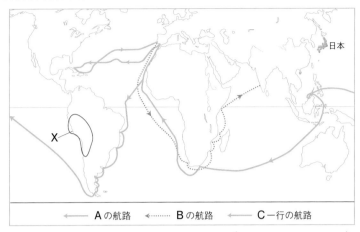

日本

X

←── Aの航路　　←······ Bの航路　　←── C一行の航路

(2)　スペインに滅ぼされた，地図中の**X**の帝国を何といいますか。（　　　　　　　　　）

教科書 チェック 一問一答　次の問いに答えよう。

/10問中

★は教科書の太字の語句

1 ヨーロッパの変革

①ローマ教皇を首長とする，キリスト教の教会を何といいますか。

□①＿＿＿＿＿＿

②イタリアで始まった，古代ギリシャ・ローマの文化を理想とする風潮（ふうちょう）を何といいますか。

□★②＿＿＿＿＿＿

③「聖書（せいしょ）だけが信仰（しんこう）のよりどころである」と説いて，ドイツで宗教改革を始めたのは誰（だれ）ですか。

□③＿＿＿＿＿＿

2 大航海時代の幕開け

④スペインの援助（えんじょ）を受けて，1492年にコロンブスが到達したのはどこですか。

□④＿＿＿＿＿＿

⑤ヨーロッパ人による新航路の開拓が続いた時代を何といいますか。

□★⑤＿＿＿＿＿＿

⑥インドのゴアやマレー半島のマラッカを拠点としてアジア貿易を進めた国はどこですか。

□⑥＿＿＿＿＿＿

3 東アジアの貿易と南蛮人

⑦1543年，種子島（たねがしま）に漂着したポルトガル人によって日本に伝えられたものは何ですか。

□★⑦＿＿＿＿＿＿

⑧ポルトガル人やスペイン人のことを，日本では何とよびましたか。

□★⑧＿＿＿＿＿＿

⑨ポルトガル人やスペイン人が日本から主に持ち帰り，中国に運んだものは何ですか。

□⑨＿＿＿＿＿＿

⑩日本にキリスト教を伝えたフランシスコ゠ザビエルは，何という団体の宣教師ですか。

□★⑩＿＿＿＿＿＿

 知識の泉　世界一周を達成したマゼランの一行。指揮官のマゼランは途中（とちゅう）フィリピンで戦死しました。出発当初，約270名いた乗組員（きかん）は，帰還したときはわずか18名でした。

定着のワーク ステージ2　第1節　大航海によって結び付く世界

1 **ヨーロッパの変革**　右の年表を見て，次の問いに答えなさい。

(1) 年表中の **a** は，キリスト教のカトリック教会
がイスラム勢力から聖地を奪い返そうと呼びか
けて始まりました。次の問いに答えなさい。

① （　　）にあてはまる語句を書きなさい。

（　　　　　　　　　　　）

② この遠征を呼びかけたカトリック教会の首
長を何といいますか。（　　　　　　　　　）

③ 遠征の目的地である聖地を，[   ]から選びなさい。　　（　　　　　　　　　）

> エルサレム　　バグダッド　　メッカ　　ローマ

年	できごと
1096	（　　　）の遠征が始まる……………… a
	↕……………………………………………… b
1440	グーテンベルクが活版印刷機を改良する
	↕……………………………………………… c
1517	宗教改革が始まる………………………… d

④ この遠征で，イタリア商人とユーラシア大陸を行き交うイ
スラム商人との交易が盛んになり，高い水準の学問がヨー
ロッパに紹介されました。このうち，航海などでつちかわれ，
右のような道具を使う学問は何ですか。

（　　　　　　　　　　　）

(2) 年表中の **b** の時期に始まった文化について述べた次の文の[   ]にあてはまる語句を，そ
れぞれカタカナで書きなさい。　　①（　　　　　　　　　）　②（　　　　　　　　　）

> カトリック教会の力が弱まり，ヨーロッパの人々がキリスト教による精神的な支配から
> 解放されるようになると，人間の個性や自由を表現しようとした古代 ① やローマの文
> 化を理想とする ② という新しい風潮が生まれた。

(3) 年表中の **c** の時期に，カトリック教会の首長は右の資料のよう
な方法で，ローマの大聖堂修築の資金を集めました。販売してい
るものを何といいますか。

（　　　　　　　　　　　）

(4) 年表中の **d** について，次の文にあてはまる語句をそれぞれ書き
なさい。

① 教会の権威を否定するルターやカルバンを支持した人々。

（　　　　　　　　　　　）

② ルターが改革を実行した国。（　　　　　　　　　）

③ カルバンが改革を実行した国。（　　　　　　　　　）

④ ルターがキリスト教徒の信仰のよりどころとすべきだと訴え
たもの。　　　　　　　（　　　　　　　　　）

⑤ カトリック教会の改革の中心となり，海外布教を進めた団体。

（　　　　　　　　　　　）

ヒントの森
(1)④天体の動きを観測
する学問。
(3)罪への罰が軽くなる
とされました。
(4)①「抗議する者」と
いう意味。

❷ ヨーロッパ人と東アジアの貿易　次の年表と地図を見て，あとの問いに答えなさい。

年代	できごと
1492	ₐコロンブスが西インド諸島に到達
1498	ᵦバスコ＝ダ＝ガマがインドに到達
1522	꜀マゼランの一行が帰還
1543	種子島に（　A　）伝来……………d
1549	（　B　）がキリスト教を伝える

16世紀初めごろの世界

■ Xの領土　■ Yの領土

(1) 年表のようにヨーロッパ人による新航路の開拓が続いた時代を何といいますか。

（　　　　　　　　）

(2) 年表中の下線部a〜cの人物が開いた航路を，右の地図中ア〜ウからそれぞれ選びなさい。　a（　　　）　b（　　　）　c（　　　）

(3) a〜cの人物たちは，何のために航海を行いましたか。次の文の□にあてはまる語句をそれぞれ書きなさい。

①（　　　　　　　）　②（　　　　　　　）　③（　　　　　　　）

インドや東南アジアが産地で貴重な産物だった ① や中国の ② 織物を，西アジアの ③ 商人やヨーロッパのイタリア商人などを通さずに，直接取り引きをして安い値段で手に入れるため。

(4) 次の①〜④にあてはまる国を，　　　からそれぞれ選びなさい。

① コロンブスを援助し，マゼラン一行を派遣した国。　（　　　　　　）

② インドのゴアやマレー半島のマラッカに拠点を置いた国。　（　　　　　　）

③ 地図中Xにあてはまる国。　（　　　　　　）

④ 地図中Yにあてはまる国。　（　　　　　　）

イギリス　　オランダ　　スペイン　　ポルトガル

(5) 年表中のdについて，次の問いに答えなさい。

① Aにあてはまる語句を書きなさい。

（　　　　　　　）

② 右の資料に示したBにあてはまる人物名を書きなさい。

（　　　　　　　）

③ Bなどによる布教の結果，キリスト教の信者となった人々は何とよばれましたか。　（　　　　　　）

④ このころ，日本に来航したポルトガル人やスペイン人は何とよばれましたか。　（　　　　　　）

⑤ ④の人々の貿易で，日本から中国に運ばれた主なものを，次の　　　から選びなさい。　（　　　　　　）

火薬　　生糸　　時計　　ガラス製品　　銀

ヒントの森

(4)①③アステカ王国やインカ帝国を征服した国です。

(5)⑤16〜17世紀の世界の産出量の約3分の1を日本が生産。

第2節　戦乱から全国統一へ

教科書の 要点 （　　）にあてはまる語句を答えよう。

1 信長・秀吉による全国統一　教 p.104～105

●**織田信長の登場**▶（①　　　　　　　）の戦いで織田信長が今川義元を破る。信長は**足利義昭**を15代将軍とするが，その後義昭を追放して室町幕府を滅ぼし，政治の実権を握る 1573年。

◆ 1575年 （②　　　　　　　）の戦い▶大量の鉄砲を活用。
戦国最強といわれた武田軍を破る

●**信長の政策**▶抵抗する仏教勢力（比叡山延暦寺や石山本願寺）
一向一揆の本拠地
を攻める一方で，**キリスト教を保護**。
仏教勢力への対抗と貿易による利益のため

◆（③　　　　　　　）を琵琶湖のほとりに築城し本拠地に。
座をなくして市場の税を免除

◆（④　　　　　　　）を実施して商工業を活発にさせる。
関所も廃止

◆明智光秀に本能寺で攻められ自害 1582年。

●**豊臣秀吉の全国統一**▶信長に仕えた**豊臣秀吉**が後継者となり，
（⑤　　　　　　　）を築いて全国統一の拠点とする。

◆関白になる。◆ 1590年 北条氏を滅ぼして全国統一。
朝廷の権威も利用する形　　　　　　　　戦国時代の終わり

2 秀吉が導いた近世社会　教 p.106～107

●**秀吉の国内政策**▶重要都市や**石見銀山**などの鉱山を直接支配。

◆（⑥　　　　　　　）▶百姓から武器を取り上げる。

◆（⑦　　　　　　　）▶田畑の広さや収穫高を調べる。
検地帳に記録

◆武士と百姓の身分を区別する（⑧　　　　　　　）を進める。

●**秀吉によるキリスト教の禁止と海外貿易**▶ 1587年 宣教師の海外追放を命じてキリスト教を禁止→貿易は認めたので不徹底。

●**文禄・慶長の役**▶ 1592年 （⑨　　　　　　　）へ大軍を送り，首都の漢城など各地を占領（**文禄の役**）。
現在のソウル

◆ 1597年 再び出兵するが，秀吉の死で撤退（**慶長の役**）。

3 戦国大名と豪商が担った桃山文化　教 p.108～111

●**戦乱の世の文化**▶戦国大名が**豪商**の経済力をもとにした壮大で
京都・堺・博多などで台頭
豪華な（⑩　　　　　　　）文化が発達。

◆建築▶山城から，雄大な**天守**を持つ**平山城・平城**へと変化。
姫路城など
ふすまや屏風に（⑪　　　　　　　）らの絵が描かれる。
ほかに狩野山楽ら

◆茶の湯▶（⑫　　　　　　　）がわび茶を完成。
堺の豪商　　　　　　　茶道に高める

●**海外から流入した文化の影響**▶（⑬　　　　　　　）文化が栄える。◆活版印刷　◆朝鮮▶陶磁器作りの技術。有田焼など。

●**今を楽しむ庶民**▶出雲（島根県）の（⑭　　　　　　　）がかぶき踊りを始める。**人形浄瑠璃**が完成。和服の原型ができる。
木綿が鮮やかに染められる

1560	桶狭間の戦いが起こる
1573	室町幕府がほろびる
1575	長篠の戦いが起こる
1582	本能寺の変が起こる
	太閤検地が始まる
1588	刀狩が実施される
1590	豊臣秀吉が全国統一
1592	文禄の役が起こる
1597	慶長の役が起こる

↓楽市令

一、この安土の町は楽市としたので，いろいろな座は廃止し，さまざまな税や労役は免除する。

↓刀狩令

一、諸国の百姓が，刀・脇差し・弓・やり・鉄砲・その他の武具などを持つことは，固く禁止する。

↓検地のようす

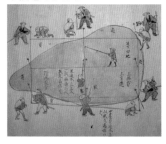

陶磁器作りは，文禄・慶長の役で朝鮮から連れてこられた人によってもたらされたんだ。

📖 教科書の 資料　次の問いに答えよう。

(1) 右の資料は，1575 年に起こった戦いの様子を描いたものです。この戦いの名前を書きなさい。

（　　　　　　　　）

(2) 資料中の**A**の軍勢（ぐんぜい）が大量に使用した武器は何ですか。

（　　　　　　　　）

(3) 資料中の**A**，**B**の軍勢は織田・徳川（とくがわ）連合軍と武田（たけだ）軍のそれぞれどちらですか。

A （　　　　　　軍）

B （　　　　　　軍）

第2部
第3章

📖 教科書 チェック 一問一答　次の問いに答えよう。　　/10問中

★は教科書の太字の語句

1 信長・秀吉による全国統一

①織田信長が桶狭間（おけはざま）の戦いで破った戦国大名（せんごくだいみょう）は誰（だれ）ですか。

☐① _____

②信長は仏教勢力への対抗（たいこう）と貿易（ぼうえき）による利益（りえき）のために，どのような宗教を保護しましたか。

☐② _____

③信長が進めた経済政策のうち，自由な交通のために廃（はい）止（し）したものを何といいますか。

☐③ _____

④豊臣秀吉は，本能寺で織田信長を攻めて自害に追いこんだ人物を倒（たお）しました。この人物とは誰ですか。

☐④ _____

2 秀吉が導いた近世社会

⑤豊臣秀吉は刀狩（かたながり）と検地（けんち）を徹底（てってい）し，兵農分離（へいのうぶんり）を進めましたが，これは武士と百姓の何を区別する政策ですか。

☐⑤ _____

⑥秀吉が宣教師を追放してキリスト教を禁止したものの，それが徹底できなかったのは，何を認めたからですか。

☐⑥ _____

⑦1592年，秀吉軍が最初に朝鮮に攻め入り，漢城（今のソウル）などを占領した戦乱（せんらん）を何といいますか。

☐⑦ _____

3 戦国大名と豪商が担った桃山文化

⑧堺（さかい）の豪商（ごうしょう）である千利休（せんのりきゅう）は，何を通して武将（ぶしょう）らと交流を深めましたか。

☐★⑧ _____

⑨宣教師や天正遣欧少年使節（てんしょうけんおう），朝鮮から日本にもたらされた印刷の技術を何といいますか。

☐⑨ _____

⑩出雲（おくに）の阿国によって始められた芸能を何といいますか。

☐⑩ _____

 知識の泉　質素なわび茶を追究した千利休。秀吉に仕えましたが，秀吉は金箔（きんぱく）を貼った茶室を作るほどの派手好き。結局二人はうまくいかず，利休は秀吉に切腹（せっぷく）を命じられました。

第2節　戦乱から全国統一へ

1 **全国統一**　右の年表を見て，次の問いに答えなさい。

(1)　年表中の下線部a～dが起こった場所を，
右の地図中ア～エからそれぞれ選びなさい。

a（　　　　）　　b（　　　　）

c（　　　　）　　d（　　　　）

(2)　年表中の□□□には，織田信長が京都をおさ
え，将軍とした人物があてはまります。この
人物を□□□から選びなさい。

（　　　　　　　　）

足利義政	足利義満
足利義昭	足利尊氏

(3)　(2)の人物が織田信長と対立し，京都を追放
された年を年表から書きなさい。

（　　　　　　年）

(4)　下線部cの戦いについて，次の文にあては
まる人物を，□□□からそれぞれ選びなさい。

①（　　　　　　）

②（　　　　　　）

①　織田信長と連合軍を組んだ。　　②　織田信長と戦って敗れた。

今川義元	武田勝頼	徳川家康	上杉謙信

年代	できごと
1560	a桶狭間の戦いが起こる
1568	□□を15代将軍とする
1571	b比叡山延暦寺を焼き討ちする
1573	室町幕府が滅びる
1575	c長篠の戦いが起こる
1576	d安土城の築城を開始する…………X
1582	本能寺の変で織田信長が自害………Y
1583	大阪城の築城を開始する
1590	豊臣秀吉が全国統一……………………Z

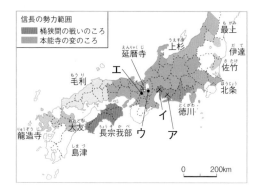

(5)　年表中のXについて，商工業を活発にするために出された次の法令の①・②にあてはま
る語句をそれぞれ書きなさい。　　①（　　　　　　　　　）　②（　　　　　　　　　）

　　この安土の町は楽市としたので，いろいろな①は廃止し，さまざまな②や労役は
　免除する。

(6)　年表中のYについて，このとき織田信長がいた場所を，次から選びなさい。

（　　　　）

　ア　安土　　イ　大阪　　ウ　京都　　エ　奈良

(7)　現在の中国地方で織田信長と敵対していた大名で，年表中のY
後に豊臣秀吉が降伏させた大名を地図中から書きなさい。

（　　　　　　氏）

(8)　年表中のZについて，この年に滅ぼされた，関東で勢力を保っ
ていた大名を地図中から書きなさい。

（　　　　　　氏）

ヒントの森

(1)d安土城は琵琶湖に
囲まれた安土山の上
に築かれました。

(5)楽市・楽座とよばれ
る政策。

全部できたら，➡に✔をかいて😊にしよう！　😊 😊 😊

❷ 秀吉が導いた近世社会　右の表を見て，次の問いに答えなさい。

よく出る (1) ①，②にあてはまる人物名を，それぞれ書きなさい。

①（　　　　　　　）

②（　　　　　　　）

レベルUP (2) A，Bにあてはまる語句を，　　からそれぞれ選びなさい。

A（　　　　　　　）

B（　　　　　　　）

> 保護　布教　禁止

人物	①	②
政治	・関所を廃止して自由な交通を可能にした	・a 太閤検地を行った ・b 百姓から武器を取り上げた
戦い	・石山本願寺を降伏させた	・c 大軍で朝鮮に攻め入った
宗教	・仏教勢力に厳しい態度で臨んだ ・キリスト教を（ A ）した	・キリスト教を（ A ）したが，途中で方針を変えて（ B ）した

(3) 下線部aの目的について，次の文の（　）にあてはまる語句を書きなさい。

◆百姓から（　　　）を確実に集めるため。　　　　　　（　　　　　　　　　　）

よく出る (4) 下線部bを何といいますか。　　　　　　　　　　　　（　　　　　　　　　　）

(5) 下線部aとbを徹底して行うことによって，身分制に基づく次の社会の土台ができました。武士と百姓の身分を区別することを何といいますか。

（　　　　　　　　　　）

(6) 下線部cにあてはまる戦いを　　から2つ選びなさい。

（　　　　　　）（　　　　　　）

> 慶長の役　弘安の役　文永の役　文禄の役

ヒントの森
(2)貿易を認めたため，Bの方針は徹底できませんでした。
(3)田畑の広さ，収穫高を調べました。

❸ 桃山文化　資料を見て，あとの問いに答えなさい。

A 　　B

(1) 次の人物の名前を　　からそれぞれ選びなさい。

① ふすまや屏風などに，金箔を使って絵を描いた。　　（　　　　　　　）

② Aのかぶき踊りを始めた。　　　　　　　　　　　　（　　　　　　　）

③ Bは，茶の湯を茶道へと高めた。　　　　　　　　　（　　　　　　　）

> 阿国　　狩野永徳　　ザビエル　　千利休

よく出る (2) Aの○の服装のように，このころのヨーロッパの影響を受けた文化を何といいますか。　　（　　　　　　　　）

ヒントの森
(1)②出雲（今の島根県）の出身。
(2)ヨーロッパ人のよび方にちなみます。

予習・復習　こつこつ　解答 p.16

第3節　武士による全国支配の完成①

教科書の 要点 （　　）にあてはまる語句を答えよう。

1 幕藩体制の始まり　教 p.112〜113

●**江戸時代の幕開け**▶ 1600年（①　　　　　　　　　　）の戦いで徳川
家康が石田三成らの大名を破る→ 1603年 **征夷大将軍**に任命され
（②　　　　　　　）を開く（江戸時代の始まり）。　約260年間

■ 1615年 大阪の陣で豊臣氏を滅ぼす。

●**江戸幕府のしくみ**▶幕府は（③　　　　　　　　　）を直接支配。幕府の直轄地

主要都市，鉱山も直轄地とし，収入源に。貨幣を作る権利も握
大阪・京都・奈良・長崎など　にんめい
り，貿易も独占。将軍の任命した**老中**が幕府の政治を行う。

●**幕府と藩の関係**▶幕領以外は将軍から1万石以上の領地を与え
られた（④　　　　　　　　）が支配（藩とよばれる）。

　◆**親藩・譜代大名・**（⑤　　　　　　　　）の区別。幕府と藩が
徳川氏の一門　初めから徳川氏の家臣　関ヶ原の戦いのころからの家臣
全国の土地と人々を支配する（⑥　　　　　　　）が確立。

●**大名や朝廷の統制**

　◆**大名の統制**▶（⑦　　　　　　　　）を定めて**大名**を統制。
築城や結婚に制限　幕府の方針に従わない大名は，国替や改易

　■3代将軍（⑧　　　　　　　）のとき，**参勤交代**の制度を
整備。大名には1年ごとに江戸と領地を行き来させ，妻子
を江戸の屋敷に住まわせる。幕府は大名に土木工事を命じる。御手伝普請というかんし

　◆**朝廷の統制**▶（⑨　　　　　　　　）を置いて朝廷を監視。

　■（⑩　　　　　　　）を定め，天皇や公家も統制。

2 朱印船貿易から貿易統制へ　教 p.114〜115

●**東アジアと朱印船貿易**▶**対馬**の**宗氏**の交渉で朝鮮と国交回復。
現在の長崎県

徳川家康は（⑪　　　　　　　）という渡航許可の証書を
大名や豪商に与えて貿易を統制。この**朱印船貿易**により，
東南アジア各地に（⑫　　　　　　　）が成立。
ルソン（フィリピン），シャム（タイ）など

●**キリスト教の禁止と貿易統制**▶ 1612年幕領で，1613年全国
でキリスト教を禁止（**禁教**）→キリシタンを迫害。

　◆**スペイン**船の来航を禁止。**絵踏**を行う。

　◆ 1635年 日本人の海外渡航と海外からの帰国を禁止。

●**島原・天草一揆と宗門改め**▶ 1637年 重い年貢とキリシタン
への弾圧に抵抗して（⑬　　　　　　　）が起こる。

　◆ 1639年 **ポルトガル**船の来航を禁止。

　◆（⑭　　　　　　　）を強化し，領民が仏教徒であるこ
とを寺院に証明させる。キリスト教の禁止を徹底するため

1600	関ヶ原の戦いが起こる
1603	徳川家康が征夷大将軍となる
1613	全国でキリスト教を禁止する
1615	武家諸法度，禁中並公家諸法度を定める
1624	スペインの来航禁止
1635	参勤交代の制度化　日本人の帰国・渡航を禁止
1637	島原・天草一揆
1639	ポルトガルの来航禁止

↓江戸幕府のしくみ

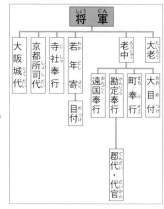

↓17世紀初めの日本と東アジアの貿易

📖 教科書の 資料　次の問いに答えよう。

(1) 資料について，次の文の □ にあてはまる語句をそれぞれ書きなさい。

① (　　　　　　　　　)

② (　　　　　　　　　)

　□①□ を見つけ出すためにマリア像などを踏ませた □②□ の様子を示している。

(2) 日本への布教活動を行っていたために船の来航が禁止された国は，ポルトガルともう１つはどこですか。(　　　　　　　　)

(3) 領民が仏教徒であることを寺院に証明させるために行われた調査を何といいますか。

(　　　　　　　　)

第2部
第3章

📖 教科書 一問一答 チェック　次の問いに答えよう。

/10問中

★は教科書の太字の語句

1 幕藩体制の始まり

①関ヶ原の戦いに勝利し，1603年に江戸に幕府を開いたのは誰ですか。

□★① ＿＿＿＿＿＿＿＿

②大名が支配する領域とその支配のしくみを何といいますか。

□★② ＿＿＿＿＿＿＿＿

③江戸時代の大名のうち，初めから徳川氏の家臣であったものを何といいますか。

□③ ＿＿＿＿＿＿＿＿

④３代将軍徳川家光が整備した，大名に１年ごとに江戸と領地を行き来させる制度を何といいますか。

□★④ ＿＿＿＿＿＿＿＿

2 朱印船貿易から貿易統制へ

⑤対馬の宗氏の交渉により，国交が回復した国はどこですか。

□⑤ ＿＿＿＿＿＿＿＿

⑥貿易をする大名や豪商に渡航許可の証書を与えて，収入の一部を納めさせて行われた貿易を何といいますか。

□★⑥ ＿＿＿＿＿＿＿＿

⑦⑥の貿易で東南アジアに渡った日本人が，ルソン・シャムなどの都市につくった町を何といいますか。

□★⑦ ＿＿＿＿＿＿＿＿

⑧1612年に幕領で，翌1613年に全国でキリスト教を禁止したことを何といいますか。

□⑧ ＿＿＿＿＿＿＿＿

⑨1637年に現在の長崎県と熊本県で起こった一揆を何といいますか。

□★⑨ ＿＿＿＿＿＿＿＿

⑩1639年に来航が禁止されたのは，どこの国の船ですか。

□⑩ ＿＿＿＿＿＿＿＿

知識の泉　家康は征夷大将軍の地位をわずか２年で息子の秀忠に譲りました。これは，豊臣氏に対して将軍職は代々徳川家が引き継ぐことを示したかったためだとされています。

予習・復習 こつこつ 解答 p.16

確認のワーク ステージ1 第3節 武士による全国支配の完成②

📖 **教科書の 要点** ( )にあてはまる語句を答えよう。

❶ 四つに絞られた貿易の窓口 教 p.116~117

● **「鎖国」と四つの窓口**▶長崎・対馬・薩摩・松前の四つ。

◆（①　　　　　）▶幕府による貿易の統制と日本人の出入国の禁止政策。江戸時代後半に初めて使われた表現。

■完全に鎖さず，四つの窓口で外交・貿易を実施。

● **オランダと清への窓口**▶幕領の（②　　　　　　　　）では，幕府が貿易の監督を行う。銀・銅・海産物などを輸出し，生糸・絹織物・砂糖・薬種などを輸入。

◆**イギリス**▶（③　　　　　　）（長崎県）の商館を閉鎖し，スペイン，ポルトガルも来航禁止に。

◆（④　　　　　　　）▶貿易を許可され，平戸の商館を長崎の（⑤　　　　　　）へ移す 1641年。

■海外の情報を集めた**オランダ風説書**を提出。

◆**清**▶17世紀前半，中国で明に代わって成立。

■長崎に来航して貿易。**唐人屋敷**が置かれる。

● **朝鮮への窓口**▶（⑥　　　　　）の宗氏が貿易を担当し，朝鮮の釜山に倭館が置かれる。将軍が代わるごとに（⑦　　　　　　　）が訪れる。

❷ 琉球王国とアイヌの人々への支配 教 p.118~119

● **琉球への窓口**▶琉球王国は明との貿易で栄えていた。

◆**琉球**▶ 1609年（⑧　　　　　　）藩が支配。

■中国・日本と貿易。特産の黒砂糖・ウコンを大阪で売る。

■将軍が代わるごとに就任祝いの使節として**慶賀使**が，琉球王が代わるごとに（⑨　　　　　　　　）が江戸を訪れた。

● **蝦夷地への窓口**▶蝦夷地（北海道）南西部の**松前藩**が交易。

◆（⑩　　　　　　）の人々は和人と交易。海産物・毛皮などを渡島半島や東北地方へ運び，米・木綿・鉄製品などと交換した。千島列島・樺太・中国東北部とも交易。

● **交易をめぐる衝突**

◆ 1669年 品物の交換比率が不利になり不満→アイヌの人々が（⑪　　　　　　）を中心に松前藩と戦う。

◆松前藩が交易の主導権を握る▶18世紀以降，大商人がアイヌの人々を働き手として駆り出す。

1609	薩摩藩が琉球王国を支配
1641	オランダ商館を出島へ移す
1644	清が中国を統一
1669	アイヌの人々と松前藩が戦う

↓出島

↓那覇港のにぎわい

琉球やアイヌの人々を通じても中国の物を手に入れていたよ。

↓1699年ごろの蝦夷地

ヨイチ（余市） オタオルナイ（小樽）
オシャマンベ（長万部）
シラオイ（白老） シブチャリ（染退）
熊石 渡島半島 和人地 シャクシャインの戦いが起きる
江差
松前
函館
弘前
八戸

0　　　100km

教科書の 資料　次の問いに答えよう。

(1) 右の地図は，鎖国下の窓口を示したもので
す。A〜Cの地域との交易の窓口となった藩
を，地図からそれぞれ選びなさい。

A （　　　　　　）

B （　　　　　　）

C （　　　　　　）

(2) Cに住み和人と交易などを行っていた人々
を何といいますか。　（　　　　　　）

(3) 長崎で貿易が行われた国を2つ書きなさい。
（　　　　　）（　　　　　）

(4) 長崎に造られた人工の島を何といいますか。
（　　　　　　　　　　　）

第2部
第3章

チェック 教科書 一 問 一 答　次の問いに答えよう。

/10問中

★は教科書の太字の語句

1 四つに絞られた貿易の窓口

①江戸幕府が貿易を統制し，日本人の出入国を禁止した
政策は，江戸時代後半には何とよばれましたか。

★
①＿＿＿＿＿＿＿＿＿＿

②東南アジアでオランダとの競争に敗れ，平戸の商館を
閉鎖したヨーロッパの国はどこですか。

②＿＿＿＿＿＿＿＿＿＿

③スペインとポルトガルの来航禁止後，日本と貿易する
ヨーロッパ唯一の国となったのはどこですか。

③＿＿＿＿＿＿＿＿＿＿

④幕府が③に提出させた海外の情報を集めた文書を何と
いいますか。

④＿＿＿＿＿＿＿＿＿＿

⑤17世紀前半，明に代わって中国を統一した中国東北部
の女真族による国を何といいますか。

★
⑤＿＿＿＿＿＿＿＿＿＿

⑥対馬の宗氏を通じて日本との貿易を行い，将軍が代わ
るごとに使節を日本へ派遣した国はどこですか。

⑥＿＿＿＿＿＿＿＿＿＿

2 琉球王国とアイヌの人々への支配

⑦明との貿易で栄えていたが，1609年に薩摩藩（鹿児島
県）に支配された国はどこですか。

⑦＿＿＿＿＿＿＿＿＿＿

⑧将軍が代わるごとに⑦の国から日本に訪れた，就任祝
いの使節を何といいますか。

⑧＿＿＿＿＿＿＿＿＿＿

⑨蝦夷地（北海道）に住み，和人のほか千島列島，樺太，
中国東北部の人々と交易していた人々を何といいますか。

⑨＿＿＿＿＿＿＿＿＿＿

⑩不利な交易に不満を高めた⑨の人々は，1669年にだれ
を中心に戦いを起こしましたか。

★
⑩＿＿＿＿＿＿＿＿＿＿

 知識の泉　オランダ人も17世紀前半から，定期的に江戸参府をしていました。あわせて167回に及び，
150回目くらいまでは，ほとんど毎年1回行っていたそうです。

こつこつ　テスト直前　解答 p.17

定着のワーク　ステージ2　**第3節　武士による全国支配の完成**

1 幕藩体制の始まり　次の文を読んで，あとの問いに答えなさい。

　関ヶ原の戦いに勝った（　A　）は全国支配を強め，1603年に a 江戸幕府を開いた。幕府が直接支配した直轄地である（　B　）以外の土地は，b 大名が藩というしくみで独自に支配した。幕府と藩が全国の土地と人々を支配する体制を（　C　）という。幕府は c 大名の統制のために（　D　）を定め，築城や結婚に制限を設けた。

(1)（　）にあてはまる語句を書きなさい。

A（　　　　　　　）　　　B（　　　　　　　）

C（　　　　　　　）　　　D（　　　　　　　）

地図凡例：
- 親藩
- 譜代大名
- 外様大名
（10万石以上の大名のみ）

70万石以上／50〜69万石／30〜49万石／10〜29万石

（1664年ころ）

江戸／京都／0　200km

(2) 下線部 a について，将軍が任命して幕府の政治の取りまとめを行った役職名を，　　から選びなさい。

　　　　管領　　　老中
　　　　執権　　　旗本

（　　　　　　　）

(3) 下線部 b について，初めから徳川氏の家臣であった大名を何といいますか。地図から選びなさい。

（　　　　　　　）

(4) 下線部 c について，右は1635年に D で整えられた方針の一部です。この制度を何といいますか。（　　　　　　　）

一　大名が自分の領地と江戸とを交代で住むように定める。毎年4月に江戸へ…

(5) (4)の制度が整えられたときの将軍は誰ですか。（　　　　　　　）

ヒントの森
(1) C○○体制です。
(2) 鎌倉幕府や室町幕府の役職名と区別しましょう。
(5) 3代将軍です。

2 貿易統制へ　右の年表を見て，次の問いに答えなさい。

(1) A〜Cにあてはまる語句を　　からそれぞれ選びなさい。　A（　　　　　　　）

B（　　　　　　　）　C（　　　　　　　）

　　朱印船貿易　　勘合貿易　　南蛮貿易
　　スペイン　　ポルトガル　　オランダ

年	できごと
1601	（　A　）が始まる
1613	全国でキリスト教を禁止…………a
1624	（　B　）船の来航禁止
1635	日本人の帰国・渡航を禁止………b
1637	禁教のなか，一揆が起こる………c
1639	（　C　）船の来航禁止

(2) a について，幕府が禁教を徹底するために，キリシタンの信仰の対象を踏ませたことを何といいますか。

（　　　　　　　）

(3) b について，東南アジア各地にできた日本人が多く住んでいたところを何といいますか。（　　　　　　　）

(4) c について，キリシタンが多かった九州のある地域で起きたこの一揆を何といいますか。（　　　　　　　）

ヒントの森
(1) A 将軍が海外渡航を許可する証書を与えた貿易です。
(2) マリア像や十字架を踏ませました。
(4) 天草四郎が一揆軍の象徴でした。

全部できたら，➡に✔をかいて😊にしよう！ 😊 😊 😊

❸ 貿易の窓口 次の資料を見て，問いに答えなさい。

資料1  　資料2  　資料3 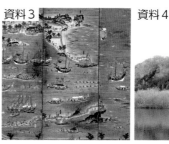 　資料4

(1) **資料1**に描（えが）かれた地域は，奉行（ぶぎょう）の監督（かんとく）の下でオランダや中国との貿易が行われました。この貿易が行われた幕府の直轄地はどこですか。　（　　　　　　　　）

 (2) **資料1**中のオランダ商館がおかれた島を何といいますか。　（　　　　　　　　）

(3) **資料1**に関連して，貿易のために来航した中国人が滞在（たいざい）する場所を何といいますか。

(4) オランダとの貿易で，①日本から主に輸出（ゆしゅつ）された品と，②日本が輸入（ゆにゅう）した品を，次からそれぞれ選びなさい。　①（　　　　）　②（　　　　）
　　　ア　黒砂糖（ざとう）・ウコン　　　イ　にしん・鮭（さけ）・昆布（こんぶ）
　　　ウ　銀・銅（どう）・海産物　　　エ　生糸（きいと）・絹織物（きぬおりもの）・砂糖

(5) **資料2**は，将軍が代わるごとに朝鮮（ちょうせん）から日本を訪（おとず）れた外交使節です。この使節を何といいますか。　（　　　　　　　　）

(6) **資料3**は，今の鹿児島県にあった藩に支配（しはい）される一方で，中国に朝貢（ちょうこう）していた国の貿易港の様子です。次の文にあてはまる国を，[　　]からそれぞれ選びなさい。
　① **資料3**の貿易港をもつ国。　（　　　　　　　　）
　② 17世紀前半に成立した①の朝貢の相手国。**資料1**の幕府の直轄地で日本とも貿易を行った。　（　　　　　　　　）

　　　　シャム　　　琉球王国（りゅうきゅう）　　　明（みん）　　　清（しん）

(7) **資料4**は，和人（わじん）との間で不利な交易（こうえき）を強いられた人々が，1669年に立ち上がって戦いとなったときの指導者（しどうしゃ）の拠点（きょてん）の跡（あと）です。この人物を[　　]から選びなさい。　（　　　　　　　　）

　　　コシャマイン　　　天草四郎（あまくさしろう）
　　　シャクシャイン　　　フランシスコ＝ザビエル

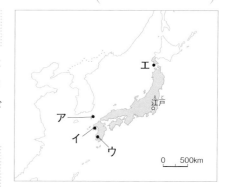

(8) 貿易などが統制された「鎖国（さこく）」とよばれる時期にも，**資料1〜4**のような交易や交流の窓口（まどぐち）が開かれていました。次の資料と関係する窓口を，右上の地図中の**ア〜エ**からそれぞれ選びなさい。
　　　① 資料1（　　　）　　② 資料2（　　　）
　　　③ 資料3（　　　）　　④ 資料4（　　　）

🌲ヒントの森
(2)九州にあります。
(5)琉球の慶賀使，謝恩使ではありません。
(6)①15世紀に成立し，中継貿易で繁栄。

第2部
第3章

予習・復習　こつこつ　解答　p.17

確認のワーク　ステージ1　第4節　天下泰平の世の中

教科書の要点　（　）にあてはまる語句を答えよう。

1 身分制の下での暮らし　教 p.124〜125

●**身分制と武士**▶兵農分離をさらに進め，①（　　　　　）
名字・帯刀の特権
を支配者として，**百姓・町人**の身分を区別。差別される人々も。
　　　　　　　　　　　　　　　　　　　　　「えた」・「ひにん」

●**百姓・町人**▶百姓は人口の80％以上。
◆百姓▶②（　　　　　　　　）を納める**本百姓**と農地を持たな
　　　　　　　　　　おさ　ほん
い水呑百姓。**名主（庄屋）・組頭・百姓代**などによる村の自治。
みずのみ　　　　なぬし　しょうや　くみがしら　ひゃくしょうだい　　村方三役
　■③（　　　　　　　　　　）▶年貢の納入などに連帯責任。
商人と職人　　　　　　　　　　　ねんぐ　のうにゅう　せきにん
◆**町人**▶城下町に住む。**地主・家持**と**地借・店借**などの区別。
　　　　　じぬし　いえもち　じがり　たながり

●**文治政治への転換**▶5代将軍④（　　　　　　　　）が学問や礼
ぶんちせいじ　てんかん　　　　　　　しょうぐん　　　　　　　　　　　生類憐みの令
節を重んじる文治政治への転換。儒学の中でも**朱子学**を奨励。
　　　　　　　　　　　　　　　じゅがく　　　　　しゅしがく　しょうれい

2 安定する社会と諸産業の発達　教 p.126〜127

●**新田開発と農業技術の発達**▶干拓などで⑤（　　　　　）
しんでん　　　　　　ぎじゅつ　　　　　かんたく
を進め米を増産。農具では⑥（　　　　　　）・**千歯こき**，
　　　　　ぞうさん　　　　　　　　　　　　　　　　　せんば
深く耕せる　　　　　楽に脱穀
肥料では**干鰯**と**油かす**が登場。農業技術を記した**農書**も広まる。
ひりょう　ほしか　あぶら

●**特産物の生産**▶綿花など特産物の生産が広がる。
とくさんぶつ　めんか

●**漁業・鉱業・林業の発達**▶九十九里浜で⑦（　　　　　）
ぎょぎょう　こうぎょう　りんぎょう　くじゅうくりはま
干鰯に加工
漁，紀伊（和歌山県）・土佐（高知県）で捕鯨やかつお漁。
　　きい　　　　　　　どさ　　　　　　ほげい
◆**佐渡金山・石見銀山・生野銀山**などを開発し，貨幣を鋳造。
さどきんざん　いわみぎんざん　いくの　　　　　　　　　かへい　ちゅうぞう

3 各地を結ぶ陸の道・海の道　教 p.128〜129

●**交通の整備**▶江戸を起点に⑧（　　　　　　　）を整備。
こうつう　せいび　えど
西廻り航路・東廻り航路，**菱垣廻船・樽廻船**による輸送。
まわ　　　　　　　　ひがきかいせん　たるかいせん　　　ゆそう
東北地方から日本海・瀬戸内海を主わりに使われていた

●**三都の発展**▶**江戸・大阪**・⑨（　　　　　）…三都。
さんと　　　　　　　　　　　　　　　将軍のおひざもと
◆大阪は「⑩（　　　　　）」とよばれ，商業の中心。諸
藩の**蔵屋敷**が置かれる。
はん　くらやしき
年貢米や特産物の取り引き

●**金融の発達と商人の台頭**▶⑪（　　　　　）が現れ，金銀
きんゆう　　　　　　　　　　　　　　　　　あらわ
の交換や**為替**の扱いなどを行う。特に大阪で金融業が発達。
こうかん　かわせ　あつか
東日本では金の貨幣が，西日本では銀の貨幣が使われていた
◆⑫（　　　　　　　）▶商人の同業者組織。独占的に営業。
　　　　　　　　　　　　どうぎょうしゃ　どくせんてき　えいぎょう
幕府や藩に税を納めた

4 上方で栄えた町人の元禄文化　教 p.132〜133

●**町人が育てた元禄文化**▶17世紀末〜18世紀初め，**上方**の町人に
げんろく　　　　　　　　　　　　　　　　　かみがた
よる**元禄文化**。⑬（　　　　）の**浮世草子**，**近松門左衛**
　　　　　　　　　　　　　　うきよぞうし　ちかまつもんざえ
門の**人形浄瑠璃**の台本，⑭（　　　　　　）の俳諧，**俵屋宗**
　にんぎょうじょうるり　　　　　　　　　　　　　はいかい　たわらやそう
「おくのほそ道」
達・尾形光琳の装飾画，**菱川師宣**の⑮（　　　　）など。
たつ　おがたこうりん　そうしょく　ひしかわもろのぶ　　　　　　　「見返り
　　　　　　　　　　　　　　　　　　　　　　　　　　美人図」

●**現在に続く年中行事と暮らし**▶ひな祭りや端午の節句が定着。
げんざい　ねんちゅうぎょうじ　　　　　　　　　　　たんご

↓江戸時代の身分別人口構成

公家・神官・僧侶 約1.4
く げ　しんかん　そうりょ
総人口 約3200万人　　　　　町人
そう

百姓 約84%	約7 6 約

武士

差別された人々 約1.6

（幕末の推定値）（関山直太郎「近世日本の人口構造」）

↓備中鍬
びっちゅうぐわ

↓大阪の港のにぎわい

↓「見返り美人図」

人物と作品を覚えておこうね！

📖**教科書の** 資 料 次の問いに答えよう。

(1) 資料は江戸時代の脱穀の様子です。Aの農具を何といいますか。

（　　　　　　）

(2) 同じころ，人々が使用した鰯を干した肥料を何といいますか。

（　　　　　　）

(3) このころ，各地の風土に合った紅花・藍などの作物が盛んに生産されました。このような売るための作物を何といいますか。

（　　　　　　）

(4) (3)のうち，木綿の原料となった作物は何ですか。（　　　　　　）

第2部 第3章

チェック

📖**教科書** 一 問 一 答 次の問いに答えよう。 ／10問中

★は教科書の太字の語句

身分制の下での暮らし

①幕府や藩に年貢を納めていた，人口の80％以上を占める身分を何といいますか。 ★①＿＿＿＿

②①のうち，農地を持ち，年貢を納める人々を何といいますか。 ②＿＿＿＿

③5代将軍の徳川綱吉が行った，学問や礼節を重んじる政治を何といいますか。 ★③＿＿＿＿

④儒学の中でも特に重視された，君臣の主従関係や父子の上下関係を大切にする学問を何といいますか。 ★④＿＿＿＿

各地を結ぶ陸の道・海の道

⑤幕府の収入源として重要な金を生産した，新潟県の鉱山を何といいますか。 ⑤＿＿＿＿

⑥東北地方の米などを日本海沿岸や瀬戸内海を回って大阪へ運んだ航路を何といいますか。 ⑥＿＿＿＿

⑦年貢米や特産物の取り引きの場となった，諸藩が大阪に置いた施設を何といいますか。 ★⑦＿＿＿＿

上方で栄えた町人の元禄文化

⑧17世紀末から18世紀初めにかけて，上方の町人が生み出した文化を何といいますか。 ★⑧＿＿＿＿

⑨義理と人情に板ばさみになる男女の姿を，人形浄瑠璃などの台本に書いた作家は誰ですか。 ★⑨＿＿＿＿

⑩『見返り美人図』などに町人の姿をえがいて，浮世絵の祖といわれたのは誰ですか。 ⑩＿＿＿＿

知識の泉 水戸黄門こと徳川光圀は，5代将軍綱吉の父家光のいとこにあたります。光圀は生類憐みの令に反対して，犬の毛皮を綱吉に送り，その行き過ぎを皮肉ったそうです。

こつこつ　テスト直前　解答 ▶ p.17

 定着 のワーク ステージ2　**第4節　天下泰平の世の中**

1 身分制の下での暮らし　次の資料と文を見て，あとの問いに答えなさい。

江戸時代の身分

公家・神官・僧侶 約1.4

総人口 約3200万人

C
A 約84%	約7	約6

B

差別された人々 約1.6

（幕末の推定値）〔関山直太郎「近世日本の人口構造」〕

幕府の身分制度で，Aは，農地を持ち（ a ）を納める本百姓と，農地を持たない（ b ）に分かれた。また，（ c ）を作り，互いに犯罪の防止や年貢の納入に責任を負った。Bは，支配者の身分で，□□を名乗ることや刀を差すなどの特権をもっていた。

17世紀後半，5代将軍徳川綱吉は，<u>武力ではなく学問や礼節を重んじる政治</u>への転換を行った。

(1) Aの身分について，a〜cにあてはまる語句をそれぞれ書きなさい。

a（　　　　　）　b（　　　　　）　c（　　　　　）

(2) Bの身分について，□□にあてはまる語句を書きなさい。（　　　　　）

(3) 文と資料のA〜Cにあてはまる身分をそれぞれ書きなさい。

A（　　　　　）　B（　　　　　）　C（　　　　　）

レベルUP (4) 下線部について，次の問いに答えなさい。

① このような政治を何といいますか。（　　　　　）

② 綱吉が特に重視した儒学を何といいますか。

（　　　　　）

ヒントの森
(3)C 職人や商人です。
(4)② 主従関係や父子の上下関係を重視。

2 諸産業の発達　右の地図を見て，次の問いに答えなさい。

(1) 江戸時代には地図に示したような工芸品や，各地の風土に合ったさまざまな作物，海産物が生産されました。これらをまとめて何といいますか。（　　　　　）

レベルUP (2) 地図中の□□にあてはまる，京都の絹織物を何といいますか。（　　　　　）

(3) このころ，幕府や大名が米の生産量を増やすため，干潟を干拓するなどして進めたことは何ですか。（　　　　　）

(4) 地図中◯の土佐や紀伊で行われた漁を，次から選びなさい。（　　　　　）

ア いわし漁　イ かつお漁　ウ にしん漁

(5) 地図中の鉱山のうち，AとBでともに生産されたものを，次から選びなさい。（　　　　　）

ア 金　イ 銀　ウ 銅

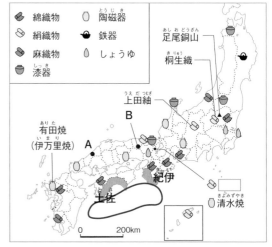

綿織物　陶磁器
絹織物　鉄器
麻織物　しょうゆ
漆器

足尾銅山
桐生織
上田紬
B
有田焼（伊万里焼）
A
紀伊
土佐
清水焼

0　200km

ヒントの森
(4)西日本で流通し，重要な輸出品でした。

❸ 交通の発達と商人　右の地図を見て，次の問いに答えなさい。

(1)　地図中の**A・B**の航路をそれぞれ何といいますか。
　　　　　A（　　　　　　　　）
　　　　　B（　　　　　　　　）

(2)　地図中の**X**の交通路をまとめて何といいますか。
　　　　　（　　　　　　　　）

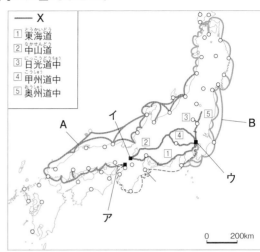

凡例
―――― X
1 東海道
2 中山道
3 日光道中
4 甲州道中
5 奥州道中

0　　200km

(3)　地図中の**ア～ウ**は，三都とよばれた都市です。次の①～③にあてはまる都市を，地図からそれぞれ選びなさい。
　①「将軍のおひざもと」　（　　　　　）
　②「天下の台所」　（　　　　　）
　③　古代からの都　（　　　　　）

(4)　このころ三都などの都市で，金銀の交換や金貸しなどを行った金融業者を何といいますか。　（　　　　　）

ヒントの森
(3)江戸・大阪・京都。

❹ 上方で栄えた町人文化　右の資料を見て，次の問いに答えなさい。

(1)　**資料1**は，三味線や操り人形が結び付いて生まれた芸能で，近松門左衛門の台本が評判になりました。この芸能を何といいますか。
　　　　　（　　　　　　　　）

(2)　**資料2**は，菱川師宣が描いた美人画です。このような町人の風俗を描いた絵を何といいますか。

資料1　　　　　　資料2　　　　　　資料3

資料3の俳句：
夏草や兵共が夢の跡
閑さや岩にしみ入蟬の声
荒海や佐渡によこたふ天河

（　　　　　）

(3)　**資料3**の俳諧をよんだ人物を，　　　から選びなさい。　（　　　　　）

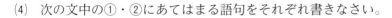

松尾芭蕉　　尾形光琳　　井原西鶴　　俵屋宗達

(4)　次の文中の①・②にあてはまる語句をそれぞれ書きなさい。

●町人たちが経済的なゆとりを持つようになった17世紀末から18世紀初めにかけての文化を，当時の元号を踏まえて（　①　）という。
●18世紀になると農村では，ひな祭りや端午の節句などが，日常生活に節目を付ける（　②　）として定着した。

ヒントの森
(2)資料2は筆で描いた絵です。こうした絵は版画にもなりました。
(3)資料3は東北や北陸を旅したときによんだ句です。
(4)①徳川綱吉が政治を行っていたころの元号です。

①（　　　　　）　②（　　　　　）

予習・復習 こつこつ 解答 p.18

確認のワーク ステージ1 第5節　社会の変化と幕府の対策

教科書の 要点　（　）にあてはまる語句を答えよう。

1 貨幣経済の広まり　教 p.134〜135

●**徳川吉宗の政治**▶徳川吉宗が8代将軍となる 1716年。財政の立て直しを目指して（①　　　　　　　　　）の改革を開始。 質素・倹約が基本

　◆新田開発　◆収穫量に関係なく一定の年貢を取り立てる。

　◆大名にも米を献上させる▶**上米の制**。 参勤交代を軽減する代わり

　◆裁判や刑罰の基準▶（②　　　　　　　　）に定める。

　◆**目安箱**▶庶民の意見を取り入れる。　◆実学を奨励。 日常生活に役立つ学問

●**工業の発展と変わる農村**▶18世紀，綿花・紅花などの特産物を（③　　　　　　　　）として盛んに生産。生産者は商人（問屋）と結んで手工業で商品を作る（（④　　　　　　　　））。

　◆貨幣の使用が広まる→**地主**と**小作人**の間の貧富の格差。 貧しい農民の土地を集める

2 繰り返される要求と改革　教 p.136〜137

●**百姓一揆と打ちこわし**▶百姓は天災と重い年貢に苦しみ，城下へ押し寄せ，（⑤　　　　　　　）を起こした。

　◆都市▶貧しい人々が，（⑥　　　　　　　）を起こした。 米を買い占めた商人の家屋を破壊

●**田沼意次の政治**▶18世紀後半，老中田沼意次が商業の利益による財政の立て直しを図る。（⑦　　　　　　　）の営業権を認めて課税。長崎から銅や海産物を輸出。→賄賂・飢きんで失脚。 俵物

●**松平定信の政治**▶松平定信の（⑧　　　　　　　）の改革。

　◆出稼ぎの者を農村へ帰す。旗本や御家人の借金を帳消し。飢きん対策。（⑨　　　　　　　）以外の儒学を禁止。 米を蓄えさせる

3 江戸の庶民が担った化政文化　教 p.138〜141

●**庶民による化政文化**▶19世紀初め，江戸の庶民が中心の文化。

　◆政治や社会を風刺した（⑩　　　　　　　）や**狂歌**。

　◆俳諧の**与謝蕪村**，**小林一茶**。　◆小説▶十返舎一九の『東海道中膝栗毛』。（⑪　　　　　　　）の『南総里見八犬伝』。

　◆（⑫　　　　　　　）▶**東洲斎写楽**や**喜多川歌麿**の人物画。**葛飾北斎**，**歌川（安藤）広重**の風景画→旅が盛んに。 多色刷りの浮世絵

●**国学と蘭学**▶（⑬　　　　　　　）が『**古事記伝**』を書いて国学を大成。蘭学では『（⑭　　　　　　　）』を出版した**杉田玄白**や**前野良沢**，正確な日本地図を作った**伊能忠敬**など。

●**広がる教育**▶（⑮　　　　　　　）で町人や百姓の教育。 外国船の来航が背景　読み・書き・そろばん

　◆諸藩は**藩校**で人材を育成。

1716	享保の改革
1742	公事方御定書を制定
1772	田沼意次が老中となる
1787	寛政の改革

↓徳川吉宗

↓傘連判状

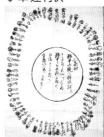

丸く署名して共同で責任をとったんだ。

↓狂歌

白河の清きに魚も住みかねて もとのにごりの田沼恋しき

もと白河藩主の，松平定信の政治の息苦しさを風刺しているよ。

↓解体新書

オランダ語の人体解剖書を翻訳

教科書の 資料 次の問いに答えよう。

(1) 右の資料の絵を描いた人物を書きなさい。
（　　　　　　）

(2) このような多色刷りの版画を何といいますか。
（　　　　　　）

(3) このころ，江戸の庶民を中心に発達した文化を何といいますか。
（　　　　　　）

(4) (3)のころに活躍した人物のうち，次にあてはまるものを　　からそれぞれ選びなさい。
① 美人画を描いた　（　　　　　　）
② 俳諧で活躍した　（　　　　　　）

尾形光琳　東洲斎写楽　喜多川歌麿
十返舎一九　滝沢馬琴　小林一茶

第2部 第3章

教科書 一問一答 次の問いに答えよう。

/10問中

★は教科書の太字の語句

1 貨幣経済の広まり

①18世紀前半に享保の改革を行った，8代将軍は誰ですか。
★①＿＿＿＿

②①が，庶民の意見を取り入れるために設置したものは何ですか。
②＿＿＿＿

③商品作物の生産で豊かになった農民の中で，貧しい農民の土地を集めた者を何といいますか。
③＿＿＿＿

2 繰り返される要求と改革

④米を買い占めた商人に対して，都市の貧しい人々が起こした騒動を何といいますか。
★④＿＿＿＿

⑤18世紀後半，長崎から銅や俵物とよばれた海産物を盛んに輸出させた老中は誰ですか。
★⑤＿＿＿＿

⑥⑤の老中により営業権を認められ，税を納めさせられた商人の同業組織は何ですか。
⑥＿＿＿＿

⑦18世紀後半，都市に出稼ぎに来ていた者を村に帰すなど，農村の立て直しを図った老中は誰ですか。
★⑦＿＿＿＿

3 江戸の庶民が担った化政文化

⑧19世紀初めの文化・文政期に生まれた庶民による文化は，どこの都市を中心に発達しましたか。
⑧＿＿＿＿

⑨仏教や儒教が伝わる前の日本古来の精神に学ぼうという学問を何といいますか。
★⑨＿＿＿＿

⑩西洋の測量術を学び，正確な日本地図を作成したのは誰ですか。
★⑩＿＿＿＿

 知識の泉　「解体新書」はオランダ語の「ターヘル゠アナトミア」という人体解剖書を，オランダ語の辞書もない状態で日本語に翻訳したものです。大変な苦労の末に完成しました。

ステージ2　第５節　社会の変化と幕府の対策

1 貨幣経済と幕府の改革　右の年表を見て，次の問いに答えなさい。

よく出る (1)　年表中の **a** について，徳川吉宗が行った改革を
何といいますか。

（　　　　　　　　　　）

(2)　(1)について，次の各文の（　　）にあてはまる語
句を，それぞれ書きなさい。

①（　　　　　　　　　　）

②（　　　　　　　　　　）

年代	できごと
1716	徳川吉宗が８代将軍となる……a
	↕ X
1742	公事方御定書を定める
	↕ Y
1772	（ A ）が老中となる
	↕ Z
1787	寛政の改革が始まる……………b

● 参勤交代を軽減する代わりに，大名に米を献上させた。これを（ ① ）という。

● 庶民の意見を取り入れるため，（ ② ）を設置した。

レベルUP (3)　年表のころの農村の変化と右の**資料１**を説明した
次の文の①・②にあてはまる語句をそれぞれ書きな
さい。

①（　　　　　　　　）　②（　　　　　　　　）

資料１

綿花・紅花などの特産物が， ① として積極的
に作られるようになった。

① の生産者は，商人から原料や道具を借りて，
家内で手工業による生産を行う ② のしくみで商品を作った。

(4)　年表中の **A** は，株仲間の営業権を認めて税を納めさせるなど，
商業からの利益によって財政を立て直そうとした人物です。こ
の人物は誰ですか。（　　　　　　　）

資料２

(5)　年表中の **b** について，このとき行われた政策を，次から選び
なさい。（　　　　　）

ア　幕府の学校で朱子学以外の儒学を禁止した。

イ　蝦夷地の開拓にのりだした。

ウ　収穫量に関係なく一定の年貢を取り立てた。

よく出る (6)　**資料２**は，年表のころの百姓が領主に年貢の軽減を求めた行
動で用いられました。この行動を何といいますか。

（　　　　　　　　　　）

(7)　(6)と同じころ，都市で貧しい人々が米を買い占めた商人に対し
て起こした行動を何といいますか。

（　　　　　　　　　　）

レベルUP (8)　浅間山の噴火や天明の飢きんが起こった時期を，年表中の **X** 〜
Z から選びなさい。（　　　　）

ヒントの森

(3)①売って現金を得る
ための作物です。

(8)Aの老中が，(6)や(7)
の責任を取って退任
することになりまし
た。

2 庶民による文化 右の資料を見て，次の問いに答えなさい。

(1) Aは，江戸時代の後半，幕府の政治や庶民の生活を風刺してよんだものです。これを何といいますか。（　　　　　）

A
白河の清きに魚も
住みかねて
もとのにごりの田沼恋しき

(2) Bの俳諧の作者を　　から選びなさい。（　　　　　）

B
菜の花や月は東に日は西に

与謝蕪村	井原西鶴	十返舎一九	松尾芭蕉

(3) Cは，江戸時代後半の風景を描いた浮世絵です。次の問いに答えなさい。

① このような多色刷りの版画を何といいますか。（　　　　　）

② Cを描いた人物を書きなさい。（　　　　　）

よく出る (4) Cの作者が活躍したころの文化を何といいますか。（　　　　　）

レベルUP (5) (4)の文化の特色として正しい文を次から選びなさい。（　　　）

ア 江戸を中心に花開いた庶民による文化

イ 経済や技術力を持つ上方の町人による文化

ウ 大名や豪商の経済力を反映した豪華な文化

ヒントの森
(1)五七五だと川柳。
(4)文化・文政期の文化。

第2部
第3章

3 江戸時代後半の学問 次の資料を見て，あとの問いに答えなさい。

A

B

C

よく出る (1) Aは，オランダ語の人体解剖書を翻訳して出版したものです。次の問いに答えなさい。

① この書物を何といいますか。（　　　　　）

② Aに代表される西洋の学問の研究を何といいますか。（　　　　　）

(2) Aのころに，本居宣長が書いた書物は何ですか。（　　　　　）

(3) Bは，西洋の測量術を学び，全国を測量した人物が作成した日本地図です。この人物はだれですか。（　　　　　）

レベルUP (4) Cについて，次にあてはまる語句を，　　からそれぞれ選びなさい。

① Cに描かれたように，町人や百姓の子が学んだ。（　　　　　）

② 上方の学者たちがつくり，町人や百姓をまじえて学んだ。（　　　　　）

③ 諸藩が人材育成のため，武士の子弟を教育した。（　　　　　）

藩校
私塾
寺子屋

ヒントの森
(1)①杉田玄白・前野良沢らが翻訳しました。
(2)歴史書を研究した本。

こつこつ　テスト直前　解答 p.19

実力判定テスト　ステージ3　総合問題編

第3章　近世　武家政権の展開と世界の動き　30分　/100

1 右の年表を見て，次の問いに答えなさい。

4点×11（44点）

(1) 年表中の**A**の遠征は，キリスト教の聖地エルサレムをどのような勢力から奪い返すために行われましたか。

(2) 年表中の**B**のような新航路の開拓によって，ヨーロッパ人が主に手に入れようとしたものを，次から選びなさい。
　　ア　じゃがいも　　イ　ぶどう
　　ウ　馬　　　　　　エ　香辛料

(3) 年表中の**X**にあてはまる，ドイツで宗教改革を行った人物を書きなさい。

(4) 年表中の**C**について，ポルトガル人が漂着して鉄砲が伝えられた島を，右の地図中の**ア〜エ**から選びなさい。

(5) 年表中の**D**について，地図中の安土城下で**資料1**の政策が行われました。この政策を何といいますか。

(6) 年表中の**E**について，次の問いに答えなさい。
　① **資料2**は豊臣秀吉が行った政策を示しています。この政策を何といいますか。
　② 豊臣秀吉の政策としてあてはまらないものを，次から選びなさい。
　　ア　太閤検地を行った。　　イ　宣教師を海外に追放した。
　　ウ　朝鮮へ出兵した。　　　エ　石山本願寺を降伏させた。
　③ 豊臣秀吉などの戦国大名に仕え，茶の湯を茶道へと高めた人物を書きなさい。

(7) 次のできごとが起こった時期を，年表中の**a〜e**からそれぞれ選びなさい。
　① 日本にキリスト教が伝えられる。
　② ヨーロッパでルネサンス（文芸復興）が始まる。
　③ 織田信長が家臣の明智光秀に攻められ，自害する。

年代	できごと
1096	十字軍の遠征が始まる……………A
	↕ a
1498	バスコ゠ダ゠ガマがインドに到達………B
	↕ b
1517	（ X ）による宗教改革が始まる
	↕ c
1543	日本に鉄砲が伝来する……………C
	↕ d
1576	安土城が築かれる…………………D
	↕ e
1590	豊臣秀吉が全国を統一する………E

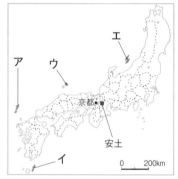

資料1

— この安土の町は楽市としたので，いろいろな座は廃止し，さまざまな税や労役は免除する。

資料2

— 諸国の百姓が，刀・脇差し・弓・やり・鉄砲・その他の武具などを持つことは，固く禁止する。

(1)		(2)		(3)		(4)	
(5)		(6)①		②		③	
(7)①		②		③			

目標
- 武士による支配の完成をおさえよう。
- 社会が安定するまでの流れをおさえよう。
- 庶民が力をつけるようすを確認しよう。

自分の得点まで色をぬろう!

😣かんばろう　　　😠もう一歩　　😆合格!
0　　　　　　　　　　　　　　60　　　80　　100点

② 右の資料を見て，次の問いに答えなさい。

(8)完答，4点×14(56点)

(1) 資料1中の**A**の年に起こり，徳川家康が全国支配を強める結果となった戦乱を何といいますか。

資料1　外国との貿易が行われていた時期

(2) 資料1中の①・②はいずれもヨーロッパの国です。あてはまる国名を，次からそれぞれ選びなさい。
　　ア　オランダ　　イ　ドイツ
　　ウ　イタリア　　エ　ポルトガル

(3) 資料1中の朝鮮からは，右のような使節が将軍の代わるごとに日本を訪れました。この使節を何といいますか。

(4) 資料1中の**B**のころ制度化された，大名が1年ごとに江戸と領地を行き来することを何といいますか。

(5) 資料2中の**a**は主に農村で，**b**は都市で起こった騒動です。あてはまる語句をそれぞれ書きなさい。

(6) 資料2中の**X～Z**にあてはまる人物を，次からそれぞれ選びなさい。
　　ア　松平定信
　　イ　田沼意次
　　ウ　徳川綱吉
　　エ　徳川吉宗
　　オ　徳川家光

資料2　農村や都市で起こった騒動の件数

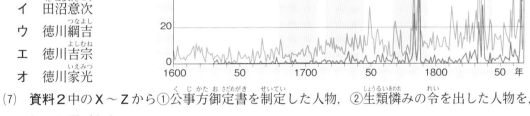

(7) 資料2中の**X～Z**から①公事方御定書を制定した人物，②生類憐みの令を出した人物を，それぞれ選びなさい。

(8) 資料2中の**c**，**d**の時期に活躍した人物を，次から2人ずつ選びなさい。
　　ア　阿国　　イ　狩野永徳　　　ウ　鴨長明　　エ　喜多川歌麿
　　オ　一遍　　カ　十返舎一九　　キ　菱川師宣　　ク　松尾芭蕉

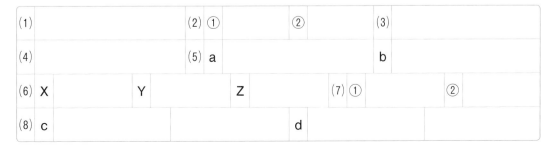

(1)		(2) ①		②		(3)	
(4)		(5) a				b	
(6) X		Y		Z		(7) ①	②
(8) c				d			

1 次の資料を見て，あとの問いに答えなさい。

10点×2（20点）

資料1　古代ローマの三美神

資料2　中世の三美神

資料3　ルネサンス期の三美神

(1)　**資料1〜3**は，ヨーロッパの異なる時期に同じテーマで描かれた絵画です。ルネサンス期の絵画は，古代ローマと中世のどちらを理想として，何をどのように表現しようとしたか，「個性」「自由」という2つの語句を用いて簡単に書きなさい。

レベルUP (2)　下線部は，イタリアの都市から始まりました。イタリアで最初に学問や芸術が盛んになった理由を，「貿易」「イスラム文化」という2つの語句を用いて簡単に書きなさい。

(1)	
(2)	

2 右の年表と地図を見て，次の問いに答えなさい。

(1)6点, 他10点×3（36点）

(1)　右の地図は，何世紀初めの貿易の様子を表していますか。

レベルUP (2)　下線部**a**について，徳川家康は対馬の宗氏に命じて関係が壊れていた朝鮮との国交を回復しました。朝鮮との関係が壊れた理由を簡単に書きなさい。

年	できごと
1601	朱印船貿易開始
1607	朝鮮と a 国交回復
1609	幕府が X との貿易を許可
1635	b 日本人の帰国・海外渡航の禁止

よく出る (3)　地図の貿易は下線部**b**のころまでに停止されました。この原因となった宗教上の政策を簡単に書きなさい。

(4)　**b**の後も地図中に領土を持つヨーロッパの国のうち，**X**だけは，日本との貿易が認められました。国名をあげて，その理由を簡単に書きなさい。

(1)	世紀初め	(2)	
(3)		(4)	

「どちらを」「何を」「どのように」など，答えることが求められている言葉がすべて答えに使われているかどうかを確認しよう。

自分の得点まで色をぬろう！

❸ 次の図と表を見て，あとの問いに答えなさい。

(1)(3)①4点×3，他8点×4 (44点)

図　主な大名の配置

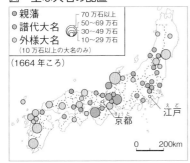

● 親藩
● 譜代大名
○ 外様大名
（10万石以上の大名のみ）

70万石以上
50〜69万石
30〜49万石
10〜29万石

（1664年ころ）

0　200km

江戸
京都

a の政治	松平定信による b の改革
・株仲間の営業権を認めて税収を増やそうとした。 ・長崎から銅や海産物を盛んに輸出させた。 ・新たな通貨で，商業の活性化を促した。 ・干拓工事や蝦夷地の開拓にも乗り出した。	・質素・倹約を掲げ，支出を抑えようとした。 ・都市に出稼ぎに来ていた者を村に帰した。 ・商品作物の栽培を制限し，米などの栽培を奨励した。 ・飢きんに備えて米を蓄えさせた。

第2部
第3章

(1) 図から読み取れることとして正しいものを，次から選びなさい。

　ア　親藩や譜代大名の石高は，70万石以上である。

　イ　石高が親藩よりも多い外様大名がいる。

　ウ　譜代大名は江戸の周辺には配置されていない。

　エ　関東には外様大名が多く配置されている。

(2) 江戸から遠く，石高の多い大名ほど重い負担になっていたと考えられる，徳川家光が将軍のときに整えられた制度を，「妻子」の語句を用いて簡単に説明しなさい。

(3) 右上の表は，江戸時代の2人の老中による政治を比べたものです。これを見て，次の問いに答えなさい。

　① aにあてはまる人物と，bにあてはまる語句を書きなさい。

　② 2人の政治に共通する目的を，「財政」の語句を用いて簡単に書きなさい。

　③ 右のグラフは，aの政治期の財政収支を示しています。aが政治上で重視していたことを，このグラフと上の表を基に松平定信の改革との違いに着目して，簡単に説明しなさい。

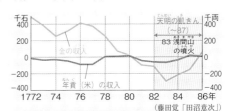

千石
400
200
0
−200
−400

天明の飢きん
（〜87）

83 浅間山の噴火

金の収入

年貢（米）の収入

1772　74　76　78　80　82　84　86年
（藤田覚「田沼意次」）

千両
400
200
0
−200
−400

(4) 徳川綱吉や松平定信は，儒学のなかでも特に朱子学を重視していました。朱子学が大切にする2つの人間関係を，「将軍と大名」「大名と家臣」「父子」の語句を用いて簡単に説明しなさい。

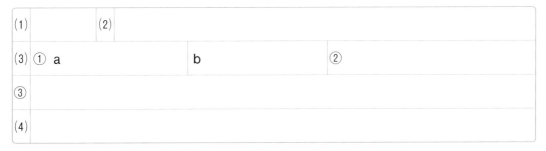

(1)		(2)	
(3) ① a		b	②
③			
(4)			

予習・復習 こつこつ　解答 p.21

確認のワーク ステージ1　第1節 欧米諸国における「近代化」①

教科書の 要点 （　）にあてはまる語句を答えよう。

① 市民革命の始まり 教 p.148〜149

●**変わる欧米諸国**▶17〜19世紀，ヨーロッパは「市民社会」へ変化し，政治や産業に「（①　　　　　　　　　）」の動き。

●**イギリスの議会政治**▶17世紀，ピューリタン（清教徒）であるプロテスタント地主や商工業者が（②　　　　　　　　　）に進出。

◆国王は議会を無視して弾圧→（③　　　　　　　　　）が指導して国王軍を破る→王政を廃止し（④　　　　　　　　　）を実現（ピューリタン革命）→クロムウェルの死後，王政が復活。

◆**1688年**新国王をオランダから迎える（**名誉革命**）。

■（⑤　　　　　　　　　）発布▶**立憲君主政，議会政治**確立。
1689年

●**アメリカの独立戦争**▶北アメリカ東海岸にイギリスの植民地。

◆植民地側は新たな課税に反発してアメリカ独立戦争となる。
イギリス議会に代表者がいなかった

■**1776年**（⑥　　　　　　　　　）を発表。**ワシントン**を総司令官とする植民地軍が勝利→**アメリカ合衆国**が誕生。
初代大統領　　　合衆国憲法を制定

② 人権思想からフランス革命へ 教 p.150〜151

●**人権思想の広がり**▶17世紀後半から19世紀初めのフランス

◆国王権力の強大化▶（⑦　　　　　　　　　）の時代，華やかなベルサイユ宮殿宮廷生活とたび重なる戦争で財政難→重い税に人々が苦しむ。

◆18世紀，自由・平等などの（⑧　　　　　　　　　）を尊重した公正な社会をつくろうとする**啓蒙思想**が盛んに。

■（⑨　　　　　　　　　）▶政府は**基本的人権**を持つ個人との契約の下につくられるべきと説く（**社会契約説**）。

■**モンテスキュー**▶（⑩　　　　　　　　　）を主張→**合衆国憲法**に取り入れられる。
イギリスの議会政治を模範とした

■**ルソー**▶主権者である人民が国家をつくる（**人民主権**）。

●**フランス革命**▶フランスは第一身分・第二身分・第三身分で構成され，納税の義務がある第三身分が重い税に苦しむ。
聖職者　貴族　平民

◆**1789年**国王や大貴族中心の政治への不満が爆発→商工業者・農民・一部の貴族らによる（⑪　　　　　　　　　）が起こる。

■**人権宣言**を発表。王政は廃止され**共和政**が誕生。
ここに記された権利は，日本や各国の憲法などに引き継がれている

●**ナポレオンの登場**▶革命の広がりをおそれたヨーロッパ諸国がフランスを攻撃→（⑫　　　　　　　　　）が撃退→**1804年**皇帝となる。自由・平等の思想はヨーロッパ諸国へ広まる。
自由・平等や所有権などの人権を保障した法律を制定

1642	ピューリタン革命
1688	名誉革命が起こる
1776	アメリカの独立
1789	フランス革命
1804	ナポレオンが皇帝となる

↓ロック

↓モンテスキュー

↓ルソー

啓蒙思想家の名前と考え方を覚えよう！

↓バスチーユ牢獄の襲撃

😊まるごと暗記　😊三権分立 権力の集中による専制を防ぐためのしくみ　😊人権宣言 フランス革命で発表

 教科書の 資料 次の問いに答えよう。

(1) A〜Cの政治体制を, ◻︎からそれぞれ選びなさい。

A（　　　　）
B（　　　　）
C（　　　　）

共和政　立憲君主政　専制君主政

君主政治		
A	B	C
国王や皇帝に統治の権利があり, 思うままに政治を行う	国王や皇帝は存在するが, 法によって制限され, 国民が政治を行う	国民に統治の権利があり, 法に基づいて政治を行う
		民主政治

(2) 1689年にイギリスの議会が制定した,「国王は議会の承認がなければ法律の停止や新しい課税ができない」ことなどを定めたものを何といいますか。

（　　　　　　　　　）

(3) (2)によって, イギリスで確立した政治体制を(1)の◻︎から選びなさい。

（　　　　　　　　　）

教科書 一問一答 チェック 次の問いに答えよう。

/10問中

★は教科書の太字の語句

1 市民革命の始まり

①17〜19世紀のヨーロッパで成立していった, 自由で平等な「市民」がつくる社会を何といいますか。

★①＿＿＿＿＿

②クロムウェルの指導により国王を処刑し, 共和政を実現したイギリスの革命を何といいますか。

★②＿＿＿＿＿

③1688年, イギリス議会が国王を追放し, オランダから新しい国王を迎えた革命を何といいますか。

★③＿＿＿＿＿

④北アメリカの13の植民地は, 何という国に対して独立戦争を起こしましたか。

④＿＿＿＿＿

2 人権思想からフランス革命へ

⑤権力の集中を防ぐため, 立法・行政・司法の三つの権力を分立させるべきだと主張したのは誰ですか。

⑤＿＿＿＿＿

⑥主権者である人民が国家をつくり, 社会全体の利益を目指す政治を行うべきと主張したのは誰ですか。

⑥＿＿＿＿＿

⑦18世紀のフランス社会で, 人口の9割以上を占めたのは第一身分・第二身分・第三身分のどれですか。

⑦＿＿＿＿＿

⑧1789年, フランス革命を支持する人々は基本的人権の尊重と人民主権の考えに基づいて何を発表しましたか。

★⑧＿＿＿＿＿

⑨王政が廃止された後のフランスで成立した, 国民が統治の権利をもつ政治体制を何といいますか。

★⑨＿＿＿＿＿

⑩1804年に国民投票によって皇帝となり, ヨーロッパ諸国を征服したのは誰ですか。

★⑩＿＿＿＿＿

知識の泉　1789年7月14日, 王政に反対した政治犯が収容されていたバスチーユ牢獄を襲撃してフランス革命は始まりました。7月14日は現在, パリ祭の日になっています。

予習・復習　こつこつ　解答 p.21

第1節　欧米諸国における「近代化」②

📖 教科書の 要点　（　）にあてはまる語句を答えよう。

❶ 産業革命と資本主義の成立　教 p.152〜153

●**イギリスの産業革命**▶18世紀に**綿織物工業**がおこり，**紡績機**や
機織機を次々に発明→18世紀末，（①　　　　　　　　　）が機械
の動力に→工業生産が増大し，**蒸気船や鉄道**で製品を輸送→都
市が発達。工業中心の社会へ変化（（②　　　　　　　　　　　））。

●**資本主義の成立**▶工場・機械をもつ（③　　　　　　　　　　）が，
労働者を雇い，利益を目指して生産活動を行う**資本主義**が発達。

●**労働運動と社会主義**▶資本家は労働者に低賃金・長時間労働を
強いる。機械の改良で（④　　　　　　　　　　）・子どもも雇用。

　◆労働者▶（⑤　　　　　　　　　　）を結成。**マルクス**らが労働者
を中心に平等な社会を目指す（⑥　　　　　　　　　）を唱える。

18世紀	イギリスで産業革命
1848	フランスで社会主義者が参加した政権が成立
1857	インド大反乱
1861	アメリカで南北戦争
1871	ドイツ帝国誕生

> 土地を失った農民や職を失った手工業者が労働者として，資本主義を支えたんだ。

❷ 欧米諸国の近代国家建設　教 p.154〜155

●**近代国家と「国民」の創出／アメリカの南北戦争**▶19世紀の動き

　◆産業革命や市民革命の影響を受け，欧米諸国で人々を「**国民**」
として1つにまとめる（⑦　　　　　　　　　　）の建設が進む。

　◆**アメリカ**▶1861年（⑧　　　　　　　　　　）が始まる。**奴隷解放**
宣言を出した**リンカン**大統領率いる北部が勝利。

●**ドイツ帝国の成立／ロシアの拡大と近代化**

　◆**ドイツ**▶1871年 プロイセン王国が（⑨　　　　　　　）首
相の下で諸国を統一し，（⑩　　　　　　　　　）が成立。

　◆**ロシア**▶皇帝の専制政治の下で，18世紀半ばからの南下政策
が失敗。19世紀後半には工業化を進め，シベリアなどへ進出。

↓リンカン

❸ 世界進出を目指す欧米諸国　教 p.156〜159

●**欧米諸国の世界進出**▶19世紀，イギリスは工業製品を大量に生
産して世界中に輸出し，「（⑪　　　　　　　　　）」とよばれる。

　◆市場を求めて世界各地に（⑫　　　　　　　　）を広げる。

●**インド大反乱**▶1857年（⑬　　　　　　　　）が民衆の反乱
を抑える→インドを直接支配下に。アジア進出を加速。

●**不平等なしくみに組み込まれるアジア・アフリカ**

　◆植民地となったアジア・アフリカの国々▶欧米諸国向けの
農産品の栽培への集中（（⑭　　　　　　　　　））を強制。

●**植民地支配と民族意識の芽生え**▶現地のエリート層に民族
意識が芽生え，植民地支配に抵抗する動きが広がる。

> リンカンは演説で「人民の，人民による，人民のための政治」を説いたんだよ。

↓綿織物の輸出額の変化

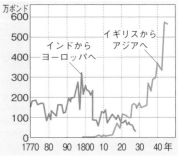

万ポンド

インドからヨーロッパへ

イギリスからアジアへ

600
500
400
300
200
100

1770 80 90 1800 10 20 30 40年

まるごと暗記 社会主義 工場や土地を共有にし，資本家や地主がいない平等な社会を目指す考え方

教科書の 資 料 次の問いに答えよう。

(1) 地図中の**A**は，世界で最初に産業革命を達成した国です。この国を何といいますか。

（ 　　　　　 ）

(2) 地図中の**B**は，南下政策を進めていた国です。この国を何といいますか。

（ 　　　　　 ）

(3) **A**の進出に反対し，**C**の国で1857年に起こった反乱を何といいますか。

（ 　　　　　 ）

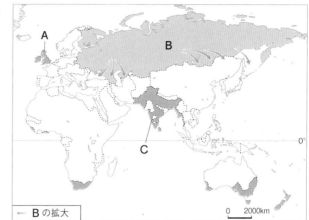

← **B**の拡大

0 　　　2000km

教科書 一 問 一 答 チェック 次の問いに答えよう。

/10問中

★は教科書の太字の語句

1 産業革命と資本主義の成立

①18世紀にイギリスでおこり，紡績機や機織機の発明を生んだのは，何を生産する工業ですか。

□①＿＿＿＿＿＿＿

②機械や動力の発達にともない，工業中心の社会へと大きく変化していくことを何といいますか。

□★② ＿＿＿＿＿＿

③資本家が労働者を雇って，利益を目指して生産活動をするしくみを何といいますか。

□★③ ＿＿＿＿＿＿

④労働者を中心とする社会を目指し，社会主義を唱えたドイツ人は誰ですか。

□④＿＿＿＿＿＿＿

2 欧米諸国の近代国家建設

⑤南北戦争のとき，アメリカ合衆国の統一と奴隷の解放を主張して北部を率いた大統領は誰ですか。

□★⑤ ＿＿＿＿＿＿

⑥ビスマルク首相の下で，1871年にドイツの諸国を統一した王国を何といいますか。

□⑥＿＿＿＿＿＿＿

⑦18世紀半ばから，黒海から地中海への出口を求めて南下政策を進めた国はどこですか。

□⑦＿＿＿＿＿＿＿

3 世界進出を目指す欧米諸国

⑧19世紀に工業製品を大量に生産し，世界中に輸出して「世界の工場」とよばれた国はどこですか。

□⑧＿＿＿＿＿＿＿

⑨欧米諸国が原料の入手先と製品の市場を求めて，世界各地に広げていった支配地を何といいますか。

□⑨＿＿＿＿＿＿＿

⑩インドの現地のエリート層は，公用語とされた何という言語での教育を受けていましたか。

□⑩＿＿＿＿＿＿＿

知識の泉 インド大反乱のきっかけは，シパーヒーというインド人兵士が起こした反乱。銃の薬包に牛脂や豚脂が塗られていたことに，ヒンドゥー教徒やイスラム教徒の怒りが爆発したのです。

こつこつ テスト直前 解答 p.21

定着のワーク ステージ2 **第1節　欧米諸国における「近代化」**

1 市民革命　右の年表を見て，次の問いに答えなさい。

(1) 年表中の**A**について，次の問いに答えなさい。

① この革命の中心となった人々を，次から選びなさい。　（　　　）

　ア　キリスト教のカトリック
　イ　キリスト教のプロテスタント
　ウ　イスラム教徒

② この革命で成立した政治制度を，次から選びなさい。　（　　　）

　ア　王政　　　　　イ　立憲君主政
　ウ　共和政　　　　エ　専制君主政

③ この革命を指導した人物は誰ですか。

（　　　　　　　　　　）

(2) 年表中の**A**と**B**の革命が起こった国を書きなさい。

（　　　　　　　　　　）

(3) 年表中の**C**の戦争で発表された宣言を，右の**X**～**Z**から選びなさい。また，その宣言名を書きなさい。

（　　　）宣言名（　　　　　　　）

(4) **C**の戦争で総司令官を務め，独立後の国で初代大統領となったのは誰ですか。

（　　　　　　　　　　）

(5) 年表中の**D**の革命について，次の問いに答えなさい。

① 革命前までのフランスで，納税の義務が免除されていた身分を，次からすべて選びなさい。

（　　　　　　　　　　）

　ア　第一身分（聖職者）　　イ　第二身分（貴族）　　ウ　第三身分（平民）

② この革命は，次のような考え方の影響を受けています。□にあてはまる語句を，┈からそれぞれ選びなさい。　a（　　　　　　　）　b（　　　　　）

　この革命は，自由・平等などの **a** の尊重と，人民主権の考えに基づいて進められた。人民主権は，主権者である一般の人々が国家をつくるべきだとする考えで，フランスの **b** が説いた考え方である。

┌─────────────────────────────┐
│ モンテスキュー　基本的人権　社会契約　ルソー │
└─────────────────────────────┘

(6) 年表中の**E**は，国民投票によってフランスの皇帝となった人です。この人物名を書きなさい。（　　　　　　　）

年代	できごと
1642	ピューリタン革命が起こる…**A**
1688	名誉革命が起こる…………**B**
1775	アメリカ独立戦争が始まる…**C**
1789	フランス革命が起こる………**D**
1804	（　**E**　）が皇帝となる

X　1. 国王は，議会の承認なく法律を停止することはできない。

　　9. 議会における言論の自由は，守られなくてはならない。

Y　1. 人間は，生まれながらにして自由かつ平等な権利をもっている。

　　3. すべて主権は，本来人民（国民）にある。

Z　われわれは以下の真理は自明のことと考える。まず，すべての人間は平等につくられており，神より奪いがたい諸権利を与えられている。それらのなかには生命，自由，幸福追求の権利がある。

ヒントの森
(1)②議会側が国王の軍を破りました。
(4)アメリカ合衆国の首都名になりました。

② 資本主義の成立　次の資料を見て，あとの問いに答えなさい。

レベルUP

(1) 次の文は，A・Bの資料について説明したものです。文中の｛｝から正しい語句をそれぞれ選びなさい。

　Aは，①｛紡績（ぼうせき）・機織（はたおり）｝機を使った糸つむぎの様子を描（か）いたもので，動力として②｛電力・蒸気（じょうき）｝機関が使われている。イギリスでは，こうした機械の発明や改良によって工場の生産力が一層増大（いっそうぞうだい）し，工業中心の社会へ大きく変化していく③｛市民革命・産業革命｝が世界に先駆（さきが）けて始まった。

　Bには，①機の下で綿（わた）くずを掃除（そうじ）する作業などに使われた④｛奴隷（どれい）・児童（じどう）｝労働者が，むちで打たれる様子が描かれている。④は，⑤｛低・高｝賃金（ちんぎん）で長時間の労働を強いられていた。

①（　　　　　　　　　）　②（　　　　　　　　　）

③（　　　　　　　　　）　④（　　　　　　　　　）

⑤（　　　　　　　　　）

(2) Cは，労働者を中心に平等な社会を目指す考えを説いたマルクスです。この考えを何といいますか。　（　　　　　　　）

> **ヒントの森**
> (1)②鉄道や船も利用。
> (2)資本主義を批判する考えで，労働者の間に広まりました。

③ 欧米諸国の世界進出　右の年表を見て，次の問いに答えなさい。

(1) 年表中のAの背景となったイギリスによるインドへの輸出品（ゆしゅつひん）を，次から選びなさい。　（　　　　）
ア 鉄鋼（てっこう）　イ 石炭　ウ 綿織物（めんおりもの）　エ 茶

よく出る

(2) 年表中のBについて，次の文のaの国名とbの人物名をそれぞれ書きなさい。

a（　　　　　　　　）　b（　　　　　　　　）

年代	できごと
1857	インド大反乱（だいはんらん）が起こる……A
1861	南北戦争が始まる…………B
1871	プロイセン王国が諸国を統一する………………C
1877	インド帝国が成立する……D

┊これは，自由貿易や奴隷制をめぐる対立から，で起こった内戦である。北部を率（ひき）いた　b　大統領（だいとうりょう）は，「人民の，人民による，人民のための政治」を説く演説を行った。

レベルUP

(3) 年表中のCによって成立した帝国を何といいますか。また，この統一を達成したプロイセン王国の首相（しゅしょう）の名を書きなさい。

帝国（　　　　　　　　）

首相（　　　　　　　　）

(4) インド帝国の皇帝（こうてい）に立てられたのは，どの国の国王ですか。
（　　　　　　　　　）

> **ヒントの森**
> (1)イギリスで大量生産された安い工業製品。インドの伝統的産業が打撃を受けました。
> (3)立憲君主政の国。

予習・復習 こつこつ 解答 p.22

第2節　開国と幕府の終わり①

教科書の 要点 （　）にあてはまる語句を答えよう。

1 日本を取り巻く世界情勢の変化　教 p.160～161

●**外国船の来航と幕府の対応**▶ロシアの使節の通商要求を断る。

◆幕府は（①　　　　　）らに蝦夷地の調査を命じる。
（1792年，1804年に来航）

◆1825年（②　　　　　）▶外国船を追い払うよう命令。

■（③　　　　　）や**渡辺崋山**が批判→処罰（**蛮社の獄**）。

●**アヘン戦争**▶19世紀，イギリスが**清・インド**との間で**三角貿易**
を行い，インド産の（④　　　　　）を清へ密輸。
（清から茶を輸入→代金の銀が不足）

◆1840年清がアヘンの売買を禁止→イギリスが艦隊を派遣（ア
ヘン戦争）。勝利したイギリスは，（⑤　　　　　）条
（自由貿易の実現を口実に）
約を清と結び，**香港**島やばく大な**賠償金**を手に入れる。
（上海など5港の開港）

●**アヘン戦争と日本への影響**▶清の敗北を聞いた幕府の対応は，

1842年（⑥　　　　　）を出し，方針を緩める。
（外国船に薪や水を与えて退去させる）

◆（⑦　　　　　）国王に**開国**を勧められるが，拒否。

2 諸藩の改革と幕府の衰退　教 p.162～163

●**諸藩の改革**

◆**工業の変化**▶大地主や大商人が作業所に働き手を集め，分業
で製品を大量に生産する（⑧　　　　　）が生まれる
（綿織物や絹織物など）
→このしくみは，近代産業の発達の基盤となる。

◆**諸藩の動き**▶**薩摩**藩は砂糖の（⑨　　　　　）を行い，
（生産・流通・販売を管理し利益独占）
長州藩は海運を振興。この2藩では有能な下級武士を登用。
佐賀（肥前）藩は農村を立て直し，西洋の軍事技術を研究。

●**大塩平八郎の乱**

◆**天保の飢きん**で米の値段が上昇→一揆や打ちこわしが続発。
（米不足と商人の買い占めのため）

◆1837年（⑩　　　　　）が**大阪**で乱を起こす。幕府は1
（大阪町奉行所の元役人）
日で鎮圧するが，幕領での元役人の反乱に強い衝撃。

●**水野忠邦の政治**▶社会の動揺と外国船の来航に対応。
（薪水給与令）

◆1841年老中の水野忠邦が，**享保・寛政の改革**を参考に，幕府
の強化を目指して（⑪　　　　　）の改革を開始。

◆**商工業**▶物価の上昇を抑えるため（⑫　　　　　）を解
散させる。出版統制，ぜいたくの禁止。
（商品流通の独占が物価上昇の原因と考えた）

◆**年貢の確保**▶江戸に出ている農民を村へ帰らせる。江戸・大
阪周辺の（⑬　　　　　）領などを幕領にしようとする。
（大名）

◆大名や商人などの反発を受け，改革は2年余りで失敗。

1792	ラクスマンが来航
1804	レザノフが来航
1808	間宮林蔵が樺太の調査を始める
1825	異国船打払令を出す
1837	大塩平八郎の乱
1839	蛮社の獄
1840	アヘン戦争が起こる
1841	天保の改革が始まる
1842	南京条約が結ばれる

↓異国船打払令

　どこの港でも，外国船
が入港するのを見たなら，
有無を言わさず，いちず
に打ち払え。（一部要約）

↓アヘン戦争

手前の帆船は清軍，右奥の煙を上げ
ているのはイギリス軍の蒸気船。

↓工場制手工業のようす

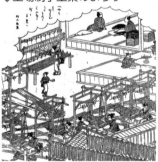

たくさんの人が
分業で作業を
しているね。

まるごと暗記　南京条約　アヘン戦争終結の後にイギリスと清が結んだ条約

教科書の 資料　次の問いに答えよう。

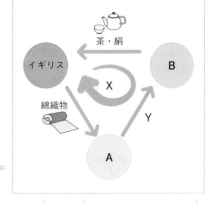

(1) 右の図は，19世紀にイギリスがアジアで行った貿易を示しています。A・Bにあてはまる国名を書きなさい。

A（　　　　　　　）

B（　　　　　　　）

(2) 図のような貿易を何といいますか。

（　　　　　　　）

(3) イギリスは，Bからの輸入品の代金をXで支払いましたが，Xが不足したため，Yを清へ密輸させました。X・Yにあてはまる語句をそれぞれ書きなさい。

X（　　　　　　　）　Y（　　　　　　　）

(4) (2)が原因で，1840年に起こった戦争を何といいますか。　（　　　　　　　）

教科書 チェック 一問一答　次の問いに答えよう。

/10問中

★は教科書の太字の語句

① 日本を取り巻く世界情勢の変化

①ロシア船などの来航に危機感をもった幕府は，間宮林蔵らにどこを調査させましたか。

①＿＿＿＿＿＿

②外国船を打ち払うことを命じた，1825年の法令を何といいますか。

★②＿＿＿＿＿＿

③外国船を打ち払う方針を批判した渡辺崋山らが処罰された，1839年のできごとを何といいますか。

③＿＿＿＿＿＿

④1840年に，イギリスと清との間で起こった戦争を何といいますか。

★④＿＿＿＿＿＿

⑤清がイギリスに敗北したのを知った幕府は，②を緩めて何という法令を出しましたか。

⑤＿＿＿＿＿＿

② 諸藩の改革と幕府の衰退

⑥働き手を作業所に集め，分業で織物などを大量に生産するしくみを何といいますか。

⑥＿＿＿＿＿＿

⑦財政を立て直す改革を進めた藩のうち，砂糖の専売を行った九州の藩はどこですか。

⑦＿＿＿＿＿＿

⑧1830年代に起こり，百姓一揆や打ちこわしの発生をまねいた飢きんを何といいますか。

⑧＿＿＿＿＿＿

⑨1837年の大塩平八郎の乱が起こった場所は，幕領のどこでしたか。

⑨＿＿＿＿＿＿

⑩1841年に，社会の安定化と幕府の強化を目指して天保の改革を始めた老中は誰ですか。

★⑩＿＿＿＿＿＿

知識の泉　アヘン戦争後に外国に支配された清を視察した高杉晋作は，外国に負けない強い国をつくらなければならないという強い意志を持ち，帰国後に奇兵隊を作りました。

確認のワーク ステージ**1** 第2節 開国と幕府の終わり②

教科書の 要点 （ ）にあてはまる語句を答えよう。

❶ 黒船来航の衝撃と開国　教 p.164~165

●**アメリカ船の来航と開国**▶ 1853年 アメリカの東インド艦隊司令長官（ ）が浦賀に軍艦4隻で来航。

◆ 1854年 幕府は，（② ）条約を結ぶ。
　　　下田と函館を開港

◆ 1858年 大老（③ ）が**日米修好通商条約**を結んで5港を開港。日本に**関税自主権**がなく，アメリカに
函館・神奈川（横浜）・長崎・新潟・兵庫（神戸）　貿易品の関税の率を決める権利
（④ ）を認めた不平等条約。
　　　日本でのアメリカ人の犯罪をアメリカの法律で裁く

●**貿易の拡大とその影響**▶ 外国の安い綿糸や綿織物が大量輸入
→国内の産地が打撃。日本からは（⑤ ）や蚕種
　　　　　　　　　　　　　　　　　　　　　　　　蚕の卵
が輸出され，国内で不足し価格高騰。金が流出し経済が混乱。
　　　　　　　　　　　日本と外国の金銀の交換比率の違いが原因

●**尊王攘夷の考え**▶ 天皇を尊ぶ**尊王論**と，外国人を追い払おうとする**攘夷論**が結び付き，**尊王攘夷**の考えが広まる。井伊直弼は貿易開始に反対する人々を処罰（⑥ ）
　　　　　　　　　　　　　　　　　　　　　吉田松陰らを処刑
→ 1860年 井伊直弼は暗殺される（**桜田門外の変**）。

❷ 江戸幕府の滅亡　教 p.166~167

●**攘夷の失敗と倒幕運動**▶ 幕府は朝廷を利用して権威の回復を目指す（⑦ ）策を取る。
　　　　　　　　　　天皇の妹を14代将軍徳川家茂の夫人に

◆**長州藩**▶ 1863年 関門海峡を通る外国船を砲撃するが敗北→開
山口県 国へ考えを変え，（⑧ ）らが実権を握る。

◆**薩摩藩**▶ イギリス人殺傷事件（**生麦事件**）への報復として，
鹿児島県 イギリス艦隊が鹿児島を砲撃（**薩英戦争**）。下級武士から登用された**西郷隆盛**や（⑨ ）らが藩の中心となる。

◆**倒幕運動**▶ 1866年 （⑩ ）らの仲立ちで，薩摩
　　　　　　　　　　　　　　　　　土佐藩（高知県）
藩と長州藩が（⑪ ）を結ぶ。

●**幕府の滅亡と新政府の誕生**

◆ 1867年 15代将軍（⑫ ）が，天皇に政権の返上を申し出る（**大政奉還**）。

◆公家の（⑬ ）らが天皇を中心とする新政府の成立を宣言（**王政復古の大号令**）。徳川慶喜の勢力を政治
　　　　　　　　　　　　　　　　　　　　　　　の中心から追い出す

◆ 1868年 旧幕府軍が**鳥羽・伏見**で戦いを起こし，**戊辰戦争**が始まる→ 1869年 新政府軍が勝利し，国内統一。

●**民衆が願った「世直し」**▶ 物価上昇などで打ちこわし。農民が「世直し」を唱え一揆。「（⑭ ）」の騒ぎ。
　　　　　　　　　　　　このかけ声を上げて踊り歩く

1853	ペリーが来航
1854	日米和親条約
1858	日米修好通商条約
1860	桜田門外の変
1863	長州藩が外国船を砲撃
	薩英戦争が起こる
1866	薩長同盟
1867	大政奉還
	王政復古の大号令
1868	戊辰戦争が起こる

↓ペリーの来航と開港地

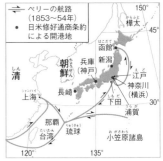

不平等条約は，オランダ・ロシア・イギリス・フランスとも結ばれたんだ。

↓開港後の物価の変化

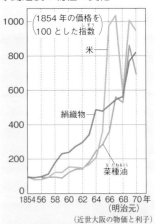

（近世大阪の物価と利子）

😊 まるごと暗記 😶 **領事裁判権** 外国人の犯罪を，その国の領事が自国の法で裁判する権利

📖 教科書の 資 料 次の問いに答えよう。

(1) Aについて，①この条約名と②（　）にあてはまる地名を書きなさい。
①（　　　　　　　）
②（　　　　　　　）

(2) Bは日米修好通商条約の一部です。この条約を結んだ幕府の大老は誰ですか。（　　　　　　　）

(3) 下線部は，輸出入品に自国が関税の率を決めることができる権利について表しています。この権利を何といいますか。（　　　　　　　）

(4) Bで開港されたのは，函館・長崎・新潟・兵庫（神戸）ともう1つはどこですか。
（　　　　　　　）

A

第2条　伊豆の（　），松前の函館の両港は，アメリカ船が薪や水，食料，石炭など不足している品を日本で調達するときに限って渡来することを，日本政府は許可する。

B

第4条　すべて日本に対する輸出入の品々には，別記のとおり日本の役所へ関税を納めること。

第6条　日本人に対して法を犯したアメリカ人は，アメリカ領事裁判所で調べたうえ，アメリカの法律で罰する。

📖 教科書 チェック 一 問 一 答 次の問いに答えよう。 /10問中

★は教科書の太字の語句

1 黒船来航の衝撃と開国

①日米和親条約で開港されたのは，下田ともう1か所はどこですか。
①＿＿＿＿＿

②1858年に大老の井伊直弼がアメリカと結んだ，不平等な側面のある条約を何といいますか。
★②＿＿＿＿＿

③天皇を尊ぶ考えと，外国人を追い払おうとする考えが結びついた考えを何といいますか。
★③＿＿＿＿＿

④1860年，井伊直弼が暗殺された事件を何といいますか。
★④＿＿＿＿＿

2 江戸幕府の滅亡

⑤1863年，攘夷の考えを取り，関門海峡を通る外国船を砲撃した藩はどこですか。
⑤＿＿＿＿＿

⑥イギリス人殺傷事件（生麦事件）の報復として，イギリス艦隊の砲撃を受けた藩はどこですか。
⑥＿＿＿＿＿

⑦⑥の藩で，下級武士から登用され，藩の中心となったのは，大久保利通と誰ですか。
★⑦＿＿＿＿＿

⑧15代将軍の徳川慶喜が，天皇に政権の返上を申し出たできごとを何といいますか。
★⑧＿＿＿＿＿

⑨西郷隆盛・大久保利通や公家の岩倉具視らが出した，天皇を中心とする新政府成立の宣言を何といいますか。
★⑨＿＿＿＿＿

⑩五稜郭などの戦いで，新政府軍が旧幕府軍を破った戦争を何といいますか。
★⑩＿＿＿＿＿

 知識の泉　長州藩の高杉晋作は，明治維新前年の1867年に病死。土佐藩出身の坂本龍馬も同年の大政奉還後に暗殺されました。高杉晋作29(満27)歳，坂本龍馬33(満31)歳の早すぎる死でした。

定着のワーク ステージ2　第2節　開国と幕府の終わり

1 **日本を取り巻く世界情勢**　右の地図を見て，次の問いに答えなさい。

(1) 地図中の**A**～**C**にあてはまる国名を，　　　　からそれぞれ選びなさい。

A（　　　　　　　）

B（　　　　　　　）

C（　　　　　　　）

> イギリス　　オランダ　　ポルトガル
> ロシア　　　アメリカ　　スペイン

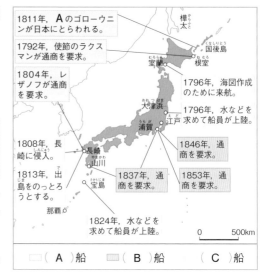

> 1811年，**A**のゴローウニンが日本にとらわれる。
> 1792年，使節のラクスマンが通商を要求。
> 1804年，レザノフが通商を要求。
> 1796年，海図作成のために来航。
> 1796年，水などを求めて船員が上陸。
> 1846年，通商を要求。
> 1808年，長崎に侵入。
> 1813年，出島をのっとろうとする。
> 1837年，通商を要求。
> 1853年，通商を要求。
> 1824年，水などを求めて船員が上陸。
> 樺太　国後島　根室　室蘭　大津浜　江戸　浦賀　長崎　山川　宝島　那覇
> 0　500km
> □（ A ）船　▧（ B ）船　（ C ）船

よく出る (2) 地図のような動きに対して，幕府は外国船を追い払う方針を示しました。この法令を何といいますか。　（　　　　　　　　　）

(3) 清に対して**C**が1840年に起こし，幕府が(2)を緩めるきっかけとなった戦争を何といいますか。

（　　　　　　　　　　　　）

レベルUP (4) (3)に勝った**C**が，南京条約で清から手に入れた地域を，次から選びなさい。　（　　　　）

ア　香港　　イ　北京　　ウ　南京　　エ　上海

(5) 1844年に幕府に手紙を送り，開国を勧めたのは，どの国の国王ですか。　（　　　　　　　　　）

> **ヒントの森**
> (4)この地域は，1997年に**C**の国から中国へ返還されました。
> (5)日本と貿易をしていました。

2 **幕府や藩の改革**　右の資料を見て，次の問いに答えなさい。

(1) 資料は，19世紀になって綿織物などで取り入れられた，分業で大量に生産する方法です。これを何といいますか。（　　　　　　　）

よく出る (2) このころ起きた天保の飢きんの後に，人々の姿を見かねて大阪で反乱を起こした元役人は誰ですか。

（　　　　　　　　　）

(3) (2)などの社会の動揺に対し，①天保の改革を行った老中は誰ですか。また，②このとき，解散を命じられた組織を，次から選びなさい。

ア　両替商　　イ　五人組　　ウ　株仲間　　エ　座

①（　　　　　　　）　②（　　　）

(4) 砂糖の専売を行っていた藩を，次から選びなさい。（　　　）

ア　長州藩　　イ　薩摩藩　　ウ　佐賀藩

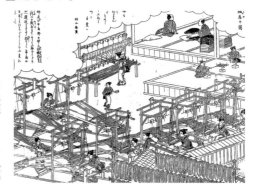

> **ヒントの森**
> (1)作業所（工場）で生産します。
> (3)②江戸時代の同業者の組合です。

3 開国と江戸時代の滅亡 右の年表を見て，次の問いに答えなさい。

(1) Aについて，ペリーが来航した場所を，**資料1**中から選びなさい。

( )

(2) aについて，次の問いに答えなさい。

① あてはまる条約名を書きなさい。

( )

② この条約で開港された港を，**資料1**の地図中から2つ選びなさい。

( )( )

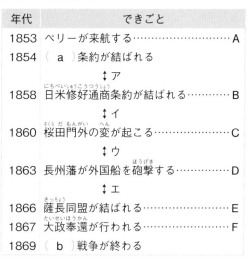

年代	できごと
1853	ペリーが来航する……………………A
1854	（ a ）条約が結ばれる
	↕ア
1858	日米修好通商条約が結ばれる…………B
	↕イ
1860	桜田門外の変が起こる………………C
	↕ウ
1863	長州藩が外国船を砲撃する…………D
	↕エ
1866	薩長同盟が結ばれる…………………E
1867	大政奉還が行われる…………………F
1869	（ b ）戦争が終わる

(3) Bについて，次の問いに答えなさい。

① この条約で日本に認められなかった権利は何ですか。 ( )

② **資料2**のグラフは，Bの後の物価の様子を示しています。次の文の▢にあてはまる語句をそれぞれ書きなさい。

あ( ) い( )

大量生産された安い あ 糸や あ 織物が輸入され，日本の生産地は打撃を受けた。また， い 糸が盛んに輸出され国内では品不足になる一方，輸出用の い 糸の生産で力をつける商人も現れた。

(4) Cの事件で暗殺された大老の名を書きなさい。

( )

(5) Dに見られるような，外国を追い払おうとする考え方と，天皇を尊ぶ考え方が結び付いた考え方を何といいますか。

( )

(6) Eの同盟を結んだ2つの藩の仲立ちを行った人物の名を書きなさい。 ( )

資料1

資料2 開港後の物価の変化

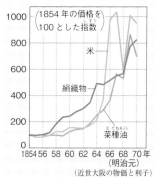

(近世大阪の物価と利子)

(7) Fについて，次の問いに答えなさい。

① 行った将軍は誰ですか。 ( )

② 大政奉還の意味を次から選びなさい。 ( )

ア 公武合体策を実施した。 イ 天皇を中心とする新政府の成立を宣言した。

ウ 「世直し」を唱えた。 エ 幕府が天皇に政権を返上した。

(8) bにあてはまる，新政府軍と旧幕府軍の戦争を何といいますか。

( )

(9) 次のできごとが起こった時期を，年表中のア～エから選びなさい。 ( )

幕府に反対した大名や公家などが処罰され，吉田松陰らが処刑される安政の大獄が起きた。

ヒントの森

(3)②い値段が上がっているものに注目。

(6)土佐藩出身の人物。

(9)貿易開始に反対する勢力を処罰。

予習・復習　こつこつ　解答 p.23

確認のワーク ステージ1　第3節　明治政府による「近代化」の始まり

教科書の 要点　（　）にあてはまる語句を答えよう。

1 新政府による改革　教 p.170〜171

●**明治維新** ▶ 1868年 新政府は（①　　　　　　　　　　　）を出して，新たな政治の方針を示す。元号を**明治**に，首都を**東京**とする。

●**廃藩置県** ▶ 新政府の政治は，倒幕の中心だった「**薩長土肥**」の出身者により進められ，（②　　　　　　　　　　　）とよばれる。
　薩摩・長州・土佐・佐賀（肥前）

　◆ 1869年（③　　　　　　　）▶ 土地や人民を天皇に返す。

　◆ 1871年（④　　　　　　　）▶ 藩を廃止し，代わりに府・県を置く＝**中央集権**を確立するための政策。

●**古い身分制の廃止** ▶ 天皇の一族を**皇族**，公家・大名を**華族**，武士を**士族**，百姓・町人を（⑤　　　　　　　　　）とする。

　◆ 1871年 いわゆる「（⑥　　　　　　　）」▶ 差別されていた人々の呼び名を廃止し，平民とした。差別は残った。
　職業・居住など

2 富国強兵を目指して　教 p.172〜173

●**富国強兵の政策** ▶ 国を豊かにして力をつけ，強い軍隊をもつために，（⑦　　　　　　　　　）の政策を進める。

●**殖産興業** ▶ 近代的な産業を育てる**殖産興業**の政策。
　産業の発展による経済力の向上

　◆（⑧　　　　　　　）**製糸場**などの官営工場を建設。

　◆ 1869年 東京・横浜間に**電信**開通。1871年**郵便**制度創設。
　よこはま　でんしん お雇い外国人を招く　ゆうびん　そうせつ
　　　　　　　　　　　　　　　　　　　　　　　前島密ら

　1872年 新橋・横浜間に**鉄道**が開通。
　しんばし　東京

●**徴兵令の発布** ▶ 1873年（⑨　　　　　　　　）を出し，満20歳になった男子から徴兵。士族は帯刀などの特権を奪われる。
　西洋式の軍隊づくり　多くの免除規定があった

●**地租改正の実施** ▶ 1873年 地租改正実施。**地価**を定め，土地所有者に（⑩　　　　　　　　）を発行。**地租**の税率を地価の**3％**とし，**現金**で納めさせた。農民の負担は重いままだった。
　財源を安定させる税制度改革

3 文明開化と新政府の政策　教 p.174〜175

●**学制の発布** ▶ 1872年（⑪　　　　　　　　）を発布し，6歳以上の子どもの教育を義務とし，全国に小学校を作る。
　就学率はなかなか上がらず

●**「文明開化」の下で** ▶ 欧米の文化・生活様式を取り入れる動きを「（⑫　　　　　　　）」とよび，大都市を中心に進展。

　◆ 1872年 太陰暦から（⑬　　　　　　　　）に変更。

　◆ 欧米の思想を福沢諭吉や（⑭　　　　　　　）らが紹介。
　ふくざわゆきち　「学問のすゝめ」　しょうかい

●**新しい政策への反応** ▶ 「血税一揆」，士族の反乱，地租改正反対一揆などが各地で起こる。
　徴兵令への抵抗
　1877年に地租が2.5％に引き下げられた

1868	五箇条の御誓文
1869	版籍奉還を実施
1871	廃藩置県を実施
	「解放令」を発布
1872	学制を発布
	鉄道が開通する
1873	徴兵令が出される
	地租改正を実施

↓五箇条の御誓文（一部）

一、広ク会議ヲ興シ，万機公論ニ決スベシ。

一、上下心ヲ一ニシテ，盛ニ経綸ヲ行フベシ。

↓富岡製糸場

米でなく，現金で納税させることで，歳入の安定化を目指したんだね。

↓福沢諭吉

キリスト教などの信教の自由も認められていったよ。

教科書の 資 料 次の問いに答えよう。

(1) 右の資料は，明治時代初めの税の改革で土地の所有者に発行されたものです。1873年から実施されたこの改革を何といいますか。（　　　　　　　）

(2) この資料を何といいますか。（　　　　　　　）

(3) (2)を発行された者は，税を何で納めることとされましたか。（　　　　　　　）

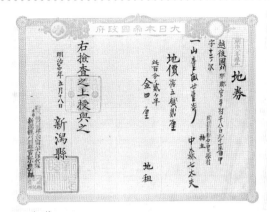

(4) (1)は，国を豊かにして強い軍隊をもつことを目指す政策の一つとして実施されました。この政策を何といいますか。（　　　　　　　）

チェック 教科書 一 問 一 答 次の問いに答えよう。

/10問中

★は教科書の太字の語句

1 新政府による改革

①幕末から明治時代初期にかけての，一連の改革や社会の変化を何といいますか。
★① ＿＿＿＿＿

②藩を廃止して府・県を置き，府知事と県令を派遣した改革を何といいますか。
★② ＿＿＿＿＿

③江戸時代までの身分制度が廃止された結果，公家や大名は何という身分に位置づけられましたか。
③ ＿＿＿＿＿

2 富国強兵を目指して

④富岡製糸場などの，政府により設立された工場を何といいますか。
④ ＿＿＿＿＿

⑤西洋式の軍隊をつくるため，1873年に発布された法令を何といいますか。
★⑤ ＿＿＿＿＿

⑥1873年に実施された地租改正では，税率は地価の何％とされましたか。
⑥ ＿＿＿＿＿

3 文明開化と新政府の政策

⑦6歳以上の子どもに教育を受けさせることを，国民の義務とした法令を何といいますか。
★⑦ ＿＿＿＿＿

⑧大都市を中心に進んだ，欧米の文化や生活様式を取り入れる動きを何といいますか。
★⑧ ＿＿＿＿＿

⑨『学問のすゝ（す）め』を書き，自由・権利などの思想を日本に紹介したのはだれですか。
★⑨ ＿＿＿＿＿

⑩特権を奪われたため，各地で政府に対して武力で反乱を起こしたのは何という身分の人々ですか。
⑩ ＿＿＿＿＿

知識の泉 廃藩置県に対しては，予想されていた大名の抵抗はありませんでした。これは，当時の藩が抱えていたばく大な借金を政府が肩代わりしてくれたためだと考えられています。

定着のワーク　ステージ2　第3節　明治政府による「近代化」の始まり

1 新政府の改革　次の表を見て，あとの問いに答えなさい。

新政府の方針	1868年，天皇が神々に誓う形で，（　A　）を出して，新たな政治の方針を示した。また，古代の政治のしくみにならい，a太政官制を取り入れた。
中央集権国家	1869年に，土地や人民を天皇に返させる（　B　）を実施した。さらに，1871年には，b廃藩置県を行い，新政府から地方に役人が派遣された。
身分制度の変革	天皇の一族を（　C　），公家を（　D　），武士を（　E　），百姓・町人を（　F　）とした。江戸時代にc差別されていた人々の身分もFとし，呼び名を廃止した。

(1) 資料1は，Aの一部を示しています。Aにあてはまる語句を書きなさい。

（　　　　　　　　　　）

資料1

一、広ク会議ヲ興シ，万機公論ニ決スベシ。

(2) 下線部aについて，資料2は明治政府のしくみを示したものです。重要な役職についた人たちの出身を見て，新政府の政治の特色を表す語句を書きなさい。

（　　　　　　　　　　）

資料2

出身
公 公家
薩 薩摩藩
長 長州藩
土 土佐藩
肥 佐賀（肥前）藩

太政官
左院　正院　右院

参議　右大臣　左大臣（欠員）　太政大臣
肥 大隈重信　土 板垣退助　長 木戸孝允　薩 西郷隆盛　公 岩倉具視　公 三条実美

開拓使　神祇省　外務省　薩 大久保利通 大蔵省　兵部省　文部省　工部省　司法省　宮内省

(3) Bにあてはまる語句を書きなさい。

（　　　　　　　　　　）

(4) 下線部bについて説明した次の文中の□□にあてはまる語句をそれぞれ書きなさい。

①（　　　　　　　）　②（　　　　　　　）
③（　　　　　　　）

①を廃止し，代わりに府と②を置いた。そして，東京・大阪・京都の3府には府知事が，②には③が新政府から派遣された。

(5) C〜Fにあてはまる身分を，□□からそれぞれ選びなさい。

C（　　　　　　　）　D（　　　　　　　）
E（　　　　　　　）　F（　　　　　　　）

華族　　　平民　　　皇族　　　士族

(6) 江戸時代の大名は，(5)の□□の身分のうち，どれになりましたか。

（　　　　　　　　　　）

(7) 下線部cは，1871年の布告によって実施されました。この布告を一般に何といいますか。　（　　　　　　　　　　）

ヒントの森

(1)資料1のほか，あと4つの方針が示されています。

(3)大名の政治が引き続き行われたため，2年後に廃藩置県が実施されました。

(5)Fが人口の約94%を占めていました。

2 新政府の政策　右の年表を見て，次の問いに答えなさい。

(1) 新政府は，年表中の政策や教育制度の採用によって，欧米諸国に劣らない強い国をつくろうとしました。これらの政策をまとめて何といいますか。漢字4字で書きなさい。（　　　　　　）

(2) (1)のため，欧米諸国の進んだ技術を取り入れ，近代的な産業の育成を目指した政策を何といいますか。（　　　　　　）

年代	できごと
1869	（　あ　）が開通する
1871	（　い　）制度がつくられる
1872	（　う　）が開通する
	富岡製糸場が開業する………A
1873	B が出される
	地租改正が実施される………C

(3) 年表中のあ～うには，鉄道・電信・郵便のいずれかの語句があてはまります。鉄道があてはまるものを選びなさい。（　　　　　　）

(4) 年表中のAについて，富岡製糸場で生産されたものを，次から選びなさい。（　　　　　　）

　ア　綿糸　　イ　生糸　　ウ　綿織物　　エ　紙

(5) 年表中の B は，満20歳になった男子から徴兵を行う法令です。あてはまる語句を書きなさい。（　　　　　　）

(6) 年表中のCを説明した次の文中の①～③にあてはまる語句や数字を，それぞれ選びなさい。
①（　　　　　） ②（　　　　　） ③（　　　　　）

土地の所有者に①｜ 戸籍・地券 ｜を与え，納税者とした。さらに地租の税率を地価の②｜ 3・5 ｜％とし，③｜ 現金・米 ｜で納めさせた。この結果，政府の歳入は安定するようになった。

ヒントの森
(6)収穫高に対する地租の割合は江戸時代と変わりませんでした。

3 明治時代初めの文化　次の問いに答えなさい。

(1) 教育によって国民の知識を高め，人材を養成し，近代化を実現する目的で，1872年に発布されたものは何ですか。（　　　　　　）

(2) 大都市を中心に進んだ，欧米の文化や生活様式を取り入れる動きを何といいますか。（　　　　　　）

(3) (2)について正しく説明しているものを，次から2つ選びなさい。（　　　）（　　　）

　ア　仏教が重んじられるようになった。
　イ　太陰暦が採用された。
　ウ　れんが造りの建物が登場した。
　エ　ランプが使われるようになった。
　オ　土曜日と日曜日が休日となった。

(4) 福沢諭吉の「天は人の上に人を造らず」に始まる著書を，何といいますか。（　　　　　　）

(5) このころ，政府の地租改正に対する反対一揆の影響を受けて，地租は，1877年に何％になりましたか。（　　　　　　）

ヒントの森
(1)小学校に通う制度が始まりました。
(3)明治維新直後は，寺院が破壊されることもありました。
(5)「竹やりでどんと突き出す二分五厘」と歌によまれました。

予習・復習　こつこつ　解答 p.24

確認のワーク　ステージ1　**第4節　近代国家への歩み①**

📖 教科書の **要点**　（　）にあてはまる語句を答えよう。

1 新たな外交と国境の画定　教 p.178〜179

●**新政府の外交**▶欧米諸国と対等な立場になることを目指す。

◆1871年（①　　　　　　　　　）を代表とする**岩倉使節団**を欧米
木戸孝允・大久保利通・伊藤博文らが同行
に送る。主な目的の不平等条約の改正は進まなかったが，欧
米を参考に，近代産業や貿易を盛んにする政策の重視へ。

●**日清修好条規の締結**▶ 1871年 ②　　　　　　　　条規を清と
結び国交を開く。領事裁判権を互いに認める対等な条約。

●**征韓論と日朝修好条規の締結**

◆「鎖国」を続ける朝鮮に，武力に訴えてでも開国を迫ろうと
する（③　　　　　　　　）が高まる。

◆**岩倉具視**や**大久保利通**らがこの主張を抑え，**西郷隆盛**や**板垣
退助**は政府を去る。
国内の整備が先だとした

◆1875年（④　　　　　　　　）**事件**が起こる。
日本の軍艦を朝鮮側が砲撃

■翌年，（⑤　　　　　　　　）条規を結ぶ▶朝鮮を開港させ，
日本が領事裁判権をもつ。朝鮮にとって不平等な条約。

●**画定する国境**▶新政府は，あいまいだった国境を定める。

◆1875年（⑥　　　　　　　　）条約▶樺太島全域をロシア領，
（⑦　　　　　　　　）列島を日本領とする。

◆1876年（⑧　　　　　　　　）諸島を日本領と宣言。

2 沖縄・北海道と「近代化」の波　教 p.180〜181

●**琉球から沖縄県へ**

◆1872年（⑨　　　　　　）藩を設置→清は認めず。

◆1874年台湾に出兵して清から賠償金を得る。
琉球の漂流民が台湾で殺された事件などを理由に

◆1879年（⑩　　　　　　）県を設置。

●**生活を変えられた琉球の人々**

◆日本化を本格的に進めた。　◆製糖業を育成。
地租改正や衆議院議員総選挙を実施，日本語教育も

●**北海道の開拓**

◆1869年蝦夷地を（⑪　　　　　　　）と改称。

◆**開拓使**を設け，開拓と防備に（⑫　　　　　　　　）を送る。

●**生活を変えられたアイヌの人々**▶（⑬　　　　　　　　）の人々
は狩り・漁の場を奪われる。日本語の教育が行われる。

◆**北海道旧土人保護法**を制定。アイヌの人々は条例で土地を
アイヌの人々を保護する名目
失ったり，強制移住させられたりした。

1869	蝦夷地を北海道に改称
1871	日清修好条規を結ぶ 岩倉使節団が出発
1872	琉球藩を設置
1874	台湾に出兵する
1875	樺太・千島交換条約 江華島事件が起こる
1876	日朝修好条規を結ぶ 小笠原諸島の領有宣言

↓岩倉使節団

↓明治初期の日本の国境と外交

0　500km

ロシア
樺太
清
朝鮮
千島列島
1855年の国境
日本
琉球諸島
小笠原諸島
台湾

日本人風の文化にする政策で琉球やアイヌの人々は独自の文化を保つのが難しくなりました。

まるごと暗記　⊙日清修好条規　清との対等な条約　　⊙屯田兵　北海道の開拓と北方の防備を兼ねた農兵

教科書の 資料 次の問いに答えよう。

(1) 資料1は，薩摩藩出身で，武力に訴えて でも朝鮮に開国を迫るよう主張しました。 この主張を何といいますか。また，人物名 を書きなさい。

主張（　　　　　　　）

人物（　　　　　　　）

資料1　　　　　　　資料2

(2) 資料2も薩摩藩出身の人物で，「国内の 整備が先だ」として，(1)の主張を退けました。この人物名を書きなさい。

（　　　　　　　　　）

(3) (2)は，1871年からアメリカとヨーロッパ諸国に派遣された使節団に加わり，政治のし くみや文化を見て帰りました。この使節団を何といいますか。　　（　　　　　　　　　）

教科書 チェック 一問一答 次の問いに答えよう。

/10問中

★は教科書の太字の語句

1 新たな外交と国境の画定

①1871年に出発した岩倉使節団が訪問したのは，ヨー ロッパ諸国ともう1つはどこの国ですか。

①＿＿＿＿＿＿＿＿

②1871年，新政府が対等な条約を結んだ相手国はどこで すか。

②＿＿＿＿＿＿＿＿

③朝鮮を武力で開国させようという征韓論を主張したの は，西郷隆盛ともう一人は誰ですか。

③＿＿＿＿＿＿＿＿

④江華島事件を口実に，1876年に日本が朝鮮との間に結 んだ条約を何といいますか。

★④＿＿＿＿＿＿＿＿

⑤日本が1875年に樺太・千島交換条約を結んだ相手国は どこですか。

⑤＿＿＿＿＿＿＿＿

⑥国際法に基づき，1876年に日本が領有を宣言した島々 はどこですか。

⑥＿＿＿＿＿＿＿＿

2 沖縄・北海道と近代化の波

⑦琉球を日本領に組みこもうとした新政府が，1872年に 設置した藩を何といいますか。

⑦＿＿＿＿＿＿＿＿

⑧1879年，軍隊や警察の力を背景に新政府が⑦を廃止し て置いた県を何といいますか。

★⑧＿＿＿＿＿＿＿＿

⑨北海道の統治と開拓のために設けられた役所を何とい いますか。

⑨＿＿＿＿＿＿＿＿

⑩アイヌの人々を保護するという名目で制定された法律 を何といいますか。

⑩＿＿＿＿＿＿＿＿

 知識の泉　岩倉使節団の5人の女子留学生のうち最年少の津田梅子はなんと満6歳！ 留学から帰国し， 後に女子英学塾（現在の津田塾大学）を設立したことでも有名です。

予習・復習　こつこつ　解答　p.24

第4節　近代国家への歩み②

教科書の **要点**　（　）にあてはまる語句を答えよう。

1 自由と民権を求めて　教 p.184〜185

● **自由民権運動の始まりと士族の最後の反乱**

◆**自由民権運動の始まり**▶**大久保利通**らによる専制政治を批判。

■ 1874年 **板垣退助**らが（①　　　　　　　）を政府に提出
し，国会開設を要求。　■板垣は**立志社**や**愛国社**を組織。

◆**士族の反乱**▶ 1877年 （②　　　　　　　）が**西郷隆盛**を中心
に起こる。士族の軍は敗れ，武力による反乱はなくなる。

● **自由民権運動の発展**▶士族中心→豪農や商工業者も参加。

◆ 1880年 （③　　　　　　　）結成▶**国会開設の請願書**を提出。

（④　　　　　　　）や**中江兆民**らはフランスの人権思
想を紹介。

◆**官営工場**や**鉱山**の払い下げ問題から，政府は**国会開設の
勅諭**を出し，10年後の国会開設を約束 1881年 。

● **政党結成と農民運動**

◆ 1881年 **板垣退助**が（⑤　　　　　　　）を結成。

◆ 1882年 （⑥　　　　　　　）が**立憲改進党**を結成。

◆政府の言論への取り締まり，**秩父事件**などの騒動を経て，
しだいに自由民権運動は衰える。

2 帝国憲法の成果と課題　教 p.186〜187

● **大日本帝国憲法の発布**▶（⑦　　　　　　　）の憲法を調査。

◆ 1885年 太政官制を廃止して**内閣制度**を作り，
（⑧　　　　　　　）が初代の**内閣総理大臣（首相）**となる。

◆ 1889年 （⑨　　　　　　　）を発布。

■国民は天皇の「（⑩　　　　　　　）」とされ，**法律の範
囲内**で言論・出版の自由などの権利が認められる。

◆ 1890年 （⑪　　　　　　　）を発布。

● **帝国議会**▶（⑫　　　　　　　）と**衆議院**の二院制。

◆**有権者**は直接国税15円以上を納める（⑬　　　）歳以上の
男性。裕福な地主や都市の人々に限られた。

◆ 1890年 第1回（⑭　　　　　　　）が開かれ，**民党**が多数を
占める。立憲政治・議会政治が始まる。

● **女性と政治**▶女性には選挙権が与えられず，政治活動も禁止。
民法でも女性は江戸時代から続く「**家制度**」の下に置かれる。

1874	民撰議院設立建白書
1877	西南戦争が起こる
1880	国会期成同盟の結成
1881	国会開設の勅諭
	自由党の結成
1882	立憲改進党の結成
1885	内閣制度の創設
1889	大日本帝国憲法の発布
1890	教育勅語の発布
	第1回帝国議会

▼**自由民権運動の広がり**

自由民権運動の
結社・政社の数
（1874〜84年）
■ 100以上
■ 60〜99
□ 20〜59
□ 20末満
※ 資料なし
事件名は民権派
が関係したもの

0　　200km

福島事件
1882年11〜12月

群馬事件
1884年5月

高田事件
1883年3月

飯田事件
1884年12月

大阪事件
1885年11月

加波山事件
1884年9月

名古屋事件
1884年12月

秩父事件
1884年10〜11月

▼**大日本帝国憲法**

第1条　大日本帝国ハ万世
一系ノ天皇之ヲ統治ス

第3条　天皇ハ神聖ニシテ
侵スヘカラス

第11条　天皇ハ陸海軍ヲ統
帥ス

第29条　日本臣民ハ法律ノ
範囲内ニ於テ言論著作印
行集会及結社ノ自由ヲ有ス

最初の有権者は
国民の約1.1%。
でも，投票率は
約94%だった
んだ！

まるごと暗記　帝国議会 大日本帝国憲法の下での議会で，貴族院と衆議院の二院制。

教科書の 資料 次の問いに答えよう。

(1) 右の写真は，自由民権運動の演説会の様子を描いたものです。この運動では，早期に何を開設することが求められていましたか。
（　　　　　　）

(2) 1874年，運動のきっかけとなった文書を政府に提出し，後に自由党を結成したのは誰ですか。また，この文書を何といいますか。

人物（　　　　　　）
文書（　　　　　　）

(3) 1889年に大日本帝国憲法が発布され，翌年の選挙の後に初めて開かれた(1)を何といいますか。
（　　　　　　　　　　）

教科書 チェック 一問一答 次の問いに答えよう。
/10問中

★は教科書の太字の語句

1 自由と民権を求めて

①国民が選んだ議員が作る国会の早期開設を要求した運動を何といいますか。
★① _____

②政府を去った後，鹿児島の士族を率いて1877年に西南戦争を起こした人物は誰ですか。
② _____

③植木枝盛や中江兆民が紹介し，①の運動に大きな影響を与えたのは，ヨーロッパのどの国の人権思想ですか。
③ _____

④イギリスのような議会政治を目指して，1882年に大隈重信が結成した政党を何といいますか。
★④ _____

⑤1884年，自由党の影響を受けた埼玉県の農民たちが蜂起した事件を何といいますか。
★⑤ _____

2 帝国憲法の成果と課題

⑥太政官制が廃止されるとともに，1885年に作られた政治のしくみを何といいますか。
★⑥ _____

⑦大日本帝国憲法の下では，主権は誰にあるとされましたか。
⑦ _____

⑧1890年に発布され，「忠君愛国」や親への「孝」などの心がまえを国民に示したものは何ですか。
★⑧ _____

⑨直接国税15円以上を納める25歳以上の男性による選挙で議員が選出された議院を何といいますか。
⑨ _____

⑩男性を一家の中心とする考え方が定められた法律を何といいますか。
⑩ _____

 知識の泉　板垣退助は，遊説中に暴漢に襲われたとき「板垣死すとも自由は死せず」と叫んだとされていますが，「痛いから早く医者を呼んでくれ！」と言ったという説もあります。

第2部 第4章

定着のワーク　ステージ2　**第4節　近代国家への歩み**

1 明治政府の外交と開拓　次の表を見て，あとの問いに答えなさい。

① 蝦夷地を改称し「道」をおく（1869年）	② 清と正式な国交を結ぶ（1871年）
新政府が北方に対する防備と開拓のため，屯田兵を移住させた。もともと住んでいた（　A　）の人々は，土地を奪われていった。	清との間に正式な国交を開き，（　B　）権を互いに認める対等な条約を結んだ。

③ 琉球藩を設置（1872年）	④ 千島列島の領有（1875年）	⑤ 朝鮮を開国（1876年）
幕府や□藩から支配を受ける一方で，清から国王を任命されていた a 琉球を，日本領に組み入れようとした。	樺太や千島列島など日本の北方は，国境があいまいだったが，条約を結ぶことで国境が画定された。	前年に起こった（　C　）事件を口実に，政府はそれまで b 鎖国していた朝鮮を開国させた。

(1) 明治政府の外交や日本の国境について，①〜⑤にあてはまる国や地域を，右の地図中の**ア〜カ**から選びなさい。
　①（　　　）　②（　　　）
　③（　　　）　④（　　　）
　⑤（　　　）

(2) ②・④・⑤のときに結ばれた条約をそれぞれ書きなさい。
　②（　　　　　　　）
　④（　　　　　　　）
　⑤（　　　　　　　）

(3) A〜Cにあてはまる語句を，▒▒からそれぞれ選びなさい。
　A（　　　　　）　B（　　　　　）　C（　　　　　）

> 江華島（こうかとう）　蝦夷（えみし）　アイヌ　領事裁判（りょうじさいばん）　基本的人　生麦（なまむぎ）

よく出る (4) ②と同じ年に，不平等条約の改正を目的に，アメリカとヨーロッパ諸国に派遣された使節を何といいますか。　　　　　（　　　　　　　　　）

(5) ③の□にあてはまる藩の名前を書きなさい。　（　　　　　　　）

(6) 下線部 a について，政府が1879年に，軍隊や警察の力を背景に設置した県を何といいますか。　　　　　　（　　　　　　　）

(7) 下線部 b について，これより前に政府内で高まった，武力に訴えてでも，開国をさせようとする考え方を何といいますか。　（　　　　　　　）

レベルUP (8) (7)を訴えていた主な人物は誰ですか。次から二人選びなさい。
　　　　　　　　　　　（　　　　）（　　　　）
　ア　大久保利通（おおくぼとしみち）　イ　板垣退助（いたがきたいすけ）　ウ　西郷隆盛（さいごうたかもり）
　エ　伊藤博文（いとうひろぶみ）　オ　木戸孝允（きどたかよし）　カ　津田梅子（つだうめこ）

ヒントの森
(2)②⑤相手国の名前が条約名に含まれています。
(8)(4)には不参加でした。

全部できたら，➡に✔をかいて😊にしよう！　😊😊😊

❷ 立憲政治・議会政治の始まり　右の年表を見て，次の問いに答えなさい。

年代	できごと
1874	民撰議院設立建白書が出される………A
1877	西郷隆盛ら士族が反乱を起こす………B
1880	国会（　　）同盟の結成……………C
	↕ X
1885	内閣制度がつくられる………………D
	↕ Y
1890	第1回帝国議会が開かれる…………E

(1) **A**について，次の問いに答えなさい。

① この建白書は右の**資料1**の人物を中心に提出されました。この人物を　　から選びなさい。

資料1

（　　　　　　　）

中江兆民（なかえちょうみん）　伊藤博文　板垣退助　木戸孝允

② このできごとをきっかけに，全国へ広まっていった，国民が選んだ議員が作る国会の開設（かいせつ）を要求する運動を何といいますか。（　　　　　　　）

(2) 年表中の**B**の戦争を何といいますか。（　　　　　　　）

(3) 年表中の**C**は，大阪で結成された団体です。（　　）にあてはまる語句を書きなさい。

（　　　　　　　）

(4) 年表中の**X**の時期の動きについて説明した次の文の　　にあてはまる語句をそれぞれ書きなさい。　a（　　　　　　）　b（　　　　　　）

この時期，国会の開設に備えて政党が結成された。1881年にできた a 党は，フランスの人権（じんけん）思想に基（もと）づく政治を目指（めざ）した。翌年には大隈重信（おおくましげのぶ）が b 党を結成し，イギリスのような議会政治を目指（めざ）した。

資料2

(5) 年表中の**D**について，初代の内閣総理大臣（ないかくそうりだいじん）になった**資料2**の人物名を書きなさい。（　　　　　　　）

(6) 右の**資料3**は，年表中の**Y**の時期に発布（はっぷ）された憲法です。これを読んで，次の問いに答えなさい。

資料3

第1条　大日本帝国ハ万世一系ノ（　）ヲ統治ス（ばんせいいっけい）（これ）（とうち）

第3条　（　）ハ神聖ニシテ侵ス（おか）ヘカラス

第11条　（　）ハ陸海軍ヲ統帥ス（とうすい）

第29条　日本臣民ハ法律ノ範囲内ニ於テ言論著作印行集会及結社ノ自由ヲ有ス（ほうりつ）（はんい）（おい）（いんこう）（けっしゃ）

① この憲法を何といいますか。（　　　　　　　）

② **資料3**中の（　　）に共通してあてはまる語句を，　　から選びなさい。（　　　　　　　）

臣民（しんみん）　国会　太政官（だじょうかん）
天皇（てんのう）　内閣総理大臣

(7) 年表中の**E**について，次の①・②の議院をそれぞれ何といいますか。

① 皇族（こうぞく）・華族（かぞく）・天皇から任命された議員からなる。

（　　　　　　　）

② 国民によって選挙された議員からなる。

（　　　　　　　）

ヒントの森

(1)①西郷隆盛とともに征韓論を退けられ，政府を去った人物。

(7)②この議院は，現在の国会にもあります。

第2部　第4章

予習・復習　こつこつ　解答 p.25

確認のワーク　ステージ1　第5節　帝国主義と日本①

📖 教科書の 要点 （　　）にあてはまる語句を答えよう。

❶ アジアの列強を目指して　教 p.190〜191

●**帝国主義　イギリス対ロシア**▶欧米列強が市場を求めて海外へ
進出→軍事力で植民地支配をする（①　　　　　　）主義。

◆1891年ロシアが**シベリア鉄道**の建設を開始→清に進出したイ
ギリスは，ロシアを東から抑えようと，日本に接近。

●**条約改正への努力**▶欧米人を（②　　　　　　）に招いて舞
踏会を開くなどの**欧化政策**→批判もあり中止。1886年に起こっ
た（③　井上馨　　　）事件→条約改正の世論が高まる。
イギリス船が沈没し，日本人乗客が救助されず全員死亡

◆1894年（④　　　　　　）外務大臣の交渉で**日英通商航海
条約**を結び，（⑤　　　　　　）の廃止に成功。
■外国人居留地は無くなり，外国人も日本の法律に従う。

●**朝鮮をめぐる東アジアの情勢**▶1884年**甲申事変**が起こり，
朝鮮における日本の勢力は一時後退。日本ではアジアと連
携なしで欧米化を目指す（⑥　　　　　　）論が登場。

❷ 朝鮮をめぐる対立　日清戦争　教 p.192〜193

●**甲午農民戦争**▶1894年キリスト教に反対する宗教を信仰す
る農民たちを中心に（⑦　西学　　　東学）が起こる。

●**日清戦争**▶1894年甲午農民戦争をしずめようと，清，日本が
朝鮮に派兵。日本は王宮を占拠するなどの干渉を行う→朝鮮を
勢力範囲と考える清と日本との対立が深まる。

◆日清両国が衝突して（⑧　　　　　　）が始まる。
近代装備で勝る日本軍が勝利

◆**講和**▶1895年（⑨　　　　　　）を結ぶ。清は朝鮮の独立
を認め，**遼東半島**・（⑩　リアオトン　　　　）・**澎湖列島**と，多
額の賠償金を渡す。
当時の日本の国家予算の約3.6倍

●**三国干渉と列強の清への進出**▶ロシアがドイツ・フランスを誘
い，（⑪　　　　　　）を清へ返すよう日本に迫る→日本は
これを受け入れ，国内では（⑫　　　　　　）に対する不満
が高まる→欧米諸国は清へ進出し，各地で租借権を獲得する。
ロシアは旅順，大連を租借

●**日清戦争後の政策**

◆朝鮮は清から独立。1897年に**大韓帝国**に改称，ロシアに接近。
韓国

◆日本は**台湾**に（⑬　　　　　　）を置いて植民地支配。

◆1900年日本では（⑭　　　　　　）が**立憲政友会**を結成し，
政権を担う存在に→政党による政治の基礎が築かれる。

1882	欧化政策が始まる
1884	朝鮮で甲申事変
1886	ノルマントン号事件が起こる
1894	甲午農民戦争が起こる
	日清戦争が起こる
	領事裁判権を撤廃
1895	下関条約を結ぶ
	三国干渉が行われる
1900	立憲政友会の結成

↓欧米諸国の清への進出

凡例
── 清が建設した鉄道
━━ 日本が権利を得た鉄道
━━ 列強が権利を得た鉄道

ロシア
南満州鉄道
北京　奉天
旅順　大連
威海衛（イギリス）租借地
韓国
日本
清
南京
上海
イギリス租借地
ポルトガル領
台湾
マカオ　香港
澳門
フランス領インドシナ
フランス租借地

各国の勢力範囲
□ イギリス　□ ドイツ
□ フランス　□ 日本
□ ロシア

↓日清戦争による賠償金の使いみち
総額約3億6000万円

海軍拡張費 38.6%	陸軍拡張費 15.7	その他の軍事費 30.2

皇室費用 5.5
台湾経営費 3.3
その他 6.7
（遼東半島返還分と利子も含む）　（『明治財政史』）

租借とは，外国の領土を期限付きで借りることだよ。借りた国は，その地域を支配したんだ。

教科書の 資料 次の問いに答えよう。

(1) 右の絵は，日清戦争前の国際関係を
示（しめ）しています。**A**は，どこの国を示し
ていますか。　（　　　　　　　　）

(2) **B**の国は，日本か清が**A**を釣り上げ
たら，それを横取りしようと待ちかま
えています。**B**の国はどこですか。
　（　　　　　　　　）

(3) (2)の姿勢は，日本と清の戦争で日本
が遼東半島を獲得した後に，**B**の国が
中心となって清に遼東半島を返還（へんかん）するように迫った出来事に現（あらわ）れています。この出来事を
何といいますか。　　　　　　　　　　　　　　　（　　　　　　　　　　　　　）

チェック 教科書 一 問 一 答 次の問いに答えよう。

/10問中

★は教科書の太字の語句

第2部 第4章

① アジアの列強を目指して

①19世紀後半から，イギリス・フランス・ドイツ・ロシ
ア・アメリカなどの国々は何とよばれましたか。
★ ①＿＿＿＿＿＿

②①の国々が市場を求めて海外へ進出し，植民地を広げ
た動きを何といいますか。
★ ②＿＿＿＿＿＿

③明治政府（めいじせいふ）が欧米人を鹿鳴館（ろくめいかん）に招いて，舞踏会を開くな
どした政策を何といいますか。
③＿＿＿＿＿＿

④陸奥宗光（むつむねみつ）外務大臣との交渉で，最初に領事裁判権（りょうじさいばんけん）の撤（てっ）
廃（ぱい）に応じた国はどこですか。
④＿＿＿＿＿＿

② 朝鮮をめぐる対立　日清戦争

⑤1894年に朝鮮で起こった，外国勢力を追い払（はら）い，政治
改革（かいかく）を目指した反乱（はんらん）を何といいますか。
★ ⑤＿＿＿＿＿＿

⑥朝鮮をめぐる日本と清の対立から，1894年に起こった
戦争を何といいますか。
★ ⑥＿＿＿＿＿＿

⑦1895年に，日本と清の講和条約が結ばれた山口県の都
市はどこですか。
⑦＿＿＿＿＿＿

⑧ロシア・ドイツ・フランスが，遼東半島を清へ返すよ
う日本に迫ったできごとを何といいますか。
★ ⑧＿＿＿＿＿＿

⑨清から独立した朝鮮は，1897年に国名を何に改（あらた）めまし
たか。
⑨＿＿＿＿＿＿

⑩1900年，伊藤博文（いとうひろぶみ）を代表として結成された政党を何と
いいますか。
⑩＿＿＿＿＿＿

知識の泉 鹿鳴館は1883年，お雇（やと）い外国人のジョサイア・コンドルの設計で建てられた，れんが造（づく）りの
2階建ての建物です。舞踏場のほか，大食堂やビリヤード，バーもあったそうです。

予習・復習 こつこつ 解答 p.26

確認のワーク ステージ1　第5節　帝国主義と日本②

教科書の要点　（　）にあてはまる語句を答えよう。

1 世界が注目した日露戦争　教 p.194〜195

●**義和団の抵抗** 1899年 清の山東省で（① 　　　　　　　　）が蜂
起（義和団事件）→翌年，列強8か国の軍の出兵で敗れる。
外国勢力を追い払おうとする動き　　　　日本軍が中心

●**日露戦争**
◆背景 ロシアが「（② 　　　　　　　　）」（中国東北部）に
大量の軍隊を送る→ 1902年 （③ 　　　　）同盟を結ぶ
日本とイギリスの利害が一致
→**内村鑑三・幸徳秋水**らが反戦を唱えるが，開戦の主張が高
キリスト教徒　　　社会主義者
まる→ 1904年 （④ 　　　　　　　）の開戦。

◆講和 1905年 日本・ロシアとも戦争の継続が難しくなる。
革命運動が起こる
■ロシアのバルチック艦隊に日本海で勝利したことを機に，
東郷平八郎が指揮
アメリカの仲介で（⑤ 　　　　　　）条約を結ぶ。
■日本は長春・旅順間の鉄道の利権，旅順・大連などの租借権，
チャンチュン リュイシュン　　　リュイシュン ターリェン　遼東半島
南樺太などをロシアから得るが，賠償金は得られず，国民
からふとちょうしゅん りょじゅん　　　　　賠償　　　　だいれん　遼東半島
の不満の声が高まる→（⑥ 　　　　　　）事件。

●**日露戦争の影響** 1911年 （⑦ 　　　　　　　）外務大臣
の交渉で，関税自主権を回復（条約改正の達成）。
◆「満州」をめぐりアメリカとの関係は悪化。
「門戸開放」（通商の自由）を主張

2 塗り替えられたアジアの地図　教 p.196〜197

●**変わるアジアの意識** 日露戦争の勝利が近代化や独立へ
の希望に→アジア諸国から日本への留学・亡命が増加。

●**韓国併合と植民地・満州での政策** 日本は韓国を保護国
かんこくへいごう　　　　まんしゅう せいさく
とし，伊藤博文を（⑧ 　　　　　　）として派遣。
いとうひろぶみ　　　　　　　　　　　1905年
◆韓国の軍隊・警察を解散→伊藤博文は暗殺される。
けいさつ かいさん　　　　　　　　暗殺　　1909年
◆（⑨ 　　　　　　　）1910年 日本は韓国を植民地とし，
朝鮮と改称。
軍人の朝鮮総督を置いて支配
■朝鮮の学校では日本語や日本の歴史・地理が教えられる。
れきし
■土地調査を行い，所有者があいまいな土地を没収。
ぼっしゅう
◆植民地などでの政策（⑩ 　　　　　　　）では，日本企業
が主要な産業である製糖業を支配。
せいとう　　　　下関条約で日本の植民地に
■「満州」では，（⑪ 　　　　　　）株式会社が発足。
満鉄

●**アジア初の共和国** 孫文が（⑫ 　　　　　）主義を主張。
そんぶん
民族の独立，民主政の実現，国民生活の安定
◆**辛亥革命** 1911年 翌年，（⑬ 　　　　　）が成立。
しんがいかくめい　　　　　　　　　　　　　孫文が臨時大総統
◆孫文に替わって（⑭ 　　　　　　）が大総統となる。
か

1899	清で義和団事件
1902	日英同盟を結ぶ
1904	日露戦争が起こる
1905	ポーツマス条約を結ぶ
	韓国を保護国とする
1910	韓国併合
1911	辛亥革命が起こる
1912	中華民国が成立する

↓与謝野晶子

「君死にたまふことなかれ」という詩で反戦の気持ちを表す。

↓日露戦争

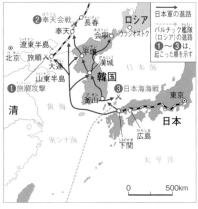

↓日清・日露戦争の比較

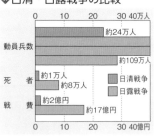

動員兵数　約24万人／約109万人
死者　約1万人／約8万人
戦費　約2億円／約17億円
日清戦争／日露戦争

袁世凱は独裁政治をしたから中国の混乱が続いたよ。

まるごと暗記 **ポーツマス条約** アメリカで結ばれた，日本とロシアの講和条約

教科書の 資 料 次の問いに答えよう。

(1) Aは，ある歌人が，1904年に始まった戦争に兵士として
参加した弟のことをおもって書いた詩です。これを読んで，
次の問いに答えなさい。

① この歌人は誰ですか。 （　　　　　　）

② この戦争を何といいますか。 （　　　　　　）

③ この詩には，戦争に反対する気持ちが表されています。
同じころ，戦争反対の声をあげたキリスト教徒は誰ですか。
（　　　　　　）

(2) Bは，1910年に歌人の石川啄木がよんだ短歌です。この
歌は，同じ年に起こった何というできごとについて述べてい
ると考えられますか。 （　　　　　　）

Aあゝをとうとよ　君を泣く
君死にたまふことなかれ
末に生れし君なれば
親のなさけはまさりしも
親は刃をにぎらせて
人を殺せとをしへしや
人を殺して死ねよとて
二十四までをそだてしや

B　地図の上
　朝鮮国にくろぐろと
　墨をぬりつつ
　秋風を聴く

チェック 教科書 一 問 一 答 次の問いに答えよう。 /10問中

★は教科書の太字の語句

1 世界が注目した日露戦争

①外国勢力を追い払おうとする動きから，1899年に清で
起こった事件を何といいますか。 ★①＿＿＿＿＿

②1902年，ロシアの南下を阻止しようとする利害が一致
し，日本と同盟を結んだヨーロッパの国はどこですか。 ②＿＿＿＿＿

③ロシアとの開戦に反対する声をあげた社会主義者は誰
ですか。 ③＿＿＿＿＿

④日本とロシアの講和を仲介し，日露戦争の講和会議を
自国で開いた国はどこですか。 ④＿＿＿＿＿

⑤1911年，小村寿太郎外務大臣が回復することに成功し
た，貿易上の権利を何といいますか。 ⑤＿＿＿＿＿

2 塗り替えられたアジアの地図

⑥1905年に初代の韓国統監となり，1909年に「満州」で
暗殺されたのは誰ですか。 ⑥＿＿＿＿＿

⑦1910年に韓国を併合した日本は，この地域の名前を何
と改めましたか。 ⑦＿＿＿＿＿

⑧ポーツマス条約の利権を基に経営された長春・旅順の
間の鉄道を何といいますか。 ⑧＿＿＿＿＿

⑨三民主義を唱え，清を倒すための運動を進めたのは誰
ですか。 ★⑨＿＿＿＿＿

⑩中華民国を建国し，清を滅ぼした1911～1912年の革命
を何といいますか。 ★⑩＿＿＿＿＿

 知識の泉 大国イギリスが，小国日本と同盟を結ぶはずがないと思っていた伊藤博文は，ロシアとの交渉を進めました。これを見てイギリスはあせり，日英同盟は日本に有利に成立しました。

予習・復習　こつこつ　解答　p.26

確認のワーク　ステージ**1**　第6節　アジアの強国の光と影

📖 教科書の 要点　（　）にあてはまる語句を答えよう。

①　近代日本を支えた糸と鉄　　教 p.198〜199

●**日本の軽工業の発展**

◆1880〜90年代，（①　　　　　　　）の紡績業と生糸の製糸業が発達→軽工業中心の（②　　　）が進む。

日露戦争後に世界最大の輸出国に

●**日本の重工業の発展**▶ 1901年 官営の（③　　　　　　　）が生産開始。鉄道網が拡大。

日清戦争で得た賠償金を使って造られた

●**財閥の登場**▶ 三井・三菱・住友などの実業家がさまざまな分野の企業を経営し，（④　　　　　　）とよばれる。

金融・運輸・貿易・鉱山など

②　変わる都市と農村　　教 p.202〜203

●**列強への仲間入り**▶ 国民は，「日本が（⑤　　　　　　）の仲間入りをした」という意識を持つ一方で，貧富の差が拡大。

●**農村の生活の変化**▶ 土地を手放して（⑥　　　　　　）となる農民が増加。労働者になったり，海外へ移住したりした。

移民ははじめ，ハワイを含むアメリカへ

◆地主から資本家になる者も出る。農業は近代化が進む。

副業で養蚕を行う農家が増える

●**社会問題の発生**

◆ 1901年 最初の（⑦　　　　　　）政党である社会民主党が結成→政府は厳しく取り締まった。

◆ 1910年 （⑧　　　　）事件▶ 幸徳秋水 らを処刑。

天皇暗殺を計画したとされる

◆ 1911年 労働条件改善のため（⑨　　　　　　）を制定。

◆政治家の（⑩　　　　　）が，足尾銅山の鉱毒の被害に対して公害反対運動を行う。

③　欧米の影響を受けた近代文化　　教 p.204〜207

●**急速に発展する学問と技術**▶ 文明開化で欧米文化を積極的に受け入れ，学問・技術が発達。日本の伝統文化を見直す動きも。

●**伝統文化と欧米文化**

◆芸術▶ フェノロサとともに（⑪　　　　　　）が海外に日本美術のすばらしさを広め，横山大観らが日本画を描く。西洋画は（⑫　　　　　）・高橋由一。彫刻は高村光雲ら。

◆文学▶（⑬　　　　　　）らが口語体で小説を書く。夏目漱石や（⑭　　　　　）が個性を尊重する小説を，樋口一葉が都市の女性の姿を小説に描く。石川啄木の短歌。

「湖畔」など　「舞姫」など　時代の状況や生活の厳しさを表現した

●**近代化と学校教育**▶ 日露戦争後に就学率が100％近くなる。私立大学が登場。医学で北里柴三郎・野口英世・志賀潔らが活躍。

ペスト菌発見　黄熱病研究

1882	大阪紡績会社の設立
1901	八幡製鉄所ができる
	田中正造が足尾銅山鉱毒の被害を訴える
1906	主要な鉄道を国有化
1910	大逆事件が起こる
1911	幸徳秋水らを処刑
	工場法の制定

↓八幡製鉄所（福岡県）

日清戦争の賠償金で建設。

八幡製鉄所は明治時代の産業遺産の1つとして，世界文化遺産に登録されているよ。

↓近代文化

日本画	狩野芳崖
彫刻	高村光雲 荻原守衛
音楽	滝廉太郎
短歌	石川啄木
俳句	正岡子規
物理学	長岡半太郎

教科書の 資料 次の問いに答えよう。

(1) Aは,『吾輩は猫である』などを書き,欧米的な考えと,古い考えとの間で悩む人々を描きました。この人物名を書きなさい。

(　　　　　　　)

A

B

C

(2) Bは,(1)の人物と同じころ,『舞姫』などの小説を書いた作家です。この人物名を書きなさい。

(　　　　　　　)

(3) Cは,『たけくらべ』などの小説で近代の都市に生きる貧しい女性を描きました。この人物名を書きなさい。

(　　　　　　　)

教科書 チェック 一問一答 次の問いに答えよう。

/10問中

★は教科書の太字の語句

1 近代日本を支えた糸と鉄

①幕末の開港以来の主要な輸出品で,日露戦争後には日本が世界最大の輸出国となった繊維製品は何ですか。

☐① _____

②日清戦争で得た賠償金をもとに,1901年に操業を開始した官営の製鉄所を何といいますか。

☐★② _____

③政府の軍事上の目的などから,1906年に主要な路線が国有化された交通網は何ですか。

☐③ _____

2 変わる都市と農村

④1901年,日本で初めてつくられた社会主義政党を何といいますか。

☐④ _____

⑤1910年,天皇暗殺を計画したという容疑で社会主義者らが逮捕され,翌年処刑された事件を何といいますか。

☐★⑤ _____

⑥田中正造が被害の救済運動を進めたのは,何という鉱山の鉱毒事件ですか。

☐⑥ _____

3 欧米の影響を受けた近代文化

⑦日本の伝統的な美術を見直したアメリカ人は誰ですか。

☐⑦ _____

⑧時代の状況や生活の厳しい状況などを短歌で表現した,歌集「一握の砂」で知られる歌人は誰ですか。

☐⑧ _____

⑨19世紀末に伝染病研究所の所長に就任し,ペスト菌を発見して世界に向けて報告した細菌学者は誰ですか。

☐★⑨ _____

⑩黄熱病の研究で世界的な業績を上げた医学者は誰ですか。

☐★⑩ _____

知識の泉 1889年に東海道本線は開通しましたが,新橋～神戸の所要時間はなんと20時間5分でした。現在,東京～新大阪は最速の新幹線のぞみ号で,たったの2時間30分です。

こつこつ　テスト直前　解答 p.26

定着のワーク　ステージ2　第5節　帝国主義と日本　第6節　アジアの強国の光と影

1 **帝国主義**　右の年表を見て，次の問いに答えなさい。

(1) 年表中の**A**は，条約改正のために行われた政策です。次の条約改正が達成された時期を，年表中の**ア〜エ**からそれぞれ選びなさい。

① イギリスとの間で領事裁判権が撤廃された。

（　　　）

② 関税自主権を完全に回復した。

（　　　）

(2) 年表中の下線部**a・b**が起こった国を，地図からそれぞれ選びなさい。　a（　　　）

b（　　　）

(3) 年表中の**B**について，この戦争の講和条約を何といいますか。

年代	できごと
1882	欧化政策が始まる…………A
	↕ ア
1886	ノルマントン号事件が起こる
	↕ イ
1894	a甲午農民戦争が起こる
	日清戦争が起こる…………B
	↕ ウ
1900	b義和団事件が起こる
1904	日露戦争が起こる…………C
1905	ポーツマス条約を結ぶ………D
1910	韓国を植民地にする………E
	↕ エ
1912	中華民国が成立する………F

(4) (3)で日本が清から獲得した遼東半島・台湾・澎湖列島のうち，同じ年の三国干渉によって日本が清に返還した遼東半島の位置を，地図中の**ア〜カ**から選びなさい。

（　　　）

(5) 三国干渉を行った国を， から すべて 選びなさい。

（　　　）

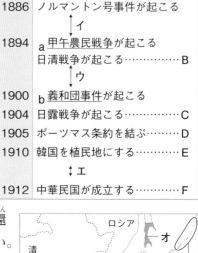

```
イギリス　　アメリカ　　ロシア
ドイツ　　　フランス　　オランダ
```

(6) 年表中の**C**について，次の問いに答えなさい。

① **C**に先立ち，「満州」を勢力下に置こうとするロシアの動きを阻止したい日本とヨーロッパのある国が結んだ同盟を何といいますか。

（　　　）

② このとき出兵した弟をおもう気持ちを「君死にたまふことなかれ」という詩に表した女性の歌人は誰ですか。

（　　　）

(7) 年表中の**D**によって，日本が領土として獲得した地域を，地図中の**ア〜カ**から選びなさい。

（　　　）

(8) 年表中の**E**について，このできごとを何といいますか。

（　　　）

(9) 年表中の**F**について，三民主義を唱えて革命を指導し，中華民国の臨時大総統となった人物を， から選びなさい。

（　　　）

```
李成桂　　　孫文　　　袁世凱
```

ヒントの森

(2)**b** 外国勢力を追い払おうとする動きでした。

(4)旅順・大連という軍事上重要な場所があった地域です。

(7)樺太・千島交換条約でロシア領とされていた地域です。

全部できたら，➡に✔をかいて😊にしよう！　😊　😊　😊

❷ 近代日本の産業と文化　右のグラフを見て，次の問いに答えなさい。

(1)　次の文は，グラフ中のX・Yの時期の産業の変化についてまとめたものです。あとの問いに答えなさい。

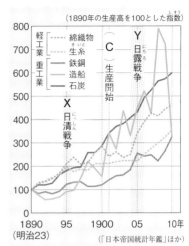

（1890年の生産高を100とした指数）

> X　綿をつむいで（　A　）を作る紡績業と，繭から（　B　）を作る製糸業が急速に発展した。
>
> このように，日本の□□革命は，まず軽工業を主役として進んでいった。
>
> Y　日清戦争の賠償金を基に，官営の（　C　）が造られ，重工業を中心とする□□革命が起こった。軍需産業も発展し，戦艦などを国内で生産できるようになった。

 ①　A〜Cにあてはまる語句を，▢▢▢からそれぞれ選びなさい。

A（　　　　　　　　　）　　B（　　　　　　　　　）

C（　　　　　　　　　）

　　富岡製糸場　　生糸　　綿糸　　八幡製鉄所

 ②　□□に共通してあてはまる語句を書きなさい。

（　　　　　　　　　）

③　Cは，右の写真に示した工場です。この工場ができた場所を，次から選びなさい。

ア　福岡県　　イ　大阪府　　ウ　群馬県　　エ　千葉県　（　　　）

④　Cは，近くでとれる石炭などを原料として生産を行いました。こうした鉱山をはじめ，運輸・貿易などさまざまな分野の企業を経営していた，三井・三菱・住友などの実業家を何といいますか。

(2)　足尾銅山の鉱毒被害に対して初の公害反対運動を行った人物を，▢▢▢から選びなさい。

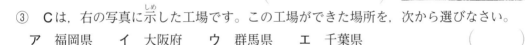

（　　　　　　　　　）

陸奥宗光　　幸徳秋水

小村寿太郎　　田中正造

(3)　次の①〜③の人たちが活躍した分野を，あとからそれぞれ選びなさい。

①　夏目漱石・森鷗外　　　　　　　　　（　　　）

②　北里柴三郎・志賀潔　　　　　　　　（　　　）

③　横山大観・黒田清輝　　　　　　　　（　　　）

ア　演劇　　イ　絵画　　ウ　文学　　エ　医学　　オ　音楽

(4)　グラフの時期の教育の様子について，正しいものを次から2つ選びなさい。（　　　）（　　　）

ア　学制の発布で全国に小学校ができた。

イ　帝国大学のほか，私立大学も登場した。

ウ　就学率が上がったが，女子教育は進まなかった。

エ　元旦などの祝日には，教育勅語の読み聞かせが行われた。

(1)②世界で最初に始まったのは，イギリスでした。④明治時代初めに造られた官営工場は，これらの実業家へ払い下げられていきました。

(4)学校の授業料は免除になりました。

第2部
第4章

1 4人の人物に関する次の文を読んで，あとの問いに答えなさい。　4点×8（32点）

> **A** 私は植民地軍の総司令官として独立戦争を指揮し，独立後は大統領になりました。

> **B** 私は議会を指導して共和政を実現しました。これはピューリタン革命とよばれました。

> **C** 私はフランス皇帝となり，フランス革命の成果をヨーロッパ諸国へ広めました。

> **D** 私は労働者を中心に平等な社会を目指そうとする，社会主義の考えを説きました。

(1)　A〜Dの人物名を，次からそれぞれ選びなさい。

　　ア　マルクス　　イ　ナポレオン　　ウ　ワシントン　　エ　クロムウェル

(2)　①Aで独立した国，②Bが起こった国，③Bの国が植民地とし，19世紀には直接支配した国を，次からそれぞれ選びなさい。

　　ア　アメリカ　　イ　イギリス　　ウ　インド　　エ　メキシコ　　オ　ロシア

(3)　下線部は，資本家が労働者を雇って利益を目指して生産するしくみに対する批判から生まれました。Dの人物が批判したこのしくみを何といいますか。

(1)	A	B	C	D
(2)	①	②	③	(3)

2 次の問いに答えなさい。　4点×8（32点）

(1)　年表中のAの方針が，Bの改革で緩められるきっかけとなった戦争を何といいますか。

(2)　年表中のBの改革を何といいますか。

(3)　年表中のCにあてはまる，アメリカの使節の名を書きなさい。

(4)　年表中のDの条約で，日本に認められなかった貿易上の権利を何といいますか。

(5)　年表中のEを朝廷に出させた中心人物を，次から選びなさい。

　　ア　坂本龍馬　　イ　西郷隆盛　　ウ　井伊直弼　　エ　福沢諭吉

(6)　次のできごとが起こった時期を，年表中のア〜エからそれぞれ選びなさい。

　　①　薩長同盟が結ばれる。　　②　大塩平八郎の乱が起こる。

　　③　日米和親条約が結ばれる。

年代	できごと
1825	異国船打払令が出される………A
	↕ア
1841	水野忠邦が改革を始める………B
	↕イ
1853	（　C　）が来航する
	↕ウ
1858	日米修好通商条約が結ばれる…D
	↕エ
1867	王政復古の大号令が出される…E

(1)		(2)		(3)		(4)	
(5)		(6)①		②		③	

目標
□ 世界に先駆ける欧米の近代化を確認。
□ 欧米諸国に追い付こうとする様子を確認。
□ 日本の産業の発展の様子をおさえよう。

自分の得点まで色をぬろう！
😣がんばろう　😅もう一歩　😊合格！
0　　　　　　　　60　　80　　100点

3 右の資料を見て，次の問いに答えなさい。

(5)6点, ほか3点×10(36点)

よく出る

(1) 明治新政府の方針を宣言した，**資料1**を何といいますか。

(2) **資料1**の下線部**A**について，後にある人物は，国民が選んだ議員が作る国会の開設を求める建白書を政府に提出しました。この人物は誰ですか。

(3) **資料2**は，朝鮮で起きた江華島事件の翌年の1876年に結ばれたものです。これを何といいますか。

(4) **資料2**の下線部**B**の権利を何といいますか。

記述

(5) **資料3**の憲法の草案を作るとき，伊藤博文はドイツ（プロイセン）の憲法を中心に調査を行いました。**資料3**に取り入れられたドイツ（プロイセン）の憲法の特色を，8字程度で書きなさい。

(6) **資料3**の**C**にあてはまる語句を，次から選びなさい。

ア　人権　　イ　条約　　ウ　御恩　　エ　法律

レベルUP

(7) **資料3**の憲法で天皇の権限として示されていないものを，次から選びなさい。

ア　軍隊を率いる権限

イ　条約を締結するなどの外交権

ウ　戦争の開始・終結の権限

エ　内閣総理大臣を推薦する権限

(8) **資料4**は，ある戦争での日本軍の進路や戦場を示しています。この戦争を何といいますか。

レベルUP

(9) 次のできごとが起こった時期を，あとの**ア～ウ**からそれぞれ選びなさい。

① 廃藩置県の実施

② 八幡製鉄所の操業開始

③ 自由党の結成

ア　**資料1**と**資料2**の間　　イ　**資料2**と**資料3**の間　　ウ　**資料3**と**資料4**の間

資料1
一　広ク**A**会議ヲ興シ，万機公論ニ決スベシ。
一　上下心ヲ一ニシテ盛ニ経綸ヲ行フベシ。
一　旧来ノ陋習ヲ破リ，天地ノ公道ニ基クベシ。

資料2
第10款　**B**日本人が朝鮮の貿易港で罪を犯し，朝鮮人に交渉が必要な事件が起こった場合は，日本の領事が裁判を行う。

資料3
第1条　大日本帝国ハ万世一系ノ天皇之ヲ統治ス
第3条　天皇ハ神聖ニシテ侵スヘカラス
第29条　日本臣民ハ（　**c**　）ノ範囲内ニ於テ言論著作印行集会及結社ノ自由ヲ有ス

資料4
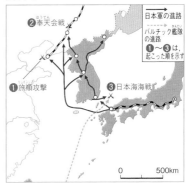
② 奉天会戦
① 旅順攻撃
③ 日本海海戦
日本軍の進路
バルチック艦隊の進路
①～③は，起こった順を示す
0　　500km

第2部
第4章

(1)		(2)		(3)		(4)	
(5)				(6)		(7)	
(8)		(9) ①		②		③	

1 右の資料はフランス革命前後の税負担の変化を風刺したものです。次の問いに答えなさい。

(1)(2)4点,(3)(4)8点(24点)

(1) 税にたとえられているものは何ですか。

(2) Ｘ，Ｙのうち，革命後を表しているのはどちらですか。

(3) 革命前には，税について，聖職者や貴族はどのような特権が与えられていましたか。

レベルUP (4) 革命を支持する人々が重視し，人権宣言でも記された基本的人権とは，どのようなことですか。資料で示されていることと，「自由」という語句を使って簡単に説明しなさい。

Ｘ　Ｙ

(1)		(2)		(3)	
(4)					

2 右のグラフＡ，Ｂを見て，次の問いに答えなさい。

(1)(3)4点×2,(2)(4)8点×2(24点)

(1) グラフＡは，インドの伝統産業が打撃を受けたことを示しています。□にあてはまる語句を次から選びなさい。

ア　絹織物　　イ　茶
ウ　綿織物　　エ　綿花

(2) グラフＡで，イギリスからアジアへの輸出が増えた理由を，「産業革命」という語句を用いて簡単に説明しなさい。

(3) グラフＢで，開国後の日本で，1854年と比べて価格が10倍以上になったものは何ですか。

レベルUP (4) グラフＢで，絹織物の価格が上昇した理由として考えられることを，「生糸」「輸出」という語句を使って簡単に説明しなさい。

Ａ　□の輸出額の変化
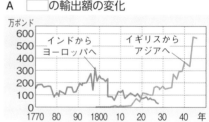
インドからヨーロッパへ　イギリスからアジアへ

Ｂ　開港後の物価の変化
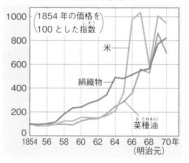
1854年の価格を100とした指数
米　絹織物　菜種油

(1)		(2)	
(3)		(4)	

3 右の資料を見て，次の問いに答えなさい。

(3)(4)(6)④ 8点×3，他4点×7（52点）

(1) **資料1**は，土地の所有者に与えられたものです。□にあてはまる語句を書きなさい。

(2) **資料1**の□には，税率と税金の金額が変えられたことが記されています。この税率は，何を基準に定められていましたか。

(3) (2)で政府が税率を引き下げた理由は，1870年代に西日本各地で起こっていた問題が，農民による反対一揆と合流することを恐れたためです。西日本各地で起こっていた問題はどのようなものか，簡単に書きなさい。

(4) **資料2**は，明治時代の選挙の様子を示しています。当時，選挙権を持っていた人を，「直接国税」という書き出しで，「15」「25」という2つの数字を使って簡単に説明しなさい。

(5) **資料2**のような選挙で選ばれた議員からなる帝国議会の議院を何といいますか。

(6) **資料3**は，欧米諸国が清に進出している様子を示しています。次の問いに答えなさい。

① 19世紀の終わりに清で起こった，外国勢力を追い払おうとする事件を何といいますか。

② このように市場を求めて積極的に海外に進出する欧米諸国の動きを何といいますか。

③ 図中の a，b を勢力範囲としていた国をそれぞれ書きなさい。

④ 日本が長春・旅順間の鉄道の利権を獲得できた理由を，③a またはb の国名を用いて簡単に説明しなさい。

資料1

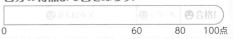

資料2　明治時代の選挙のようす

資料3

第2部
第4章

(1)		(2)		(3)	
(4) 直接国税				(5)	
(6)	①		②		③ a　　　　　b
	④				

予習・復習　こつこつ　解答　p.29

確認のワーク　ステージ1　第1節　第一次世界大戦と民族独立の動き①

教科書の 要点 （ ）にあてはまる語句を答えよう。

1 第一次世界大戦の始まりと総力戦　教 p.210〜211

●**ヨーロッパ諸国の対立**▶帝国主義の列強が二つの陣営を形成。
植民地の拡大を目指す

　◆**ドイツの陣営**▶19世紀末，工業化を進めて，イギリスと対立。

　　オーストリア・イタリアと（①　　　　　　　　　）を結ぶ。

　◆**イギリスの陣営**▶ドイツに対抗して，フランス・ロシアと

　　（②　　　　　　　　　）を結ぶ。

　◆「ヨーロッパの（③　　　　　　　　　）」▶バルカン半島では

　　争いが続く。オーストリアは**南下政策**をとるロシアと対立。
ドイツと同じゲルマン民族

　　ロシアはセルビア人などスラブ民族への影響を拡大。

●**第一次世界大戦の始まり**▶ 1914年 （④　　　　　　　　　）事件

　◆（⑤　　　　　　　　　）の皇太子夫妻がセルビアの青年に

　　暗殺される。→オーストリアがセルビアに宣戦布告。

　◆**同盟国**と**連合国**の間で第一次世界大戦が始まる。→イタ
三国同盟中心　三国協商中心

　　リアは初め中立を宣言したが，1915年に連合国側で参戦。

●**総力戦と新兵器の登場**▶戦争は長期化。民間人も戦争体制

　に協力する（⑥　　　　　　　　　）となる。新兵器が登場。
戦車・飛行機・毒ガスなど

　◆ 1917年 （⑦　　　　　　　　　）がドイツに宣戦布告。
中立国の船も攻撃

1882	三国同盟が成立
1907	三国協商が成立
1914	サラエボ事件
	第一次世界大戦
1915	二十一か条の要求
1917	ロシア革命
1918	シベリア出兵
1922	ソビエト社会主義共和国連邦が成立

↓第一次世界大戦中のヨーロッパ

2 第一次世界大戦の拡大と日本　教 p.212〜213

●**第一次世界大戦と日本**

　◆ 1914年 日本がドイツに宣戦布告▶（⑧　　　　　　　　　）を理
山東省の青島を占領，南洋群島も手に入れる

　　由に連合国側として参戦。→1915年（⑨　　　　　　　　　）を

　　袁世凱の率いる中華民国に示す→中国は抵抗。

　◆日本の中国への要求▶**山東省**にある（⑩　　　　　　　　　）の
りけん　ゆず　シャントン　ターリエン　そしゃくきげん　えんちょう

　　利権を日本に譲ること，**旅順・大連**の租借期限の延長など。

●**ロシア革命**▶ 1917年 労働者や兵士の代表会議（ソビエト）が結

　成され，皇帝が退位→指導者の（⑪　　　　　　　　　）らがソビ

　エト中心の**社会主義**国家を樹立。

　◆**ソビエト政府**▶無併合・無償金・（⑫　　　　　　　　　）の条
国のことは自分たちで決める

　　件で交戦国に停戦呼びかけ→ドイツと単独講和を結ぶ。
たんどくこうわ

●**シベリア出兵とソ連の成立**▶資本主義諸国は，ロシア革命の影

　響が及ぶ（国内の労働運動の活発化など）のを恐れる。

　◆（⑬　　　　　　　　　）▶ 1918年 日本・アメリカなどが派兵。

　　1922年共産主義を目指す（⑭　　　　　　　　　）が成立。
ソ連

日本はロシアに
対抗して，日英
同盟を結んでい
たね。

↓二十一か条の要求

一、中国政府は，ドイツが山東省にもっている一切の利権を日本に譲ること。

一、日本の旅順・大連の租借の期限，南満州鉄道の利権の期限を99か年延長すること。

一、中国政府は，南満州および東部内蒙古における鉱山の採掘権を日本国民に許可すること。

（一部要約）

😊まるごと暗記 😊**総力戦** 民間人も戦争に協力するなど国家の総力を結集した戦争。

📖教科書の 資料 **次の問いに答えよう。**

(1) 右の図は，第一次世界大戦前の国際関係を示しています。
Aにあてはまる国々の結び付きを何といいますか。

（　　　　　　　　　）

(2) 図中のBにあてはまる国々の結び付きを何といいますか。

（　　　　　　　　　）

(3) 日本はCの同盟を理由にA側に立って第一次世界大戦に
参戦しました。Cにあてはまる語句を書きなさい。

（　　　　　　　　　）

(4) 図中のBのうち，初めは中立だったが，第一次世界大戦
が始まった後にA側に立って参戦した国はどれですか。

（　　　　　　　　　）

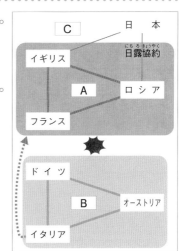

📖教科書 **チェック** 一 問 一 答 **次の問いに答えよう。**

/10問中

★は教科書の太字の語句

第2部

第5章

❶ 第一次世界大戦の始まりと総力戦

①三国同盟を結んだ国は，オーストリア・イタリアともう１つはどこですか。

①＿＿＿＿＿＿

②三国協商を結んだ国は，フランス・ロシアともう１つはどこですか。

②＿＿＿＿＿＿

③民族間の争いが絶えず，「ヨーロッパの火薬庫」とよばれていた半島を何といいますか。

③＿＿＿＿＿＿

④同盟国と連合国の間で1914年に始まり，長期化していった戦争を何といいますか。

★④＿＿＿＿＿＿

⑤中立国であるのにドイツの攻撃を受けたため，1917年にドイツに宣戦布告した国はどこですか。

⑤＿＿＿＿＿＿

❷ 第一次世界大戦の拡大と日本

⑥日本が1915年に二十一か条の要求を示した相手国はどこですか。

⑥＿＿＿＿＿＿

⑦日本が二十一か条の要求で租借期限の延長を求めた地域は，旅順ともう１つはどこですか。

⑦＿＿＿＿＿＿

⑧1917年，ソビエト中心の社会主義国家を世界で初めて樹立した革命を何といいますか。

★⑧＿＿＿＿＿＿

⑨代表会議（ソビエト）を結成したのは，農民や兵士のほか，どのような人々でしたか。

⑨＿＿＿＿＿＿

⑩革命の広がりを恐れた日本やアメリカなどが，1918年から出兵した地域はどこですか。

⑩＿＿＿＿＿＿

知識の泉 第一次世界大戦末期には，疫病も世界に広まりました。1918年にはスペインかぜ（インフルエンザ）が大流行し，全世界で2,500万人が死亡したといわれています。

予習・復習　こつこつ　解答 p.29

確認のワーク　ステージ1　第1節　第一次世界大戦と民族独立の動き②

教科書の 要点 （　）にあてはまる語句を答えよう。

1 第一次世界大戦後の欧米諸国　教 p.214~215

●**ベルサイユ条約と民族自決**▶ 1918年 ドイツの革命で帝政が倒れ，休戦へ。 1919年 フランスの（①　　　　　　　）で講和会議が開かれ，（②　　　　　　　）条約が結ばれる。

◆**ドイツ**▶多額の賠償金。軍備を縮小。すべての植民地と本国の領土の一部を失う→**山東省**の利権は日本が引き継ぐ。

◆**民族自決**▶講和会議でアメリカの（③　　　　　　　）大統領が提唱。東ヨーロッパ諸民族は独立が認められる。

●**国際連盟の成立**▶ 1920年 ウィルソンの提案を基に，国際紛争の平和的解決を目指す世界初の組織，（④　　　　　　　）を設立（本部はスイスの（⑤　　　　　　　））。　新渡戸稲造が事務局次長

◆イギリス・フランス・イタリア・（⑥　　　　　　　）が常任理事国。アメリカは不参加。ドイツ・ソ連の加盟を認めず。　国際連盟は強い力を持てず

●**民主主義の高まり**▶イギリスで女性に選挙権。ドイツで労働者の**団結権**などを認めた（⑦　　　　　　　）を制定。　労働者が組合を結成する権利／当時の世界で最も民主的な憲法

2 アジアの民族自決と国際協調　教 p.216~217

●**朝鮮の三・一独立運動**▶ 1919年 京城で日本からの独立宣言→朝鮮各地に広がる（（⑧　　　　　　　）運動）→朝鮮総督府が鎮圧。　現在のソウル／以後，朝鮮の人々の集会などの一定の自由を認める。

●**中国の五・四運動**▶ 1919年 二十一か条の要求がパリ講和会議で認められ，不満が高まる→北京で抗議運動→中国国内に拡大（（⑨　　　　　　　）運動）。　中国は取り消しを求めていた

◆**孫文**は**中国国民党**を結成，**中国共産党**やソ連と協力する。

●**インドの民族運動**▶イギリスは第一次世界大戦で，戦後の自治を約束してインド人兵士を動員→戦後その約束を破る→完全な自治を要求して，（⑩　　　　　　　）が**非暴力・不服従**の抵抗運動を指導。　イギリス商品不買運動，納税拒否など

●**ワシントン会議と国際協調**▶1921~22年，アメリカの呼びかけで（⑪　　　　　　　）会議が開かれる。**日英同盟**を廃棄。

◆**軍縮**▶列強の海軍の**主力艦**の保有量を制限。　戦艦など

◆**中国の主権を尊重するための条約**▶（⑫　　　　　　　）省の旧ドイツの利権を日本が中国に返還。　9か国で結ぶ

◆その後パリで**不戦条約**，ロンドンで**海軍軍縮条約**が結ばれる。　1928年／一部軍部は反発するも，国際協調を維持

1918	ドイツが連合国と休戦
1919	ベルサイユ条約を結ぶ
	三・一独立運動
	五・四運動
	ワイマール憲法の制定
1920	国際連盟が成立する
1921	ワシントン会議の開催

↓第一次世界大戦後のヨーロッパ

…… ドイツとオーストリアの旧国境
── 大戦後の新国境
■ 新しく成立したヨーロッパ諸国

↓女性の選挙権が認められた年

1893	ニュージーランド
1917	ロシア（ソ連）
1918	イギリス
1919	オーストリア・ドイツ・オランダ
1920	アメリカ
1944	フランス

↓ガンディー

アジアでも民族自決の考え方が広まって，朝鮮や中国で運動が起こったんだ。

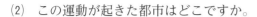

教科書の 資料 次の問いに答えよう。

(1) 資料は，1919年5月に中国で起こり，中国全土に広がった抗議行動の様子です。この運動を何といいますか。

( )

(2) この運動が起きた都市はどこですか。

( )

(3) この運動で取り消しが求められていた，1915年に日本が中国に対して示した要求を何といいますか。

( )

(4) (3)の取り消しを中国が求めた会議は何ですか。

( )

教科書 一問一答 次の問いに答えよう。

/10問中

★は教科書の太字の語句

❶ 第一次世界大戦後の欧米諸国

①第一次世界大戦で連合国に敗れ，講和条約でばく大な賠償金の支払いを義務づけられた国はどこですか。

①_____

②第一次世界大戦の講和会議で結ばれた条約を何といいますか。

★②_____

③ウィルソン大統領が呼びかけた，各民族が政治などを自分たちで決めるべきだとする考えを何といいますか。

③_____

④1920年にスイスのジュネーブに本部を置いて設立された，平和を目指す国際組織を何といいますか。

★④_____

⑤1919年にドイツで制定された，当時最も民主的な憲法を何といいますか。

⑤_____

❷ アジアの民族自決と国際協調

⑥1919年に三・一独立運動が起こった，日本の植民地はどこですか。

⑥_____

⑦民族の団結の重要性を感じた孫文が，1919年に結成した政党は何といいますか。

⑦_____

⑧ガンディーが指導した，イギリス商品の不買，納税拒否などの抵抗運動の特徴を表す言葉を何といいますか。

⑧_____

⑨日本外交の中心だった日英同盟が解消され，海軍の主力艦の保有量を制限した会議を何といいますか。

★⑨_____

⑩1928年にパリで結ばれた，国際紛争を解決する手段としての戦争の放棄を約束した条約を何といいますか。

⑩_____

第2部 第5章

知識の泉 京城に集まった朝鮮の人々は，「独立万歳」と叫んで独立宣言を行いました。しかし，日本では三・一独立運動は暴動であるとする論調の報道がほとんどでした。

予習・復習　こつこつ　解答　p.29

確認のワーク　ステージ1　第2節　高まるデモクラシーの意識

教科書の 要点　（　）にあてはまる語句を答えよう。

❶ 護憲運動と政党内閣の成立　　教 p.220〜221

●**護憲運動と民主主義**▶ 1912年 **桂太郎**内閣が成立。
陸軍や藩閥の支持
◆（①　　　　　　　　）運動が起こり，翌年桂内閣は辞職。
憲法の精神に基づく政治を守る
◆**民主主義と学者の動き**▶（②　　　　　　　　　　　　）は**民本主義**，
美濃部達吉は**天皇機関説**を唱える。
憲法論で政党政治を支える
●**日本経済の急成長**▶第一次世界大戦で船舶や鉄鋼などを生産し，
重工業が急成長。貿易黒字に転換し（③　　　　　　　）とい
日本は戦場とならなかった
う好景気を迎える。「**成金**」が増える。**財閥**がさらに成長。
物価は急上昇　急に金持ちになった
◆**シベリア出兵**が決定し，商人が米を買い占める→米価が急騰。
●**米騒動と政党内閣の成立**▶ 1918年 富山県から全国へ，米屋を襲
う（④　　　　　　　）が拡大→軍人出身の首相は辞職。
拡大　首相　辞職
◆（⑤　　　　　　　）が初の本格的な**政党内閣**を組織。
本格的

❷ 社会運動の高まりと普通選挙の実現　　教 p.222〜223

●**男子普通選挙と治安維持法**▶二度目の**護憲運動**により，新たな
政党内閣が成立。男子（⑥　　　　　　　）を実現 1925年 。
加藤高明内閣　25歳以上のすべての男子に衆議院の選挙権
◆この時代の民主主義の風潮を（⑦　　　　　　　）と呼ぶ。
風潮
■男子普通選挙と同じ年に（⑧　　　　　　　）を制定。
制定
●**女性による社会運動**▶ 1911年 （⑨　　　　　　　）が**青鞜社**を
社会主義の取り締まり
結成。のち**市川房枝**らと女性の政治参加を求める運動。
●**労働争議と小作争議**▶労働者は団結して（⑩　　　　　　　）
を結成し，労働争議を起こす。小作人は地主に対して小作料の
小作　地主
引き下げを求める（⑪　　　　　　　）を起こす。
●**解放を求めて立ち上がる人々**▶平等な社会の実現を目指して，
差別問題の解消が必要
1922年 （⑫　　　　　　　）が結成される。
◆アイヌの人々が**北海道アイヌ協会**を創設。
創設

❸ 近代都市に現れた大衆文化　　教 p.224〜227

●**都市化と大衆の登場／大衆に広がる文化**▶「**職業婦人**」が増加。
バスの車掌，タイピストなど
新聞・雑誌の発行が増える→（⑬　　　　　　　）文化が広ま
芥川龍之介や志賀直哉が小説，山田耕筰が音楽で活躍。
蜘蛛の糸 など
●**欧米化する人々の生活**▶都市のサラリーマンが住む**文化住宅**。
和風と洋風の造りを合わせ持つ
◆（⑭　　　　　　　）後→鉄筋コンクリート建築が増える。
1923（大正12）年　鉄筋　建築
◆（⑮　　　　　　　）放送が開始。欧米のスポーツも人気。
欧米　野球・テニスなど
●**見直される伝承や文化**▶**柳田国男**が**民俗学**を提唱。
伝承　民俗学　提唱

1911	青鞜社結成
1912	護憲運動
1918	米騒動
	原敬内閣が成立
1922	全国水平社結成
1923	関東大震災
1924	加藤高明内閣成立
1925	治安維持法成立
	男子普通選挙が実現

↓日本の輸出入額の変化

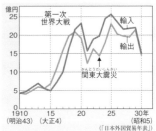

第一次世界大戦　輸入　輸出　関東大震災

「日本外国貿易年表」

↓治安維持法（1925年制定）

一，国の体制を変えようと
したり，私有財産制度を
否定したりすることを目
的として結社をつくる，
またはこれに加入した者
には，10年以下の懲役，
または禁固の刑に処する。

（一部要約）

↓平塚らいてう

日本で女性の
選挙権が実現
するのは，1945
年だよ。

教科書の 資料　次の問いに答えよう。

(1) 右のグラフは，有権者数の変化を表しています。1925年に選挙法が改正されたときの首相は誰ですか。

（　　　　　　　）

(2) Aにあてはまる，性別を書きなさい。

（　　　　　　　）

(3) Bにあてはまる，年齢を書きなさい。

（　　　　　　　）

(4) 1919年に比べて，1925年の有権者数は約何倍に増えていますか。整数で書きなさい。

（約　　　　倍）

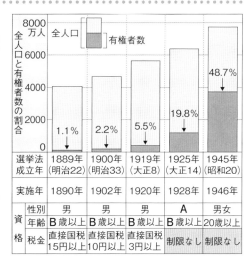

選挙法成立年	1889年(明治22)	1900年(明治33)	1919年(大正8)	1925年(大正14)	1945年(昭和20)
実施年	1890年	1902年	1920年	1928年	1946年
資格 性別	男	男	男	A	男女
年齢	B歳以上	B歳以上	B歳以上	B歳以上	20歳以上
税金	直接国税15円以上	直接国税10円以上	直接国税3円以上	制限なし	制限なし

グラフ内表示：1.1%　2.2%　5.5%　19.8%　48.7%　全人口　有権者数

教科書 チェック 一問一答　次の問いに答えよう。

/10問中

★は教科書の太字の語句

1 護憲運動と政党内閣の成立

①吉野作造が唱えた，政治に民衆の考えを反映させようとする主張を何といいますか。
★① _____

②第一次世界大戦中の好景気によって，急に金持ちになった人を何といいますか。
②_____

③1918年に米の安売りなどを求めて，富山県から全国に広まった騒動は何ですか。
★③_____

④原敬が組織した内閣は，大部分の閣僚を衆議院第一党の党員が占めることから本格的な何とよばれましたか。
★④_____

2 社会運動の高まりと普通選挙の実現

⑤1925年に実現した新しい選挙制度を何といいますか。
★⑤_____

⑥1925年に制定された，社会主義の動きに対して重い刑罰を科す法律を何といいますか。
★⑥_____

⑦労働者が労働組合を作り，経営者に対して労働条件の改善などを求めて起こした行動を何といいますか。
★⑦_____

3 近代都市に現れた大衆文化

⑧『蜘蛛の糸』などの短編を子ども向け雑誌に掲載した小説家は誰ですか。
⑧_____

⑨大正時代の1925年放送が始まったメディアは何ですか。
★⑨_____

⑩農村を訪ねて伝承などを記録し，民俗学を提唱したのは誰ですか。
⑩_____

第2部 第5章

知識の泉　平民宰相の名で親しまれた原敬は，華族の爵位をもたない初めての首相でした。死後，伯爵の位を贈るという話を原の妻は辞退し，「平民」の名を貫き通したとのことです。

こつこつ　テスト直前　解答▶p.30

定着のワーク　ステージ2

第1節　第一次世界大戦と民族独立の動き
第2節　高まるデモクラシーの意識

1 第一次世界大戦と国際協調　右の年表を見て，次の問いに答えなさい。

(1) 年表中のAについて，次の文中の①・②にあてはまる語句を，漢字2字でそれぞれ書きなさい。　①（　　　　　）　②（　　　　　）

　　第一次世界大戦は，ドイツを中心とする三国 ① と，イギリスを中心とする三国 ② の対立を背景に始まった。

年代	できごと
1914	第一次世界大戦が始まる …………A
1915	（ a ）か条の要求が出される ……B
1917	ロシア革命が起こる …………………C
1918	シベリア出兵が始まる
1919	パリ講和会議が開かれる …………D
1920	（ b ）が成立する ………………E
1921	（ c ）会議が開かれる …………F

(2) Aのきっかけとなった事件は，右の地図中の★で起こりました。次の問いに答えなさい。
① この事件を何といいますか。（　　　　　）
② 争いが絶えない○の半島は，当時何とよばれていましたか。（　　　　　）

― 1917年の前線

(3) 年表中のBは，日本が中国に示したものです。aにあてはまる語句を書きなさい。（　　　　　）

(4) 年表中のCの革命を指導した人物を，次から選びなさい。（　　　　　）

> レーニン　　リンカン　　ルソー　　袁世凱　　ウィルソン

(5) 年表中のDについて，次の問いに答えなさい。
① この会議で結ばれた第一次世界大戦の講和条約を何といいますか。（　　　　　）
② この会議でアメリカ大統領が呼びかけた民族自決の考え方は，アジアで起きた右のような運動に影響を与えました。X～Zの運動が起こった国や地域を，それぞれ書きなさい。
　　X（　　　　　）
　　Y（　　　　　）
　　Z（　　　　　）

アジアの民族自決を求める運動

X 「独立万歳」と叫ぶ民衆運動が各地に広まった。

Y 北京で学生を中心とする抗議行動が起こり，国内に広まった。

Z ガンディーの指導で，非暴力・不服従の抵抗運動が起こった。

(6) 年表中のEは，国際紛争を平和的に解決することを目的とする組織です。bにあてはまる語句を書きなさい。（　　　　　）

(7) 年表中のFは，海軍の軍縮や中国の主権を尊重することなどを取り決めた会議です。cにあてはまる語句を書きなさい。（　　　　　）

ヒントの森
(2)①暗殺事件があった場所の地名です。
(3)山東省のドイツの利権を日本に譲るなどの要求です。
(7)アメリカの呼びかけで開かれました。

2 デモクラシーの高まり 　右のグラフを見て，次の問いに答えなさい。

(1) グラフ中のX・Yは輸出・輸入のいずれかです。輸出を示すのはどちらですか。　（　　　）

(2) グラフ中の第一次世界大戦中の日本の様子について，誤っているものを次から選びなさい。　（　　　）

ア　好景気を迎え，成金とよばれる金持ちが増えた。
イ　三井・三菱・住友・安田などの財閥が力をつけた。
ウ　貿易額が5倍以上に急拡大した。

日本の輸出入額の変化

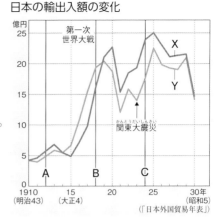

（「日本外国貿易年表」）

(3) グラフ中のA〜Cの年に内閣を組織した首相を，次からそれぞれ選びなさい。

A（　　　　　）　B（　　　　　）　C（　　　　　）

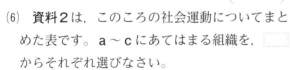
原敬　　伊藤博文　　桂太郎　　加藤高明

(4) (3)A〜Cの首相の説明としてあてはまるものを，次からそれぞれ選びなさい。

A（　　）　B（　　）　C（　　）

ア　立憲改進党を結成した。
イ　男子普通選挙を実現した。
ウ　陸軍や藩閥の支持を受けた。
エ　初めての本格的な政党内閣をつくった。

(5) 資料1は，民衆が米屋などを襲っている様子を描いたものです。このできごとが起こった年を，グラフ中のA〜Cから選びなさい。　（　　　）

資料1

(6) 資料2は，このころの社会運動についてまとめた表です。a〜cにあてはまる組織を，□□からそれぞれ選びなさい。

a（　　　　　）
b（　　　　　）
c（　　　　　）

日本農民組合　　全国水平社
北海道アイヌ協会　　青鞜社

資料2

中心となった人々	組織
差別を受けていた人々	（ a ）
女性に対する古い慣習を批判する人々	（ b ）
北海道に古くから住む人々	（ c ）

(7) グラフ中の時期に活躍した作家としてあてはまるものを，次から選びなさい。　（　　　　　）

柳田国男　　山田耕筰　　志賀直哉　　正岡子規

ヒントの森
(3)BとCは政党内閣。
(5)本格的な政党内閣が成立するきっかけ。

第2部　第5章

予習・復習 こつこつ 解答 p.30

確認のワーク ステージ**1**　**第3節　戦争に向かう世論①**

📖 教科書の **要点** （　）にあてはまる語句を答えよう。

① 世界恐慌と行き詰まる日本　教 p.232~233

●**世界恐慌の始まり**▶1920年代，アメリカの経済力が世界一に。
→ヨーロッパなどの生産が回復→アメリカ製品が売れなくなる。
◆1929年ニューヨークで株価大暴落→倒産や失業者が増加。不
景気が世界へ広がり，（①　　　　　　　　　　）となった。
　　　　ウォール街の株式取引所

●**日本の不景気**▶第一次世界大戦後は日本の輸出が減る。
　　　　　　　　　　ヨーロッパ諸国の経済が回復
◆1923年（②　　　　　　　　　）の影響もあり不景気に。
◆1927年銀行に人々が殺到し預金を引き出す→銀行の休業や倒
産が相次ぐ（（③　　　　　　　　））。

◆1930年（④　　　　　　　）恐慌▶世界恐慌の影響→養蚕業
　　　　　　　　　　　　　　　　アメリカへの生糸輸出が激減 そうさん
が衰退し農家の収入が減る。北海道や東北地方では冷害も加
わり食料難も。→労働争議や小作争議が激しさを増す。

●**行き詰まる政党政治**▶浜口雄幸内閣は財政緊縮政策を継続→不
景気が悪化。海軍軍縮に（⑤　　　　　　）が反発。
　　　　　　　　　　国際協調路線も維持していた
◆財閥への不満▶不景気のなかで，（⑥　　　　　　　　）が多
くの企業を支配→市場を独占し，高い利益を上げる。

② 欧米諸国が選択した道　教 p.234~235

●**ニューディール政策**
◆1933年 アメリカの（⑦　　　　　　　）大統領がニュー
ディール政策を行い，不景気からの回復を目指す。
　　「新規まき直し」という意味。ダム建設などの公共事業をおこす

●**ブロック経済**▶イギリスやフランス，アメリカが，本国と植民
地の貿易を盛んにするため，外国の商品に高い税をかけて締め
出す（⑧　　　　　　　）を実施→自由貿易でなくなる。
◆国際協調より自国の経済回復を優先→国家間の対立の原因に。
　　　　　　　　　　　　　　　日本，ドイツなど植民地が少ない国が反発

●**五か年計画**▶ソ連は（⑨　　　　　　）による独裁体制。
◆「（⑩　　　　　　）計画」という**計画経済**により工業化
を進める。世界恐慌の影響を受けず。

●**ファシズムの台頭**▶**民主主義**を否定した独裁的な政治体制。
　　　　　　　　　　　　大衆の熱狂的な世論をつくり上げる
◆1922年（⑪　　　　　　　　）が率いる**ファシスト党**がイタリ
アで政権を握る→後にエチオピアを侵略。
◆1933年ドイツで（⑫　　　　　　　）が率いる**ナチ党**が政権
を握る→公共事業で失業者を減らし世論の支持を高める。
■ドイツ民族の優秀さを強調する一方で，**ユダヤ人**を迫害。

1923	関東大震災
1927	日本で金融恐慌
1929	世界恐慌
1930	日本で昭和恐慌
1933	ドイツでナチ党が 政権を握る ニューディール政策 （アメリカ）
1935	イタリアが エチオピアを侵略

↓各国の失業率の変化

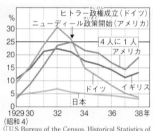

（「U.S.Bureau of the Census, Historical Statistics of the U.S., Ⅱnd ed.」ほか）

↓各国が輸入品にかけた税

	1926年	1931年
イギリス	4%	10.0%
フランス	12	38.0
ドイツ	12	40.7
日本	16	24.0
アメリカ	29	53.0

（「Global Transformations」）

関税を高くして自国の経済を守ろうとしたんだね。

📖教科書の 資料　次の問いに答えよう。

(1) 各国の工業生産を示した右のグラフ中の――の年に始まった，世界的な不景気を何といいますか。（　　　　　　　）

(2) (1)の対策として，ニューディール政策を実施した国をグラフ中から選んで書きなさい。（　　　　　　　）

(3) (1)の対策として，ブロック経済を実施した代表的な国は，アメリカ・フランスともう１つはどこですか。グラフ中から選んで書きなさい。（　　　　　　　）

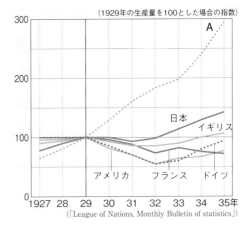
(1929年の生産量を100とした場合の指数)
[グラフ：A, 日本, イギリス, アメリカ, フランス, ドイツ　1927 28 29 30 31 32 33 34 35年]
「League of Nations, Monthly Bulletin of statistics」

(4) (1)の影響を受けずに，工業生産をのばしていったＡの国名を書きなさい。（　　　　　　　）

📖教科書 一問一答（チェック）　次の問いに答えよう。
　　　　　　　　　　　　　　　　　　　/10問中
★は教科書の太字の語句

1 世界恐慌と行き詰まる日本
①1927年に日本で起こった金融恐慌で相次いで休業・倒産したのは，どのような企業ですか。　①＿＿＿＿＿

②世界恐慌の影響でアメリカへの生糸輸出が激減し，打撃を受けた，農村に関係が深い産業を何といいますか。　②＿＿＿＿＿

③世界恐慌発生時，財政緊縮政策を取っていた日本の首相は，立憲民政党の誰ですか。　③＿＿＿＿＿

2 欧米諸国が選択した道
④世界恐慌の対策として，ニューディール政策を実施したアメリカの大統領は誰ですか。　④＿＿＿＿＿

⑤世界恐慌の対策として，イギリスなどが実施した外国の商品を締め出す政策を何といいますか。　★⑤＿＿＿＿＿

⑥社会主義国のソ連が行っていた，政府の計画によって生産や販売が行われる経済を何といいますか。　⑥＿＿＿＿＿

⑦ムッソリーニが率いた政党を何といいますか。　⑦＿＿＿＿＿

⑧ベルサイユ条約を無視して再軍備を進めていった，ヒトラーの率いる政党を何といいますか。　⑧＿＿＿＿＿

⑨ヒトラーが有害な民族と見なして迫害を行ったのは何という人々ですか。　⑨＿＿＿＿＿

⑩ムッソリーニやヒトラーが進めた，独裁的な政治体制を何といいますか。　★⑩＿＿＿＿＿

第2部 第5章

知識の泉　世界恐慌は1929年10月24日にニューヨークのウォール街での株価暴落から始まりました。この日は木曜日だったので，「暗黒の木曜日」とよばれました。

予習・復習 こつこつ 解答 p.30

確認のワーク ステージ1 第3節 戦争に向かう世論②

📖 **教科書の 要点** （　）にあてはまる語句を答えよう。

❶ 強まる軍部と衰える政党 **教** p.236〜237

● **満州事変と満州国の建国**

◆ 1927年（①　　　　　　　）が**南京**に国民政府を作る。
孫文の死後、中国国民党を率いた

　■中国の主権を回復しようとする声が高まる→中国での日本
の権益の中心だった（②　　　　　　　）に並行する鉄道
リュティアオフー かんとうぐん
を建設する動き→**柳条湖**で関東軍が軍事行動を起こし、
りゅうじょうこ 奉天郊外 南満州鉄道を爆破
「（③　　　　　　　）」全体を占領（ 1931年 満州事変）。

◆ 1932年日本は**満州国**をつくり、**溥儀**を元首とした。
ふぎ げんしゅ 清の最後の皇帝だった

◆不景気が続く日本の農村から、満州国への**移民**が進められる。

● **政党政治の途絶えと強まる軍部の力**

◆ 1932年（④　　　　　　　）事件▶**犬養毅**首相殺害。
海軍の青年将校 政党政治が途絶える

◆中国が満州事変や満州国建国を日本の武力侵略であるとして
国際連盟に訴える→国際連盟による調査→「満州国」は承認
リットン調査団
されず→ 1933年日本は（⑤　　　　　　　）脱退を通告。

◆ 1936年青年将校が**二・二六事件**を起こす。
陸軍

● **日本経済の回復**▶1930年代は円安で綿織物の輸出が急増。
めんおりもの

◆軍需生産の増大で重化学工業も発展。新興財閥も登場。
ぐんじゅ

1931	満州事変
1932	五・一五事件
	満州国建国
1933	日本が国際連盟脱退を通告
1936	二・二六事件
	日独防共協定を結ぶ
1937	日中戦争が始まる
	抗日民族統一戦線
1938	国家総動員法
1940	大政翼賛会を結成

↓「満州国」の範囲

❷ 日中戦争と総力戦に向かう国民生活 **教** p.238〜239

● **日中戦争**
日本と同じように国際連盟を脱退

◆ 1936年ドイツと（⑥　　　　　　　）を結ぶ。

◆ 1937年北京郊外の（⑦　　　　　　　）で日中両軍が衝突。
ペキンこうがい しょうとつ
（⑧　　　　　　　）が始まる→日本軍は、上海や国民政府
シャンハイ
の首都であった（⑨　　　　　　　）を占領。
南京事件

● **抗日民族統一戦線**

◆（⑩　　　　　　　）が率いる**中国共産党**、蔣介石が率いる
ひき
中国国民党（国民政府）が**抗日民族統一戦線**を作る。

◆中国はアメリカ・イギリス・ソ連などの支援で**抵抗**を継続。
ていこう けいぞく
日中戦争が長期戦となる

● **戦争優先の体制／総力戦に向かう国民生活**

◆**近衛文麿**内閣が、国民精神総動員運動を進める。
このえふみまろないかく せいしん
「挙国一致」を目標とする

◆ 1938年（⑪　　　　　　　）を制定し、国民を徴用。
強制的

◆ 1940年政党を解散→（⑫　　　　　　　）を結成。
かいさん

◆**情報の統制**。　◆生活必需品の**配給制**。　◆**隣組**。
じょうほう とうせい ひつじゅ
戦争の状況など、さまざまな情報が伝えられなかった マッチ、砂糖、米など

↓ぜいたくを戒める看板

尋常小学校が国民学校初等科へ変わって軍国主義教育が強化されたよ。

まるごと暗記　国家総動員法　政府が国民や物資を優先して戦争に回せるようにした法律。

教科書の 資料 次の問いに答えよう。

(1) 右の図は，デモクラシー期とそれ以降の
政党政治の変化を示したものです。図中の
A〜Cにあてはまるものを，◯◯◯◯からそれ
ぞれ選びなさい。

| 政党 | 軍部 | 内閣 | 天皇 |

A （　　　　　　　）
B （　　　　　　　）
C （　　　　　　　）

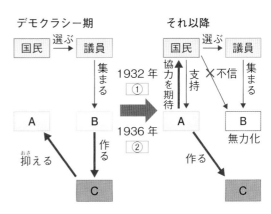

(2) 1932年と1936年に起こった，図中の①，
②の事件をそれぞれ何といいますか。

① （　　　　　　　）
② （　　　　　　　）

第2部　第5章

教科書 一問一答（チェック） 次の問いに答えよう。

/10問中

★は教科書の太字の語句

① 強まる軍部と衰える政党

①孫文の死後，中国国民党を率いた蒋介石が，1927年に
南京に作った政府を何といいますか。

①＿＿＿＿＿＿＿

②関東軍が柳条湖での爆破事件をきっかけに「満州」全
体を占領したできごとを何といいますか。

★ ②＿＿＿＿＿＿＿

③議会政治を守ろうとして，五・一五事件で暗殺された
首相は誰ですか。

③＿＿＿＿＿＿＿

④リットン調査団を派遣し，満州事変を調査させた国際
機関を何といいますか。

④＿＿＿＿＿＿＿

⑤1936年，陸軍の部隊を率いた青年将校が首相官邸など
を占拠した事件を何といいますか。

★ ⑤＿＿＿＿＿＿＿

② 日中戦争と総力戦に向かう国民生活

⑥毛沢東が率いていた，社会主義の実現を目指していた
政党を何といいますか。

⑥＿＿＿＿＿＿＿

⑦中国で対立していた勢力が，日本軍に抗戦するために
結成した戦線を何といいますか。

⑦＿＿＿＿＿＿＿

⑧日中戦争のとき，「挙国一致」をかかげて国民精神総
動員運動を進めた首相は誰ですか。

⑧＿＿＿＿＿＿＿

⑨配給を行うほか，人々が戦争に協力するよう互いに監
視する役割もあった組織を何といいますか。

⑨＿＿＿＿＿＿＿

⑩1941年に作られ，軍国主義教育が強化された学校を何
といいますか。

⑩＿＿＿＿＿＿＿

 知識の泉　南京を攻略した後，近衛文麿首相は，徹底抗戦を続ける蒋介石の国民政府を相手にせず，日本
と提携する新しい政府の成立を望む，とする「近衛声明」を出しました。

こつこつ　テスト直前　解答 p.31

定着のワーク　**ステージ2**　**第3節　戦争に向かう世論**

1 行き詰まる経済　右の表を見て，次の問いに答えなさい。

(1)　表は，1929年に起こった世界的な経済の混乱に対する各国の政策をまとめています。この世界的な混乱を何といいますか。

（　　　　　　　　）

よく出る(2)　「新規まき直し」という意味のアメリカの政策を何といいますか。

（　　　　　　　　）

よく出る(3)　イギリスの経済政策を何といいますか。
（　　　　　　　　）

各国の政策

国	政策
アメリカ	●農産物の生産量を制限した。 ●公共事業を起こした。
イギリス	●植民地との結び付きを強めた。 ●高い税をかけて外国商品を締め出した。
ドイツ	●ほかの政党を解散させた。 ●国民から言論の自由を奪った。
ソ連	●計画経済で生産を増強した。 ●反対する人々を弾圧した。

(4)　ドイツが進めた，国民から言論や思想の自由を奪う，軍国主義的な独裁体制を何といいますか。

（　　　　　　　　）

(5)　表中のうち，次の国と似た政策を実施した国を，あとからそれぞれ選びなさい。

①（　　　　　）　②（　　　　　）

①　イギリス　②　ドイツ

ア　中国　イ　フランス　ウ　インド　エ　イタリア　オ　スペイン

よく出る(6)　ソ連が行った表中の下線部の経済政策を何といいますか。

（　　　　　　　　）

(7)　表中の次の国を当時指導していた人物を，□□□からそれぞれ選びなさい。

①（　　　　　）　②（　　　　　）　③（　　　　　）

①　ドイツ　②　アメリカ　③　ソ連

ローズベルト　　ヒトラー　　スターリン　　ムッソリーニ

(8)　表のころの日本について，次の文の□にあてはまる語句を，□□□からそれぞれ選びなさい。

①（　　　　　）　②（　　　　　）

③（　　　　　）　④（　　　　　）

1927年，人々が預金を引き出すために ① に殺到した ② 恐慌のあと，1930年代の日本では，アメリカへの ③ の輸出が途絶え，養蚕業が衰退した。同じころ冷害や飢きんも重なり，深刻な状況となった。この数年間にわたる日本経済の混乱を ④ 恐慌という。

大正　昭和　生糸　茶　船　金融　銀行

ヒントの森

(5)①イギリスと同じように多くの植民地を持っていた国です。

(8)③江戸時代末の開国直後から，日本の主要輸出品でした。

(9)　ユダヤ人を有害な民族と決めつけて迫害した国を，表から選びなさい。

（　　　　　　　　）

全部できたら，➡に✔をかいて☺にしよう！　☺☺☺

❷ 軍部の台頭　右の年表を見て，次の問いに答えなさい。

年代	できごと
1927	（　　　）が南京に国民政府をつくる………A
	↕ X
1931	関東軍が満州全体を占領する……………B
1932	（①）事件が起こる
	↕ Y
1936	（②）事件が起こる
1937	日中戦争が始まる………………………C
1938	国家□□法が定められる………………D
	↕ Z
1940	大政翼賛会が結成される………………E

(1) 年表中の**A**の（　）にあてはまる人物を，
　　　　　から選びなさい。

（　　　　　　　　　　）

> 毛沢東（もうたくとう）　孫文（そんぶん）　溥儀（ふぎ）
> 袁世凱（えんせいがい）　蒋介石（しょうかいせき）

(2) 年表中の**B**のできごとを何といいますか。

（　　　　　　　　　　）

(3) 次の文は，年表中の①・②の事件について説明したものです。①・②にあてはまる語句をそれぞれ書きなさい。

① 海軍の青年将校らが犬養毅首相を暗殺した事件で，右の新聞のように報じられた。

（　　　　　　　　　　）

② 陸軍部隊を率いる青年将校が，首相官邸などを占拠した事件で，軍部がさらに力を強めた。

（　　　　　　　　　　）

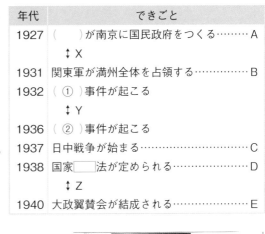

首相遂に兇手に倒る
昨夜十一時廿六分絶命

(4) 年表中の**C**の戦争が始まるきっかけとなった事件を，次から選びなさい。

（　　　　）

ア 盧溝橋事件（ルーコウチアオじけん）　**イ** 義和団事件（ぎわだん）　**ウ** 生麦事件（なまむぎ）　**エ** 日比谷焼き打ち事件（ひびや）

(5) 次の文は，年表中の**D**のころの政治について説明したものです。□に共通してあてはまる語句を，漢字3字で書きなさい。

（　　　　　　　　　　）

> 近衛文麿内閣（このえふみまろないかく）は「挙国一致（きょこくいっち）」を掲（かか）げて国民精神□□運動を進めた。さらに，国力のすべてを戦争に向けるため，1938年に国家□□法を制定（せいてい）した。

(6) (5)のころのスローガンとして，街に立てられた看板（かんばん）には何と書かれていましたか。右の**ア**～**エ**から選びなさい。

ア 天は人の上に人をつくらず　**イ** ぜいたくはできないはずだ
ウ 少年よ，大志を抱け　**エ** 君死にたまふことなかれ

（　　　　）

(7) 年表中の**E**のときに解散させられたものを，次から選びなさい。

（　　　　）

ア 軍部　**イ** 財閥（ざいばつ）　**ウ** 政党（せいとう）　**エ** 帝国議会（ていこくぎかい）

(8) **E**のころ町内会の下につくられ，互（たが）いに監視（かんし）させる役割（やくわり）をもった組織（そしき）を何といいますか。

（　　　　　　　　　　）

(9) 次の①・②の時期を，年表中の**X**～**Z**から選びなさい。

① 日本が国際連盟（こくさいれんめい）を脱退（だったい）　（　　　）

② マッチの配給制（はいきゅうせい）を実施（じっし）　（　　　）

ヒントの森

(3)日付が使われる，朝鮮の三・一独立運動や中国の五・四運動と間違えないようにしましょう。

(4)北京郊外での事件。

(9)②翌年には米も配給制となりました。

第2部
第5章

予習・復習　こつこつ　解答 p.31

確認のワーク ステージ1　第4節　第二次世界大戦の惨禍

教科書の要点　（　）にあてはまる語句を答えよう。

1 第二次世界大戦への道　教 p.244～245

●**第二次世界大戦の始まり**▶ 1939年 (① 　　　　　　　　　　　　) を結ん
だドイツがポーランドへの侵攻を開始。
◆イギリス・フランスがドイツに宣戦布告。第二次世界大戦開戦。

●**勢いを増すドイツと抵抗運動**▶ ドイツはパリを占領。イタリア
はドイツ側について参戦。ソ連へ侵攻。ユダヤ人を虐殺。
1940年フランスが降伏
アウシュビッツなどの収容所
◆各地でドイツ軍への抵抗運動（レジスタンス）が広がる。

●**日米交渉の決裂**▶ 1940年 (② 　　　　　　　　　　) を結ぶ（**枢軸
国**）。 1941年 アメリカ・イギリスが (③ 　　　　　　　　) を発
ローズベルト大統領・チャーチル首相
表（**連合国**）。日本は (④ 　　　　　　　　) を結びフランス領
反ファシズム　　　　　北方の安全を確保
インドシナ南部へ進軍→ABCD包囲網→日米交渉決裂。
資源などを求めて　　　　　　日本を経済的に孤立化

2 太平洋戦争と植民地支配の変化　教 p.246～247

●**太平洋戦争と日本の南進**▶ 1941年 日本軍がハワイ真珠湾の米海
軍基地を攻撃し (⑤ 　　　　　　　　) が始まる。日本は「**大東
亜共栄圏**」建設を唱えるが，抗日運動も起こる。
イギリス領のマレー半島にも上陸

●**満州移民と中国人の抵抗**▶ 不満を持つ中国人による抗日運動。

●**日本の占領政策**▶ 朝鮮や台湾で (⑥ 　　　　　　) 政策。
日本語教育や創氏改名

3 戦局の悪化と戦時下の暮らし　教 p.248～249

●**日本の戦局の悪化**▶ 1942年 (⑦ 　　　　) 海戦敗北。

◆ 1944年 (⑧ 　　　　) がアメリカ軍によって占領。
日本本土への空襲が始まる

●**空襲の激化**▶ 中学生や女学生が軍需工場で労働（勤労動員）。

◆ (⑨ 　　　　　　　)▶大学生を戦場に送る。

◆ (⑩ 　　　　　　　)▶都市の小学生を農村へ移動。
空襲を避けるため

◆ 1945年 ▶東京大空襲。米軍が上陸し，民間人を巻き込んだ地
3月10日
上での戦闘が行われる（ (⑪ 　　　　) 戦）。

●**戦時下の文化**▶マスメディアは戦争をあおる。
政府の言論統制を受ける

●**イタリア・ドイツの降伏**▶ 1943年 (⑫ 　　　　) が，
1945年 5月には (⑬ 　　　　) が降伏。

◆7月アメリカ・イギリス・中国が (⑭ 　　　　) 発表。
ソ連とのヤルタ会談で密約　日本の無条件降伏を促す

4 ポツダム宣言と日本の敗戦　教 p.252～253

●**原子爆弾の投下／戦争の傷あと**▶ 1945年 アメリカが広島，次い
8月6日
で長崎に (⑮ 　　　　) 投下。ソ連が北方に侵攻。
8月9日　　　　　　　　　　　　　　8月8日
◆日本政府はポツダム宣言を受け入れる。
8月14日。15日に昭和天皇が発表（玉音放送）

1939	独ソ不可侵条約
	第二次世界大戦開戦
1940	日独伊三国同盟を結ぶ
1941	日ソ中立条約
	太平洋戦争開戦
1942	ミッドウェー海戦
1943	イタリアが降伏
1944	アメリカ軍が
	サイパン島を占領
1945.3	東京大空襲
	沖縄戦が始まる
1945.5	ドイツが降伏
1945.8	原子爆弾の投下
	ポツダム宣言の受諾

↓空襲による被害

空襲による民間人の
死者数
■ 10000人以上
■ 5000～9999人
■ 1000～4999人
□ 1000人未満

広島
東京
長崎

↓ポツダム宣言（一部要約）

6.日本国民をだまし，世
界征服に乗り出すといっ
たあやまちを犯した者の
権力と勢力は永久に取り
除かなくてはならない。

8.日本の主権が及ぶのは，
本州・北海道・九州・四
国と連合国が決める島に
限る。

13.われらは，日本国政府
が軍隊の無条件降伏を宣
言することを求める。

アジア太平洋地域
の死者は2000万
人以上といわれて
いるよ。

教科書の 資料　次の問いに答えよう。

(1)　右の写真は，1945年8月6日に新型の爆弾を投下された都市の様子です。この爆弾と投下された都市の名前を書きなさい。

爆弾（　　　　　　）

都市（　　　　　　）

(2)　この後，ポツダム宣言受諾までに，中立条約を破って「満州」や南樺太などに攻め込んできた国はどこですか。

（　　　　　　）

(3)　日本のポツダム宣言の受諾を，昭和天皇がラジオ放送で国民に知らせたのはいつですか。日付を書きなさい。　（　　年　　月　　日）

教科書 一問一答　次の問いに答えよう。

/10問中

★は教科書の太字の語句

1 第二次世界大戦への道

①1939年，ドイツが何という国へ侵攻したことがきっかけで，第二次世界大戦が始まりましたか。

①＿＿＿＿＿

②1940年，日本がドイツ・イタリアと結んだ同盟を何といいますか。

★②＿＿＿＿＿

③アメリカが連合国と協力して，日本を経済的に孤立させようとした包囲網を日本では何とよびましたか。

③＿＿＿＿＿

2 太平洋戦争と植民地支配の変化

④1941年，日本軍はハワイの何という湾にあるアメリカ海軍基地を攻撃しましたか。

④＿＿＿＿＿

⑤太平洋戦争で日本が唱えた，日本を指導者にアジアの民族だけで栄えようという構想を何といいますか。

⑤＿＿＿＿＿

⑥日本が植民地の朝鮮や台湾で実施した，人々を「皇国臣民」にする政策を何といいますか。

★⑥＿＿＿＿＿

3 戦局の悪化と戦時下の暮らし

⑦中学生や女学生を軍需工場で働かせたことを何といいますか。

★⑦＿＿＿＿＿

⑧都市の小学生が，空襲を避けて農村へ集団で移り住んだことを何といいますか。

★⑧＿＿＿＿＿

⑨1945年7月，アメリカ・イギリス・中国の名で発表された，日本の無条件降伏を促す宣言は何ですか。

★⑨＿＿＿＿＿

4 ⑩広島に続いて，1945年8月9日に原子爆弾を投下された都市はどこですか。

⑩＿＿＿＿＿

第2部 第5章

知識の泉　原爆ドームは，元々「産業奨励館」として産業振興を目的に物産の展示などをしていました。れんが造りのこの洋風建築は，当時の広島の名所の1つでした。

定着のワーク ステージ2　第4節　第二次世界大戦の惨禍

1 第二次世界大戦と太平洋戦争　右の年表を見て，次の問いに答えなさい。

年代	できごと
1939	（　a　）条約の締結……………… A
	第二次世界大戦の開戦……………… B
1940	ドイツが（　b　）を占領する……… C
	日独伊三国同盟を結ぶ……………… D
1941	日ソ（　c　）条約を結ぶ………… E
	ドイツがソ連に侵攻する
	大西洋憲章が発表される………… F
	太平洋戦争開戦……………… G

(1) 年表中のAは，ドイツがそれまで対立していたソ連と，お互いに相手国を攻撃しないことを取り決めた条約です。aにあてはまる語句を書きなさい。

（　　　　　　　　　）

(2) 年表中のBの戦争は，ドイツがどこの国に侵攻したことをきっかけに始まりましたか。次から選びなさい。　　　　（　　　　　）

ア　イギリス　　イ　ソ連　　ウ　ポーランド　　エ　フランス

(3) 年表中のCによって，フランスはドイツに降伏しました。次の問いに答えなさい。

① bにあてはまる都市名を書きなさい。　　　　（　　　　　　　　　）

② Cと同じころ，ドイツ側に立って参戦したムッソリーニを指導者とする国はどこですか。

（　　　　　　　　　）

(4) 年表中のDを結んだ陣営を何といいますか。　　（　　　　　　　　　）

(5) 年表中のEは，日本が北方の安全を確保するために結んだ条約です。cにあてはまる語句を，　　　から選びなさい。　　　　（　　　　　　　　　）

> 中立　　　不可侵　　　共同　　　軍縮　　　同盟

レベルUP (6) 年表中のFを発表した2か国を，右の　　　から選びなさい。

（　　　　　　　　　）
（　　　　　　　　　）

> アメリカ　　　イギリス
> イタリア　　　フランス

(7) 年表中のGについて，次の問いに答えなさい。

① Gの直前にアメリカ・イギリス・オランダ・中国が資源の輸出を制限して，日本を孤立させようとしたことは，当時の日本で何といいましたか。　（　　　　　　　　　）

② 日本軍が攻撃したアメリカ軍基地はどこにありましたか。次から選びなさい。

（　　　　　　　　　）

ア　ハワイ　　イ　マレー半島　　ウ　南京　　エ　インドシナ半島

よく出る (8) 日中戦争も戦っていた日本は，年表中のGの戦争が始まると植民地に対して次のような政策を強化しました。このような政策をまとめて何といいますか。

（　　　　　　　　　）

> ●朝鮮や台湾の学校で日本語を教え，朝鮮語や中国語の使用が禁止された。
> ●朝鮮で，日本式の氏名に変えさせる創氏改名が行われた。

ヒントの森
(5)AとEの条約は，同じような目的で結ばれましたが，名称は異なります。

❷ 戦局の悪化と日本の敗戦　次の年表を見て，あとの問いに答えなさい。

年代	できごと
1942	ア　ミッドウェー海戦
1943	イ　ガダルカナル島での戦い
1944	ウ　サイパン島をアメリカ軍が占領
1945	東京大空襲…………………A
	↕ B
	日本が降伏…………………C

資料1

（　①　）動員	中学生や女学生が，軍需工場で働かされた。
学徒（　②　）	徴兵されていなかった大学生が戦場に駆り出された。
学童（　③　）	空襲を避けて，都市の小学生を農村へ集団で移動させた。

(1) 太平洋戦争中に，東条英機内閣が総辞職したきっかけとなったできごとを，年表中のア〜ウから選びなさい。　　　　　　　　　　　　（　　　）

(2) 年表中の**A**について，**資料1**は戦局が悪化した時期の国民生活をまとめたものです。①〜③にあてはまる語句を，それぞれ漢字2字で書きなさい。

①（　　　　　）　②（　　　　　）　③（　　　　　）

(3) 次の文は，年表中の**B**の時期に起こったできごとを順にまとめたものです。**資料2**を参考に，a〜fにあてはまる語句を，あとからそれぞれ選びなさい。

a（　　　　　）　b（　　　　　）　c（　　　　　）

d（　　　　　）　e（　　　　　）　f（　　　　　）

■ 2月………アメリカ・イギリス・ソ連が，ソ連の　a　で会談を行った。

■ 3月………アメリカ軍が　b　の島々に上陸し，多くの県民が犠牲になっていった。

■ 4月………　c　が自殺。翌月ドイツが降伏。

■ 7月………アメリカ・イギリス・中国の名で　d　宣言が発表された。

■ 8月6日…アメリカが　e　に原子爆弾を投下した。

■ 8月8日　ソ連が　a　会談での密約を基に，日本に宣戦布告した。

■ 8月9日　アメリカが　f　に原子爆弾を投下した。

■ 8月14日　日本が　d　の受け入れを決めた。

資料2

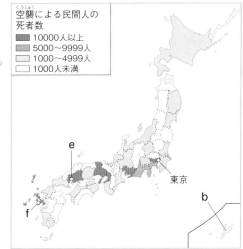

空襲による民間人の死者数
- ■ 10000人以上
- ■ 5000〜9999人
- □ 1000〜4999人
- □ 1000人未満

| 長崎　　広島　　沖縄　　ヤルタ　　ポツダム |
| ローズベルト　　ヒトラー　　大西洋憲章 |

(4) (3)の文の下線部について，ソ連が8月9日に侵攻を開始した場所は，南樺太とどこでしたか。　　　　　　（　　　　　）

(5) 年表中の**C**は，8月15日に昭和天皇によるラジオ放送で国民に知らされました。この放送を何といいますか。

（　　　　　）

ヒントの森

(1)日本本土への空襲が始まるきっかけです。

(2)①働く意味の語句です。②戦場に出る意味の語句です。

(3)ソ連の侵攻が始まる前に広島に原爆が投下され，侵攻が始まるとすぐに長崎にも投下されました。

(4)中国の東北部です。

第2部 第5章

実力判定テスト　ステージ3　総合問題編　**第5章　近代（後半）　二度の世界大戦と日本**　30分　/100

1 右の年表を見て，次の問いに答えなさい。

4点×7（28点）

(1) 年表中の a について，このできごとを何といいますか。

(2) b でアメリカのウィルソン大統領が提唱した，各民族が干渉を受けずに自分たちで決める考え方を何といいますか。

(3) c に関連して，次の運動が起きたアジアの国や植民地名を書きなさい。
　① 三・一独立運動　　② 五・四運動
　③ 反イギリスの非暴力・不服従の抵抗運動

(4) 年表中の◻は，新渡戸稲造が事務局次長を務めた国際組織です。この組織を何といいますか。

(5) 右の資料は，X の時期に日本が中国に示した要求の一部です。これを何といいますか。

年代	できごと
1914	第一次世界大戦が始まる
	↕ X
1917	レーニンらがロシアの臨時政府を倒す ……………… a
1918	シベリア出兵
1919	パリ講和会議…………………… b
	ガンディーが抵抗運動を指導………… c
1920	◻が成立

― 中国政府はドイツが山東省にもっている一切の利権を日本に譲ること。

(1)		(2)		(3) ①		②		③	
(4)				(5)					

2 4人の人物に関する次の文を読んで，あとの問いに答えなさい。

4点×7（28点）

A 私は青鞜社を作り，◻に対する古い考え方を批判し，政治参加を求めました。

B 私は民本主義を唱え，政治に民衆の考えを反映させることを主張しました。

C 私は a1918年に，立憲政友会を中心とする初の本格的な政党内閣を作りました。

D 私は1924年に政党内閣をつくり，b翌年に普通選挙を実現しました。

(1) A～D の「私」にあてはまる人物名を，次からそれぞれ選びなさい。
　ア 吉野作造　　イ 加藤高明　　ウ 樋口一葉
　エ 与謝野晶子　　オ 平塚らいてう　　カ 原敬

(2) A の◻にあてはまる，差別の解消を求めた人々を漢字2字で書きなさい。

(3) 下線部 a と同じ年に，米の安売りを求めて全国に広まった右の資料の騒ぎを何といいますか。

(4) 下線部 b について，選挙権が与えられた人々を，年齢と性別の面から書きなさい。

(1) A		B		C		D	
(2)		(3)		(4)			

目標

- 日本を取りまく国々の関係をおさえよう。
- 軍国主義が高まる様子をおさえよう。
- 戦争中〜終戦までの流れをおさえよう。

自分の得点まで色をぬろう!

0	60 80	100点

③ 右の年表を見て，次の問いに答えなさい。

4点×11（44点）

年代	できごと
1929	世界恐慌……………………………………X
1930	ロンドン海軍軍縮会議
1931	A が起こる
1932	満州国建国
	B …犬養首相が暗殺される
1933	国際連盟の脱退を通告する…………Y
1936	C …軍部の力が強まる
1937	日中戦争が始まる
1938	a国家総動員法が公布される
1940	日本が東南アジアに勢力を広げる
1941	真珠湾攻撃をする
	↕ Z
1945	bポツダム宣言を受諾し，降伏する

(1) A〜Cにあてはまるできごとを，次からそれぞれ選びなさい。

- ア 二・二六事件
- イ 盧溝橋事件
- ウ 満州事変
- エ 五・一五事件

(2) 年表中のXについて，資料1からソ連はこのできごとの影響を受けなかったことが分かります。ソ連は何とよばれる計画経済を実施していましたか。

(3) 年表中のXから4年後の段階で，工業生産が回復していた資本主義の国を，資料1から読み取って書きなさい。

(4) 年表中のYについて，日本がこの通告を行ったきっかけは，国際連盟が何を承認しなかったことですか。

(5) 下線部aの目的を，次から選びなさい。

- ア 政党・政治団体の解散。
- イ 資源や国民を戦争のために利用すること。
- ウ 労働争議の取り締まり。
- エ 小学生を農村に集団で疎開させること。

(6) 資料2は，Zのころの日本を取りまく世界を示したものです。①，②にあてはまる国をそれぞれ書きなさい。

(7) Zの時期に起こった次のできごとを，古い順に並べなさい。

- ア ドイツが連合国軍に降伏する。
- イ イタリアが連合国軍に降伏する。
- ウ 広島と長崎に原子爆弾が投下される。
- エ 連合国軍が沖縄に上陸する。

(8) 下線部bについて，日本の降伏が国民に伝えられたのは，何月何日ですか。

第2部
第5章

資料1

（1929年の生産量を100とした場合の指数）

ソ連
イギリス
日本
アメリカ
フランス
ドイツ

1927 28 29 30 31 32 33 34 35年

資料2

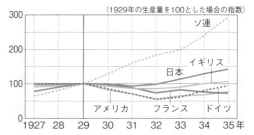

独ソ不可侵条約　ソ連　イギリス
日ソ中立条約　①
②　日本
日独伊三国同盟　ABCD包囲網
イタリア　中国　オランダ
○連合国　○枢軸国

(1)	A		B		C		(2)			(3)	
(4)				(5)			(6)	①		②	
(7)	→		→		→		(8)				

実力判定テスト　ステージ3　資料活用・思考力問題編　こつこつ　解答 p.32

第5章　近代（後半）　二度の世界大戦と日本　30分　　　/100

1 次のグラフを見て，あとの問いに答えなさい。

(1)(3)(6)(7)5点×4，他8点×4（52点）

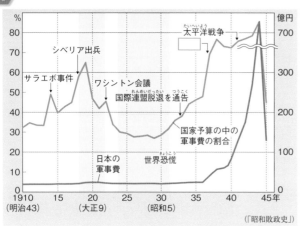

（「昭和敗政史」）

資料

（図：X のしくみ、Y のしくみ）

(1) グラフ中の　　の時期は，右の**資料**の**X**のしくみで政治が行われていました。このような政治を何といいますか。

(2) 1918年に軍事費の割合が高くなったのは，日本がシベリアに軍隊を送ったためでした。この軍事干渉の目的を，簡単に説明しなさい。

(3) **X**のしくみの政治が本格的に始まった1918年に，内閣を組織した首相の名前を書きなさい。

(4) (3)によって**X**の政治が始まった理由について，当時の社会の様子を踏まえて，「米」という語を用いて簡単に説明しなさい。

(5) ワシントン会議の後の**X**のしくみの政治の期間について，軍事費の割合がグラフのように低い理由を，「軍縮」「国際協調」の語句を使って簡単に説明しなさい。

(6) 日本の政治のしくみが**X**から**Y**へと変化したきっかけとしてあてはまらないものを，次から選びなさい。

ア 五・一五事件　　イ 三・一独立運動　　ウ 二・二六事件　　エ 満州事変

(7) グラフ中の□にあてはまる戦争を何といいますか。

(8) **Y**のしくみの政治が始まり，(7)に続いて太平洋戦争が起こると，学校での教育にはどのような変化が見られるようになりましたか。簡単に説明しなさい。

(1)		(2)	
(3)		(4)	
(5)			
(6)		(7)		(8)	

ここに注目！ 特定の地域のできごとが，日本や世界の動きとつながっていることがわかる資料を，住んでいる地域でも探してみよう。

自分の得点まで色をぬろう！
かんばろう！ / もう一歩 / 合格！
0　　　　　60　80　100点

2 右の資料を見て，次の問いに答えなさい。

(1)(2)(6)4点×4，(3)(4)(5)(7)8点×4（48点）

(1) **資料1**は，満州移民の県別出身者数を示しています。満州移民の人数が最も多かった県名を書きなさい。

(2) **資料2**は，(1)の県のある地方での繭の価格の変化を示したものです。グラフの期間で最も繭の価格が高くなったのは，西暦何年ですか。

(3) **資料2**で，繭の価格が2倍に上がるまでの期間に，ヨーロッパでは何が起こっていましたか。

 (4) 世界恐慌以降，繭の価格は大きく値下がりしました。その理由を，次の文を参考にして，簡単に説明しなさい。

日本の生糸の生産量の約90％は，アメリカに輸出されていた。

 (5) 満州移民の人数が最も多くなった背景として考えられる(1)の県の農業経営の特色を，「養蚕」という語を用いて簡単に説明しなさい。

 (6) **資料3**は，世界恐慌後の各国の失業率の変化を示したものです。次の問いに答えなさい。

① 1933年からアメリカの失業率が下がった理由は，ローズベルト大統領が積極的に経済を調整する政策を行ったためです。この政策を何といいますか。

② ドイツでも，1933年にある人物が政権を握り，公共事業をおこして失業者を減らしました。この人物は誰ですか。

(7) **資料4**を読んで，日本とドイツの(6)②の政策の共通点を考え，簡単に説明しなさい。

資料1
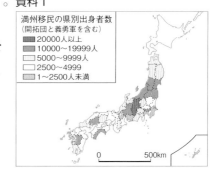

資料2
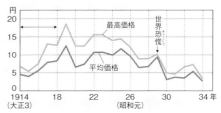

資料3
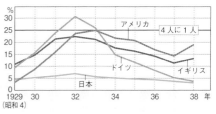

資料4　1938年以降の日本の動き
●国家総動員法を定める
●政党を解散し，大政翼賛会に合流する。
●治安維持法による取り締まりを厳しくする。
●マスメディアが政府の言論統制を受ける。

第2部 第5章

(1)		(2)		(3)	
(4)					
(5)			(6)①		②
(7)					

ステージ1　第1節　敗戦から立ち直る日本

教科書の要点　（　）にあてはまる語句を答えよう。

1 敗戦からの出発　教 p.258〜259

●**連合国軍の日本占領**▶ 1945年 （①　　　　　　　　　　　）を最高司令
官とする連合国軍総司令部（GHQ）が日本政府に改革を指示。
軍隊を解散。戦争犯罪容疑者は（②　　　　　　　　　　）
（東京裁判）で裁かれる。昭和天皇は「**人間宣言**」を出す。
神の子孫であるやみとを否定

●**敗戦直後の生活**▶配給が続けられ，人々は**闇市**で食料を入手。

●**海外にいた人々と戦後**▶満州・朝鮮などから日本人が引き揚げ。
約600万人
◆ソ連参戦で多くの日本人が（③　　　　　　　　　）抑留。

◆満州に多い親と離別した子ども▶（④　　　　　　　　）孤児。
中国人に養育された

2 新時代に求められた憲法　教 p.260〜261

●**民主化政策の進展**▶治安維持法を廃止。男女普通選挙実現。
20歳以上
◆経済の民主化▶（⑤　　　　　　　）解体と地主・小作制を
日本の産業・経済を独占してきた
なくし，自作農を増やすための（⑥　　　　　　　　）。
自らの土地を耕作する農民

◆政党が活動を再開し，**革新的な政党も誕生**。女性議員誕生。
日本社会党

●**新憲法の制定**▶GHQの草案も参考に政府案を議会で審議し，
1946年11月3日に（⑦　　　　　　　）を公布。**国民主権**・
1947年5月3日施行
（⑧　　　　　）・**基本的人権の尊重**を掲げる。
天皇は日本国および
日本国民統合の象徴

●**憲法に合わせた新しい法律**▶地方自治法を施行。民法を改正。
夫と妻は法律上，同じ権利を持つ
民主教育の基本的な考え方を（⑨　　　　　）に定める。
教育勅語は失効

3 冷たい戦争とその影響　教 p.262〜263

●**新たな対立の始まり**▶ 1945年 10月（⑩　　　　　　）が成立。
国際連合憲章に基づく
安全保障理事会では，アメリカ・イギリス・フランス・ソ連・
国民政府
中国が常任理事国。アメリカ中心の資本主義諸国とソ連中心の
北大西洋条約機構（NATO）
社会主義諸国の間の対立は（⑪　　　　　　）とよばれる。
ワルシャワ条約機構
核兵器の開発競争。 1949年 西ドイツ・東ドイツが成立。
資本主義国　　　社会主義国

●**中国の新国家と朝鮮戦争**▶ 1949年 （⑫　　　　　）が率い
社会主義国を目指す
る共産党が**中華人民共和国**を樹立→国民政府は台湾へ。
蒋介石
◆朝鮮▶1948年南に（⑬　　　　　），北に**朝鮮民主主義
人民共和国**が成立。 1950年 北朝鮮が統一を目指し韓国に攻め
北朝鮮
込み（⑭　　　　　）が始まる。3年後に休戦協定。

●**占領政策の転換**▶朝鮮戦争の開始→日本では治安維持のため**警
察予備隊**を組織→後に（⑮　　　　　）となる。
GHQが日本政府に指示
◆アメリカ軍への軍事物資の生産を引き受け，**朝鮮特需**となる。
経済の復興が進む

1945	GHQが日本を占領
	国際連合が発足
	財閥解体，農地改革
1946	日本国憲法を公布
1947	教育基本法を施行
	日本国憲法を施行
1948	韓国と北朝鮮が成立
1949	東西ドイツが成立
	中華人民共和国が成立
1950	朝鮮戦争が起こる
	警察予備隊を設立
1954	自衛隊が発足

↓マッカーサーと昭和天皇

↓農地改革による変化
自作地・小作地の割合

| 1941年 | 自作地 53.8% | 小作地 46.2 |
| 1949年 | 86.9 | 13.1 |

自作農・小作農の割合　その他3.5

| 1941年 | 自作農 27.5% | 自作兼小作農 41.0 | 小作農 28.0 |
| 1949年 | 55.0 | 35.1 | 7.8　2.1 |

（「農地改革顛末概要」）

国民主権と象徴
天皇制を結び付
けておさえてお
こう。

📖 教科書の 資料 　次の問いに答えよう。

(1) 地図中Aとその同盟国は，資本主義と社会主義，どちらの国ですか。

（　　　　　　　　　）

(2) 地図中AとBの国をそれぞれ何といいますか。

A（　　　　　　　　）

B（　　　　　　　　）

(3) 地図中の▨の国々と▨の国々の間の，直接には戦火を交えない対立を何といいますか。

（　　　　　　　　　）

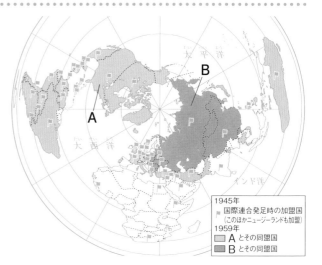

1945年
国際連合発足時の加盟国
（このほかニュージーランドも加盟）
1959年
□ A とその同盟国
■ B とその同盟国

📖 教科書 チェック 一問一答　次の問いに答えよう。

/10問中

★は教科書の太字の語句

1 敗戦からの出発

①戦後の日本の民主化を進めた，マッカーサーを最高司令官とする組織を何といいますか。

★① _____

②神の子孫であることをみずから否定して，「人間宣言」を出したのは誰ですか。

② _____

③ソ連が参戦後に占領した地域にいた日本人が，シベリアに捕虜として送られたことを何といいますか。

③ _____

2 新時代に求められた憲法

④政府が地主の土地を買い上げて小作人に安く売り渡し，地主・小作制をなくした改革を何といいますか。

★④ _____

⑤日本国憲法において，主権が国民にあるとした原則を何といいますか。

★⑤ _____

⑥日本国憲法の原則として尊重されている，人間が生まれながらにもっている権利を何といいますか。

★⑥ _____

3 冷たい戦争とその影響

⑦アメリカを中心とする資本主義諸国が結成した軍事同盟を何といいますか。

⑦ _____

⑧ソ連を中心とする社会主義諸国が結成した軍事同盟を何といいますか。

⑧ _____

⑨毛沢東の率いる共産党が，1949年に樹立した国を何といいますか。

★⑨ _____

⑩朝鮮戦争のとき，アメリカ軍への軍事物資などを生産したことで，日本で起こった好景気を何といいますか。

⑩ _____

第2部
第6章

 女性に参政権が与えられた最初の総選挙（1946年）の女性の当選者は39人でした。この記録は2005年に43人の女性が当選して，ようやく更新されたものです。

確認のワーク ステージ 1

第2節 世界の多極化と日本の成長

📖 教科書の 要点 （　）にあてはまる語句を答えよう。

❶ 日本の独立と世界の動き 教 p.264～265

●平和条約の調印と国際連合への加盟 ▶ 1951年 吉田茂内閣が
（①　　　　　　　　　　　　）を結び，日本は独立を回復。同時にアメ
リカと（②　　　　　　　　　）を結ぶ→アメリカ軍基地を認める。
◆ 1956年 （③　　　　　　　　　）に調印→国際連合に加盟。
北方領土問題は未解決　　　国際社会に復帰

●55年体制と安保闘争 ▶ 1955年 （④　　　　　　　　　）が始まる。
自民党を与党，社会党を主要野党
◆1960年，日米安全保障条約の改定をめぐり安保闘争が起こる。

●新しい勢力の形成 ▶ 1955年 アジア・アフリカ会議が開かれる。
バンドンで

❷ 冷戦下での日本とアジア 教 p.268～269

●ベトナム戦争 ▶ 1965年～（⑤　　　　　　　　）が北ベトナムへ
激しい爆撃。1976年，ベトナム社会主義共和国に統一。
反戦運動の高まり→1973年米軍引き揚げ→アメリカの敗北

●沖縄の復帰と基地問題 ▶ 1972年 沖縄返還。非核三原則確認。
佐藤栄作内閣

●国交正常化と戦後補償 ▶ 韓国と（⑥　　　　　　　　）を結ぶ。
1965年に国交正常化
中国と（⑦　　　　　　　　）を調印。 1978年 日中平和友好条約。
1972年に国交正常化

❸ 経済成長による日本の変化 教 p.270～271

●高度経済成長と日本経済の国際化 ▶ 1960年，「所得倍増」計画。
1955年ごろから　　　　　　　　　　　池田勇人内閣
◆ 1964年 東京（⑧　　　　　　　）開催に合わせ，高速道路や
新幹線が開通。1968年，国民総生産が資本主義国で2位に。

●深刻な公害問題 ▶ 水俣病など（⑨　　　　　　　　）が深刻化。
工場などの廃液
や排ガスによる
◆ 1967年 公害対策基本法を制定→ 1971年 環境庁設置。

●石油危機と日本経済 ▶ 1973年 （⑩　　　　　　　　）で世界的な
不況に。 1975年 第1回先進国首脳会議（サミット）開催。
省エネルギー技術の開発で乗り切る

❹ 日本の社会と国際関係の変化 教 p.272～273

●「経済大国」日本／日本国内の変化 ▶ 日米貿易摩擦が深刻化。
「円高」から地価や株価が急騰（（⑪　　　　　　）経済）。
1980年代後半に実態以上の好景気
◆発展途上国向けの（⑫　　　　　　　）の供与額が急増。

●東アジア・東南アジアの成長 ▶ 新興工業経済地域（NIEs）。
韓国や台湾など

❺ 大衆化・多様化する戦後の文化 教 p.274～277

●戦後復興期の文化／高度経済成長による変化／メディアから広がる文化
◆1949年 （⑬　　　　　　）が日本初のノーベル賞受賞。
物理学賞
◆「三種の神器」とよばれた電気洗濯機・電気冷蔵庫・テレビ
が普及。「文化の大衆化」が進む。マスメディアが発達。映
画の黒澤明，文学の川端康成・大江健三郎，漫画の手塚治虫。
ノーベル文学賞

1951	サンフランシスコ平和条約を結ぶ 日米安全保障条約
1955	アジア・アフリカ会議 55年体制が始まる
1956	日ソ共同宣言 国際連合に加盟
1965	日韓基本条約
1972	沖縄が返還 日中共同声明
1975	第1回サミット
1978	日中平和友好条約

↓サンフランシスコ平和条約の調印

↓東海道新幹線の開通

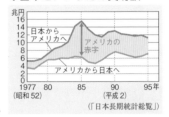

↓日本とアメリカの貿易額

兆円
16
14
12
10
8
6
4
2
日本から
アメリカへ
アメリカの
赤字
アメリカから日本へ
1977 80 85 90 95年
（昭和52）（平成2）
（「日本長期統計総覧」）

😊まるごと暗記 😊バブル経済 地価や株価が短期間に急騰し，実態以上に景気がよくなった経済

📖教科書の 資料 次の問いに答えよう。

(1) 右の写真は，1964年に開かれたオリンピックの開会式の様子です。このオリンピックが開かれた都市名を書きなさい。

（　　　　　　　　　）

(2) 写真のオリンピックが開かれたころ，日本はめざましい経済成長を続けていました。この経済成長を何といいますか。

（　　　　　　　　　）

(3) (1)の都市をはじめとする過密地域や工業地域では，公害が問題となりました。公害を防ぐために1967年に制定された法律を何といいますか。 （　　　　　　　　　）

📖教科書 チェック 一問一答 次の問いに答えよう。

/10問中

★は教科書の太字の語句

1 日本の独立と世界の動き

①1951年にサンフランシスコ講和会議に参加し，平和条約に調印した首相は誰ですか。

☐① ★＿＿＿＿＿＿＿

②1956年の日ソ共同宣言に調印した結果，日本は何という機関に加盟し，国際社会への復帰を果たしましたか。

☐②＿＿＿＿＿＿＿

③日米安全保障条約の改定をめぐって，1960年に起こった反対運動を何といいますか。

☐③ ★＿＿＿＿＿＿＿

④1955年にインドネシアで開かれ，大戦後の独立国が平和共存などの原則を確認した会議を何といいますか。

☐④ ★＿＿＿＿＿＿＿

2 冷戦下での日本とアジア

⑤1972年，アメリカから日本へ施政権が返還された地域はどこですか。

☐⑤＿＿＿＿＿＿＿

⑥⑤のときに改めて確認された，核兵器を持たず，作らず，持ち込まさずという原則を何といいますか。

☐⑥ ★＿＿＿＿＿＿＿

3

⑦重要な国際問題の解決のため，1975年から開かれるようになった国際会議を何といいますか。

☐⑦ ★＿＿＿＿＿＿＿

4

⑧1980年代に工業製品の輸出が増加した日本とアメリカとの間で起こり，深刻化した問題を何といいますか。

☐⑧ ★＿＿＿＿＿＿＿

5 大衆化・多様化する戦後の文化

⑨高度経済成長期に，家庭に急速に普及した電気洗濯機・電気冷蔵庫・テレビの三つは何とよばれましたか。

☐⑨ ★＿＿＿＿＿＿＿

⑩「鉄腕アトム」などの漫画を描き，アニメーションの制作にも力を尽くしたのは誰ですか。

☐⑩ ★＿＿＿＿＿＿＿

知識の泉 石油危機で石油価格が高騰した結果，石油以外のエネルギーの研究が進みました。最初のサミットも，石油危機で落ち込んだ経済の回復を議題に開かれたものです。

予習・復習　こつこつ　解答 p.34

教科書の **要点**（　　　）にあてはまる語句を答えよう。

①グローバル化が進む世界　教 p.278〜279

●**冷戦の終結**▶1980年代半ば，ソ連で（①　　　　　　　　　）が指

導者となり改革を実行→東ヨーロッパでも民主化運動。
　情報公開など

◆1989年「（②　　　　　　　　　）の壁」が取り払われる。
　　　　　　　　　　　　　　　　　冷戦の象徴

◆アメリカとソ連がマルタ会談で冷戦の終結を宣言。ソ連解体。
　　　　　　　　　　　　　　　　　　　　　　1991年

●**グローバル化の進展**▶国家の枠組みを越えて世界が相互に依存

を強め，一体化に向かう（③　　　　　　　　　）が進む。
　　　　　　　　　　　　　　　お金,商品,人の流れ,情報など

◆地域統合の動き▶1993年ヨーロッパで（④
　　　　　　　　　　　　　　　　　　　　　　　　　　）

（EU）が発足→統一貨幣のユーロを導入。

●**地域紛争の激化**▶多民族国家の（⑤　　　　　　　　　）で国連や

NATOなどを巻き込んだ内戦が起こる（1991〜2001年）。
　　　　　　　　　　　　　　　　　アメリカ中心の多国籍軍がイラクを攻撃

◆イラクがクウェートへ侵攻▶1991年（⑥　　　　　　　）
　　1990年

→以後，国連平和維持活動に（⑦　　　　　　　）を派遣。
　　　　　　　　　　　PKO

●**冷戦後の世界秩序**▶2001年アメリカで（⑧　　　　　　　）
　　　　　　　　　アメリカはアフガニスタンを空爆

◆2003年アメリカはイラクへ派兵（（⑨　　　　　　　））。

②激変する日本とアジア　教 p.280〜281

●**55年体制の崩壊**▶1993年細川護熙内閣誕生→「55年体制」の
　　　　　　　　　　　　ほそかわもりひろないかくたんじょう
　　　　　　　　　連立政権

終わり→村山富市内閣の後，再び自民党中心の連立政権続く。
　　むらやまとみいちないかく

◆2009年，民主党による政権交代→2012年，自民党中心の政権に。

●**バブル経済の崩壊と長びく不況**▶1990年代〜長い不況の時期が

続く（失われた20年）。2008年には世界同時不況の影響。

●**激変する東アジア**▶中国が「世界の工場」となる。

◆北朝鮮の日本人（⑩　　　　　　　）問題や核開発問題。
　きたちょうせん

③国際社会におけるこれからの日本　教 p.282〜283

●**世界との結び付き**▶日本は**政府開発援助**（ODA）で国際貢献。

◆（⑪　　　　　　　）（NGO）やボランティアも援助。

●**技術進歩の恩恵と新たな課題**▶（⑫　　　　　　　）（ICT）

の発展，技術革新で（⑬　　　　　　　）（AI）の発達。

●**環境と資源エネルギー／未来のために歴史から学ぶ**

◆（⑭　　　　　　　）への危機感が高まる→温室効果ガスの
　　　　　　　　　　　　　　　　　　　　　二酸化炭素など

排出削減に向けた取り組み→2015年**パリ協定**。
　はいしゅつさくげん　　　　　　　　　　　　　脱炭素化社会を目指す

◆2011年東日本大震災で福島県の**原子力発電所**の事故→**再生可**
　　　ひがしにほんだいしんさい

能エネルギーがさらに注目→「**持続可能な社会**」の実現へ。
　太陽光や地熱など

年	できごと
1989	ベルリンの壁の崩壊 マルタ会談の開催
1990	東西ドイツ統一
1991	湾岸戦争が起こる ソ連が解体
1993	55年体制が終わる EUが発足
1997	京都議定書の採択
2001	同時多発テロが起こる
2003	イラク戦争が起こる
2009	政権交代
2011	東日本大震災が起こる
2015	パリ協定

↓EUの統一貨幣ユーロ

↓市街地の地価の変化

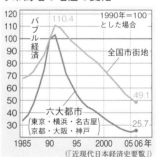

（『近現代日本経済史要覧』）

民間による援助
が役割を増して
きているよ。

📖教科書の 資料 次の問いに答えよう。

(1) 地図中の ■ は，1993年に発足した組織Aの加盟国を示しています。この組織の略称を2字で書きなさい。（ 　　　 ）

(2) Bにあてはまるできごとを書きなさい。（ 　　　 ）

(3) 地図中のCには，Bの首謀者をかくまっているという理由でアメリカによる空襲を受けた国があてはまります。この国名を書きなさい。（ 　　　 ）

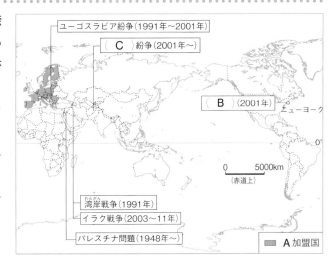

- ユーゴスラビア紛争 (1991年〜2001年)
- （ C ）紛争 (2001年〜)
- （ B ）(2001年) ニューヨーク
- 湾岸戦争 (1991年)
- イラク戦争 (2003〜11年)
- パレスチナ問題 (1948年〜)
- 0　5000km（赤道上）
- ■A加盟国

📖教科書 チェック 一 問 一 答 次の問いに答えよう。

/10問中

★は教科書の太字の語句

1 グローバル化が進む世界

①1989年のアメリカとソ連によるマルタ会談で宣言されたことは何ですか。

★① _____

②1993年に発足したヨーロッパ連合で，その後導入された統一貨幣を何といいますか。

② _____

③湾岸戦争の後，人的支援が求められるようになった日本は，自衛隊を何という活動に派遣していますか。

③ _____

2 激変する日本とアジア

④1993年に自民党と共産党を除いた連立政権が成立したことにより，終わった政治体制を何といいますか。

★④ _____

⑤2009年の選挙で野党だった民主党が勝利して第一党になり，与党の立場になったことを何といいますか。

★⑤ _____

⑥1970年代後半から資本主義国と協力を深め，「世界の工場」とよばれるようになった社会主義国はどこですか。

⑥ _____

3 国際社会におけるこれからの日本

⑦日本が世界各地で多くの支援を行ってきた，政府による出資を何といいますか。

⑦ _____

⑧温室効果ガス排出削減に向けて，2015年に採択された脱炭素化社会を目指す協定を何といいますか。

⑧ _____

⑨2011年3月11日，東北地方の太平洋沖で発生した地震と津波による被害を何といいますか。

★⑨ _____

⑩⑨で発電所の事故が起こり，エネルギー確保の方法が改めて議論されるようになった発電方法は何ですか。

⑩ _____

 知識の泉 冷戦中の1980年，アメリカはソ連のアフガニスタン侵攻に反対して，モスクワ五輪をボイコットしました。4年後のロサンゼルス五輪では，ソ連がボイコットしました。

こつこつ テスト直前 解答 ▶ p.34

定着のワーク ステージ **2**
第1節 敗戦から立ち直る日本
第2節 世界の多極化と日本の成長
第3節 これからの日本と世界

1 日本の民主化と世界の対立 右の年表を見て，次の問いに答えなさい。

年代	できごと
1945	GHQが改革を指示 …………A
	↕ア
1946	日本国憲法を公布……………B
	↕イ
1949	東西のドイツが成立する……C
	↕ウ
1950	朝鮮戦争が起こる…………D
	↕エ
1954	自衛隊が発足………………E

(1) 年表中の**A**について，次の問いに答えなさい。

① GHQの最高司令官の名を書きなさい。

（　　　　　　　　）

② 民主化政策のうち，右下のグラフのような変化をもたらした改革を何といいますか。

（　　　　　　　　）

③ ②と同じ経済の民主化政策のうち，日本の産業や経済を独占してきたとして解体させられたものは何ですか。（　　　　　　　　）

(2) 年表中の**B**について，次の問いに答えなさい。

① 日本国憲法に盛り込まれた新しい時代に対する当時の国民の期待を3つ書きなさい。

（　　　　　を尊重）
（　　　　　主権）
（　　　　　主義）

自作農・小作農の割合の変化

その他 3.5

| 1941年 | 自作農 27.5% | 自作兼小作農 41.0 | 小作農 28.0 |

2.1

| 1949年 | 55.0 | 35.1 | 7.8 |

② **B**の翌年から，ソ連に抑留されていた日本人捕虜の帰国が始まりました。これらの捕虜が抑留されていた地域を，次から選びなさい。

（　　　　　）

ア シベリア　イ ポーランド　ウ バルカン半島　エ インドシナ半島

(3) **C**のできごとは，アメリカとソ連の間の直接には戦火を交えない厳しい対立が背景にあります。この対立を何といいますか。（　　　　　　　　）

(4) **D**において，ソ連が支援していた国の正式名称を書きなさい。

（　　　　　　　　）

(5) 次の文は，**E**が発足するまでの流れについてまとめたものです。□にあてはまる語句を書きなさい。

a（　　　　　）b（　　　　　）c（　　　　　）

朝鮮戦争が始まると，GHQは国内の治安維持のために│ a │を作らせた。この組織が，のちに自衛隊となった。朝鮮戦争では│ b │軍が軍事物資を日本に注文したため，日本経済は「│ c │」とよばれる好景気を迎え，経済の復興が進んだ。

(6) 次のできごとにあてはまる時期を，年表中の**ア〜エ**からそれぞれ選びなさい。

① 国際連合が成立した。　　　　　　　　（　　　　　）

② 警察予備隊ができた。　　　　　　　　（　　　　　）

③ 教育基本法が制定された。　　　　　　（　　　　　）

ヒントの森
(1)②自作農の割合が高くなった点に注目しましょう。
(4)朝鮮半島北部の国。

全部できたら，➡に✔をかいて😊にしよう！　☺ ☺ ☺

❷ 日本の独立と世界の多様化　右のグラフを見て，次の問いに答えなさい。

(1) グラフ中のAの年に，日本が世界の 48か国との間に結んだ条約名を書きなさい。（　　　　　　）

日本の実質経済成長率

(2) Bの年に，日本でテレビ放送が始まりました。次のうち，日本のテレビで放映されたできごととしてあてはまらないものを2つ選びなさい。（　　　）（　　　）

ア　東京オリンピック
イ　ベルリンの壁の崩壊
ウ　湾岸戦争
エ　湯川秀樹のノーベル物理学賞受賞　　　オ　サンフランシスコ講和会議

(3) グラフ中のCの年に「所得倍増政策」を打ち出した首相を，[　　]から選びなさい。（　　　　　　）

> 池田勇人　　　佐藤栄作
> 田中角栄　　　吉田茂

(4) グラフ中の（D）にあてはまる，日本経済の目覚ましい成長を表す言葉を書きなさい。（　　　　　　）

(5) グラフ中のEの年に，中東での戦争をきっかけに起こった経済の混乱の影響を受けて，日本の経済成長率は大きく落ち込みました。この混乱を何といいますか。（　　　　　　）

(6) 次の図は，グラフ中のE以降の世界の動きをまとめたものです。これを見て，あとの問いに答えなさい。

> 第1回 a 先進国首脳会議が開かれる　➡　アメリカとの b 貿易摩擦が起こる　➡　c マルタ会談が開かれる　➡　d イラク戦争が起こる

① 下線部aのよび名を，カタカナで書きなさい。（　　　　　　）
② 下線部bで，貿易額が黒字だったのはアメリカと日本のどちらですか。（　　　　　　）
③ 下線部cに出席したソ連の首脳を，次から選びなさい。（　　　）
　ア　スターリン　　イ　ゴルバチョフ　　ウ　レーニン
④ 下線部dについて，イラクに軍隊を送った国はどこですか。（　　　　　　）

⑤ 次のできごとが起こった時期を，グラフ中のX～Zからそれぞれ選びなさい。
　Ⅰ　ベトナム戦争が激化した。　　　　Ⅰ（　　　）
　Ⅱ　日中平和友好条約が結ばれた。　　Ⅱ（　　　）
　Ⅲ　安保闘争が行われた。　　　　　　Ⅲ（　　　）

ヒントの森
(1)この条約に調印した首相は吉田茂です。
(6)③ソ連の民主化が，冷戦終結のきっかけとなりました。
⑤Ⅲ日米安全保障条約の改定の時期です。

第2部
第6章

実力判定テスト　ステージ3

総合問題編

第6章 現代 現在に続く日本と世界

30分　　　/100

1 右の表を見て，次の問いに答えなさい。

4点×7（28点）

(1) 表の改革を指示した，連合国軍の組織を何といいますか。

よく出る (2) 表中のAは，それまで日本の経済を独占してきた大資本家です。あてはまる語句を書きなさい。

(3) 下線部Bの政策を何といいますか。

(4) (3)によって大幅に増えたみずからの土地を耕作する農民を何といいますか。

(5) 下線部Cの政党のうち，後の55年体制で主要野党となった政党を，次から選びなさい。

　　ア 自由民主党　　イ 日本共産党　　ウ 日本社会党

よく出る (6) 表中のDにあてはまる語句を，漢字2字で書きなさい。

(7) 表中のEは，民主教育の基本的な考え方を示した法律です。□□にあてはまる語句を書きなさい。

戦後の民主化政策

経済の民主化	・（ A ）を解体した。 ・B地主・小作制をなくした。
政治の民主化	・C政党の活動が自由になった。 ・20歳以上の男女の普通選挙が認められた。
憲法の改正	・国民に主権を与えた。 ・天皇は日本国および日本国民統合の（ D ）とされた。
新しい法律	・民法が改正された。 ・E 法が定められた。

(1)			(2)		(3)	
(4)		(5)		(6)		(7)

2 右の資料を読んで，次の問いに答えなさい。

4点×5（20点）

(1) 資料1・2の条約や宣言に調印した首相を，次からそれぞれ選びなさい。

　　ア 吉田茂　　　イ 佐藤栄作　　ウ 鳩山一郎
　　エ 池田勇人　　オ 田中角栄

(2) 下線部Aのうち，この条約の調印後も引き続き日本に軍事基地を置いた国はどこですか。

(3) 資料2が調印された後も，下線部Bと日本の間で未解決のまま残された領土問題は何ですか。

レベルUP (4) 資料1が調印された年と資料2が調印された年の間の時期に起こったできごとを，次から選びなさい。

　　ア 湾岸戦争　　イ 日韓基本条約の調印
　　ウ 安保闘争　　エ 自衛隊の発足

資料1 サンフランシスコ平和条約

第1条(a)　日本国とA各連合国との間の戦争状態は…この条約が日本国と当該連合国との間に効力を生ずる日に終了する。

資料2　日ソ共同宣言

4　Bソ連は，国際連合への加入に関する日本国の申請を支持するものとする。

(1) 資料1	資料2	(2)		(3)		(4)

3 右の地図を見て，次の問いに答えなさい。

4点×13(52点)

(1) 国際連合の本部がある都市を，地図中のア〜エから選びなさい。

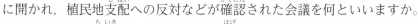

(2) 地図中のAの陣営とBの陣営の間の，戦火を交えない厳しい対立を何といいますか。

(3) 地図中のA・Bの陣営が団結のために何という条約機構をそれぞれに作りましたか。

(4) 地図中のCの都市で1955年に開かれ，植民地支配への反対などが確認された会議を何といいますか。

(5) 地図中のDの地域で，1960年代から激しくなった戦争を何といいますか。

(6) 地図中のEの国と日本の国交が正常化された，1972年の声明を何といいますか。

(7) Eの国に返還された次の地域を支配下に置いていた国をそれぞれ書きなさい。

① 1997年に返還された香港

② 1999年に返還されたマカオ

(8) 高度経済成長のころの日本について，右の表を基に，次の問いに答えなさい。

① 1960年前後を中心に普及した表中の下線部aにあてはまらないものを，次から選びなさい。

ア 白黒テレビ　　イ 自動車
ウ 電気冷蔵庫　　エ 電気洗濯機

② 表中の下線部bの対策のため，1967年に制定された法律を何といいますか。

生活様式と文化	● 「a三種の神器」が普及した。 ● 文化の大衆化が進んだ。
産業・交通の発展	● 重化学工業が成長した。 ● 高速道路や新幹線が開通した。
社会問題の発生	● b公害が次々に起こった。 ● 地方では過疎が問題となった。

第2部 第6章

(9) 地図中のFの地域で1973年に起こった戦争によって，あるエネルギー資源が値上がりし，世界経済は大きな打撃を受けました。値上がりしたものは何でしたか。

(10) 地図中のGの島で1989年に開かれた会談によって，(2)の対立は終わりを告げました。この会談を何といいますか。

(1)		(2)		(3) A	
(3) B		(4)		(5)	
(6)		(7) ①		②	
(8) ①		②		(9)	(10)

1 次の年表を見て，あとの問いに答えなさい。

(2)(3)(5)10点×3，他3点×6（48点）

年代	できごと
1945	日本が降伏し，連合国軍が占領する………A
	↕ア
1951	サンフランシスコ平和条約を結ぶ…………B
	↕イ
1972	沖縄の施政権が日本に返還される…………C
	↕ウ
1989	ベルリンの壁が取り払われる
	↕エ
2009	野党の民主党が選挙で勝利し，第一党になる…D

X 全面講和側の意見

ソ連・中華人民共和国を含む，すべての交戦国と講和。単独講和では，日本はアメリカ側に編入されてしまう。

Y 単独講和側の意見

ソ連・中国との調整は難しいため，アメリカ側の国々と早期に講和して，経済の再建を図りたい。

(1) 年表中のAについて，日本に対して連合国軍の主力となっていたのは，どの国の軍でしたか。国名を書きなさい。

(2) 日本の敗戦直後の都市部で，深刻な食料不足により配給では足りない食料を人々はどのようにして手に入れましたか。「高い値段」という語句を使って，簡単に書きなさい。

(3) (2)のような食料不足は，国内の人口が増えたことでより深刻になりました。人口が増えた理由を，「満州や朝鮮」という語句を使って簡単に説明しなさい。

(4) 年表中のBについて，平和条約を結ぶにあたり，右上のような意見の対立がありました。結果的には，XとYのどちらの意見に基づいて平和条約が結ばれましたか。

(5) 年表中のCについて，この前年に確認された，右の**資料**の□□□□□にあてはまる内容を書きなさい。

資料

政府は，核兵器を□□□□□の非核三原則を遵守するとともに，沖縄返還時に適切なる手段をもって，核が沖縄に存在しないこと，ならびに返還後も核を持ち込ませないことを明らかにする措置をとるべきである。

(6) 年表中のDにより，民主党が政権を握りました。このような変化を何といいますか。

(7) 次のできごとにあてはまる時期を，年表中のア～エからそれぞれ選びなさい。

① ソ連のゴルバチョフが情報公開などの改革を進めた。

② ヨーロッパでEUが発足した。

③ 日本は韓国と日韓基本条約を結び，国交を正常化した。

(1)		(2)	
(3)			
(4)		(5)	
(6)		(7) ①	② ④

ここに注目！ 「問題とその原因」のように，2つの要素が問われているときは注意。「〜（が原因）で，〜問題が起こった」という答え方ができる。

自分の得点まで色をぬろう！

がんばろう　もうっ　合格！
0　　　　　　　　　　60　　80　100点

2 右の資料を見て，次の問いに答えなさい。

(2)(3)6点×2，他10点×4（52点）

(1) 資料1について，「三種の神器」とよばれた製品が普及することによって，人々の生活はどのように変化しましたか。「家事」，「余暇」という語句を使って，簡単に説明しなさい。

(2) 「新三種の神器」は，「3C」ともよばれました。「3C」にあたるものを，**資料1**から3つ書きなさい。

(3) **資料1**のグラフの期間中の流行語ではないものを，次から選びなさい。
　ア　「狂乱物価」（石油危機がきっかけ）
　イ　「所得倍増」（池田勇人内閣の政策）
　ウ　「ウルトラC」（東京オリンピック）
　エ　「ファミコン」（家庭用ゲーム機）

(4) 1980年代前半に，日本とアメリカの間で深刻化した問題とその原因を，**資料2**から読み取り，「黒字」または「赤字」という語句を用いて簡単に説明しなさい。

(5) 1980年代後半から，日本でバブル経済とよばれる好景気になった理由として正しいものを，次から選びなさい。
　ア　銀行の資金援助を受けた企業が余った資金を土地や株に投資したから。
　イ　年金などの社会保障費が増大し，これに対応するため消費税を導入したから。
　ウ　石油危機をいち早く乗り切ったから。
　エ　円安が進み，貿易の利益が増えたから。

(6) 戦後に活躍した次の人物に共通する功績は何ですか。簡単に書きなさい。
　◆湯川秀樹　◆川端康成　◆大江健三郎

資料1　乗用車と家庭電化製品の普及

%
100
90　カラーテレビ
80　白黒テレビ
70
60　電気冷蔵庫
50　電気洗濯機
40
30　乗用車
20
10　エアコン
1962　65　　70　　75　　80年
（昭和43）
「日本長期統計年鑑」ほか

資料2　日本とアメリカの貿易額

兆円
16
14
12　日本からアメリカへ
10　アメリカの赤字
8
6
4　アメリカから日本へ
2
1977　80　　85　　90　　95年
（昭和52）　　　　（平成2）

第2部
第6章

(1)			
(2)			(3)
(4)			
(5)	(6)		

プラスワーク　歴史重要語句

⭐ なぞった後，漢字を書いて覚えましょう。読みも覚えておきましょう！

えみし 蝦夷	蝦夷	しっけん 執権	執権	しんらん 親鸞	親鸞
しゅご 守護	守護	しらぎ 新羅	新羅	せっしょう 摂政	摂政
こせき 戸籍	戸籍	つしま 対馬	対馬	どうたく 銅鐸	銅鐸
からふと 樺太	樺太	りゅうきゅう 琉球	琉球	わこう 倭寇	倭寇

くらやしき 蔵屋敷	蔵屋敷	けんずいし 遣隋使	遣隋使
こうくり 高句麗	高句麗	さつまはん 薩摩藩	薩摩藩
せいかんろん 征韓論	征韓論	どいっき 土一揆	土一揆
ちょうへいれい 徴兵令	徴兵令	いぬかいつよし 犬養毅	犬養毅
かつしかほくさい 葛飾北斎	葛飾北斎	ごけんうんどう 護憲運動	護憲運動
いはらさいかく 井原西鶴	井原西鶴	はいはんちけん 廃藩置県	廃藩置県
はんせきほうかん 版籍奉還	版籍奉還	はんばつせいじ 藩閥政治	藩閥政治
ひがきかいせん 菱垣廻船	菱垣廻船	そんのうじょうい 尊王攘夷	尊王攘夷
ませいせっき 磨製石器	磨製石器	むつむねみつ 陸奥宗光	陸奥宗光
やまたいこく 邪馬台国	邪馬台国	けいもうしそう 啓蒙思想	啓蒙思想

そ ようちょう 租・庸・調	租・庸・調
はんでんしゅうじゅのほう 班田収授法	班田収授法
ぶけしょはっと 武家諸法度	武家諸法度
せいいたいしょうぐん 征夷大将軍	征夷大将軍
ごだいごてんのう 後醍醐天皇	後醍醐天皇
りっけんかいしんとう 立憲改進党	立憲改進党
びょうどういんほうおうどう 平等院鳳凰堂	平等院鳳凰堂
こんでんえいねんしざいほう 墾田永年私財法	墾田永年私財法

全部書けたらきみは，歴史博士だ！

どんな意味の用語だったか思いだそう！

定期テスト対策

得点アップ！ 予想問題

①
この「予想問題」で
実力を確かめよう！

時間も
はかろう

②
「解答と解説」で
答え合わせをしよう！

③
わからなかった問題は
戻って復習しよう！

この本での
学習ページ

スキマ時間でポイントを確認！
別冊「**スピードチェック**」も使おう

●予想問題の構成

社会歴史　帝国書院版

解答 p.36

第1章 古代国家の成立と東アジア① 15分 /100

1 右の地図を見て，次の問いに答えなさい。

7点×7（49点）

(1) 地図中の**A，C**の地域でおこった文明をそれぞれ何といいますか。

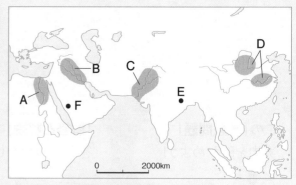

(2) 地図中の**B**の文明に関係の深いものを，次から選びなさい。

ア 太陽暦　イ モヘンジョ＝ダロ
ウ くさび形文字　エ ピラミッド

(3) 地図中の**D**の地域でつくられた漢字の基になった文字を何といいますか。

(4) 地図中の**D**の地域で起こった次のできごとを，古い順に並べなさい。

ア 秦が中国を統一する。　イ 孔子が儒教を説く。
ウ 漢が中国を統一する。　エ 始皇帝が万里の長城を修築する。

(5) 地図中の**E，F**で生まれたシャカ，ムハンマドによって開かれた宗教を，次からそれぞれ選びなさい。

ア キリスト教　イ 仏教　ウ イスラム教　エ ユダヤ教

(1)	A		C		(2)		(3)	
(4)		→	→	→	(5)	E		F

2 右の資料を見て，次の問いに答えなさい。

(3)11点，他8点×5（51点）

(1) **A**の道具を何といいますか。

(2) **A**が作られたころの遺跡を，次から選びなさい。

ア 岩宿遺跡　イ 吉野ヶ里遺跡
ウ 金取遺跡　エ 三内丸山遺跡

(3) **A**の道具は，主にどのように使用されていたと考えられていますか。簡単に書きなさい。

(4) **A**などの青銅器とともに伝わり，武器などとして使われた金属器を何といいますか。

(5) **B**の古墳は，日本最大の古墳です。このような形の古墳を何といいますか。

(6) 古墳の一角に並べられた，人や動物，建物などの形をした焼き物を何といいますか。

(1)		(2)		(3)	
(4)		(5)		(6)	

第**2**回
予想問題

第1章　古代国家の成立と東アジア②

解答 ▶ p.36

⏱ **15**分 　/100

1 右の年表を見て，次の問いに答えなさい。

(3)12点，他6点×10（72点）

(1)　年表中の□にあてはまる語句をそれぞれ書きなさい。

(2)　年表中の**A**について，聖徳太子が，家柄にとらわれず，才能や功績のある人物を役人に取り立てるために定めた制度を何といいますか。

(3)　年表中の**B**について，法隆寺が世界的にも知られる建造物である理由を，「木造」という語句を用いて簡単に書きなさい。

(4)　年表中の**C**について，この改革の中心人物で，後に即位して天智天皇となったのは誰ですか。

(5)　年表中の**D**について，この法令が出された目的を，次から選びなさい。
　　ア　荘園を奨励する　　イ　戸籍をつくる
　　ウ　開墾を奨励する　　エ　口分田を減らす

年代	できごと
593	聖徳太子が摂政になる………… A
607	法隆寺が建立される………… B
	↕ あ
645	大化の改新が始まる………… C
	↕ い
672	① が起こる
	↕ う
701	大宝律令が制定される
710	② に都を移す
	↕ え
743	墾田永年私財法が出される…… D
752	東大寺の大仏が完成する……… E
794	③ に都を移す
	↕ F
894	遣唐使が停止される
1016	藤原道長が摂政になる………… G

(6)　年表中の**E**について，民間での布教に努めながら，大仏造りに協力した僧は誰ですか。

(7)　年表中の**F**の時期に，唐から帰国した空海が開いた仏教の宗派を何といいますか。

(8)　年表中の**G**のころ，国内では，中国の影響を受けた文化を基に，日本の風土や生活に合わせた独自の文化が発達しました。この文化を何といいますか。

(9)　日本が唐・新羅軍に敗れた戦いが起こった時期を，年表中の**あ〜え**から選びなさい。

(1) ①		②		③		(2)	
(3)					(4)		(5)
(6)		(7)		(8)		(9)	

2 奈良時代と平安時代の文化について，次の問いに答えなさい。

7点×4（28点）

(1)　①奈良時代に大伴家持がまとめたとされる和歌集と，②平安時代に紀貫之らにより編集された和歌集をそれぞれ何といいますか。

(2)　奈良時代の聖武天皇の時代に栄えた文化は，当時の元号から何とよばれていますか。

(3)　平安時代に平等院鳳凰堂が造られた背景には，阿弥陀仏にすがれば，死後に極楽浄土に生まれ変わるという信仰がありました。この信仰を何といいますか。

(1) ①		②		(2)		(3)	

第2章　武家政権の成長と東アジア①

解答 ▶ p.36

15分　/100

1 右の地図を見て，次の問いに答えなさい。　　　　6点×10（60点）

(1) 地図中の**A**の都について，次の問いに答えなさい。

① 1086年，白河天皇は位を譲って上皇になった後も政治を行いました。このような政治の体制を何といいますか。

② **A**の都を中心に起こった2つの戦乱の後，平氏が政権を握りました。この2つの戦いを，次から選びなさい。

ア　承久の乱　　　　イ　保元の乱
ウ　壇ノ浦の戦い　　エ　平治の乱
オ　藤原純友の乱　　カ　平将門の乱

(2) 地図中の**B**の港で，宋との貿易に力を入れた人物は誰ですか。

(3) 地図中の**C**に鎌倉幕府を開いた人物は誰ですか。

(4) (3)の人物は，平氏が滅亡した年に，国ごとに ｜**a**｜ を，荘園・公領ごとに ｜**b**｜ を設置することを朝廷に認めさせました。**a**・**b**にあてはまる語句をそれぞれ書きなさい。

(5) 次の①~③の文の「この地」の位置を，地図中の**ア~カ**からそれぞれ選びなさい。

① この地を中心として奥州藤原氏は栄え，ここに建てられた中尊寺金色堂は，2011年に世界文化遺産に登録された。

② 源義経に攻められ，西国に追い詰められた平氏は，この地で滅亡した。

③ 建武の新政に失敗した後醍醐天皇は，京都からこの地へ逃れた。

(1)①		②		(2)		(3)	
(4) a		b		(5)①	②		③

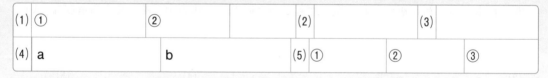

---

2 鎌倉幕府について，次の問いに答えなさい。　　　　8点×5（40点）

(1) 右の資料は，鎌倉時代の将軍と御家人の主従関係を示したものです。**a**・**b**にあてはまる語句をそれぞれ書きなさい。

(2) 源氏の将軍が途絶えた後，倒幕を目指した朝廷軍を破った幕府が，京都に置いた機関を何といいますか。

(3) 1232年に北条泰時が制定した，裁判の基準を示し，以降武士の法律の手本とされた法令を書きなさい。

(4) 北条氏が代々つとめた，鎌倉幕府における将軍の補佐役を何といいますか。

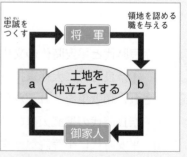

(1) a	b	(2)	(3)	(4)

第**4**回
予想問題

第2章　武家政権の成長と東アジア②

解答 ▶ p.37

15分

/100

1 右の年表を見て，次の問いに答えなさい。

6点×10（60点）

(1) 年表中の □ Ⅰ〜Ⅲにあてはまる語句を，次からそれぞれ選びなさい。

ア　南北朝の内乱　　　イ　山城の国一揆
ウ　アイヌとの争乱　　エ　正長の土一揆

(2) 右の資料は，年表中のaでの元軍との戦いの様子です。次の問いに答えなさい。

① このできごとを漢字4字で書きなさい。
② このときの鎌倉幕府の執権は誰でしたか。
③ このときの元軍の攻撃の特徴は，火薬を用いる武器の使用と，もう1つは何でしたか。資料を参考に，簡単に説明しなさい。

(3) 年表中のbについて，室町幕府において将軍を補佐する役職を何といいますか。

(4) 年表中のcの時期に，年貢の徴収権を得て，また，国内の武士を従えて成長した守護を何といいますか。

(5) 年表中のdについて，この貿易で使用された勘合という証明書は正式の貿易船と何とを区別するためのものでしたか。

年代	できごと
1274	文永の役…………………… a
1281	弘安の役
1334	建武の新政が始まる
1338	室町幕府が成立………… b
	↕ c
1392	Ⅰ が終わる
1404	明との貿易が始まる…… d
1428	Ⅱ が起こる
1467	応仁の乱が始まる……… e
1485	Ⅲ が起こる
1488	加賀の一向一揆が起こる

(6) 年表中のeについて，この後，実力のある者が上の身分の者に取って代わろうとする風潮が広がりました。この風潮を何といいますか。

(1)	Ⅰ		Ⅱ		Ⅲ		(2)①		②		③	
(3)				(4)				(5)			(6)	

2 鎌倉時代と室町時代の文化について，次の問いに答えなさい。

8点×5（40点）

(1) 運慶らが制作した金剛力士像が納められている建造物を何といいますか。
(2) ①親鸞，②一遍が開いた仏教の宗派を，次からそれぞれ選びなさい。
　　ア　時宗　　イ　禅宗　　ウ　浄土真宗　　エ　日蓮宗　　オ　浄土宗
(3) 田楽や猿楽から発展し，観阿弥と世阿弥が大成した芸能を何といいますか。
(4) (3)の合間に演じられた喜劇を何といいますか。

(1)		(2)①		②		(3)		(4)	

解答 p.37

第**5**回
予想問題

第3章　武家政権の展開と世界の動き①

15分

/100

1 ヨーロッパ諸国の進出について，次の問いに答えなさい。　　　5点×8（40点）

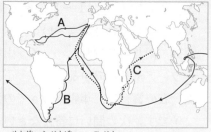

(1) 11世紀にローマ教皇がイスラム勢力に対して派遣した軍の名前と，派遣の目的とされた聖地の名前を書きなさい。

(2) 14世紀にイタリアの都市で始まった，古代ギリシャ・ローマの文化を理想とする新しい風潮を何といいますか。

(3) 16世紀の初め，ドイツでルターがカトリック教会の免罪符販売を批判して始めた改革を何といいますか。

(4) カトリック教会の改革の中心となり，海外布教に力を入れた組織を何といいますか。

(5) 地図中のA〜Cの航路を開拓した人物を，次からそれぞれ選びなさい。

ア　バスコ゠ダ゠ガマ　　イ　マゼラン　　ウ　コロンブス

(1)	軍			聖地			(2)	
(3)			(4)			(5) A	B	C

2 日本の全国統一について，次の問いに答えなさい。　　(4)，(6)10点，他8点×5（60点）

(1) 次のア〜カは，①織田信長と②豊臣秀吉に関係の深いできごとです。ア〜カからそれぞれ3つずつ選び，古い順に並べなさい。

ア　本能寺の変　　イ　文禄の役　　ウ　全国統一
エ　長篠の戦い　　オ　慶長の役　　カ　足利義昭の追放

(2) 織田信長が本拠地とした安土城下で実施した，座をなくし，市場の税を免除した政策を何といいますか。

(3) 右の資料は，江戸時代のものですが，豊臣秀吉も同じように田畑の広さや収穫高を調べさせました。年貢を確実に集めるために行ったこの政策を漢字2字で書きなさい。

(4) 豊臣秀吉が行った刀狩の目的を簡単に説明しなさい。

(5) (3)，(4)の政策によって進んだ，武士と百姓の身分が区別されることを何といいますか。

(6) 豊臣秀吉はキリスト教を禁止しましたが，それが徹底できなかった理由を，「貿易」という語を用いて簡単に書きなさい。

(1)	① 　　→　　→			② 　　→　　→			(2)	
(3)			(4)					
(5)			(6)					

第 **6** 回
予想問題

第3章　武家政権の展開と世界の動き②

解答 p.37

15分

/100

1 右の年表を見て，次の問いに答えなさい。

5点×11（55点）

(1) 次のできごとが起こった時期を，年表中の
あ〜えからそれぞれ選びなさい。
① 島原と天草で人々が一揆を起こした。
② 大阪の陣で豊臣氏が滅んだ。
③ 徳川家康が征夷大将軍に任命された。

(2) 年表中のAの戦いのころから徳川氏に従っ
た大名を，次から選びなさい。
ア 親藩　　イ 譜代大名　　ウ 外様大名

(3) 年表中のBについて，将軍が代わるごとに
朝鮮から訪れた外交使節を何といいますか。

(4) 年表中のC，Dについて，スペイン船とポルトガル船の来航を
禁止した目的は，どのようなことを徹底するためでしたか。

(5) 年表中の E にあてはまる語句を書きなさい。

(6) 次の①〜④の鎖国下の窓口を，地図中のア〜エから選びなさい。
① 朝鮮とは，この藩が窓口となって貿易が行われた。
② オランダと中国との貿易は，この都市で行われた。
③ この藩の下で，琉球と中国の貿易は続けられた。
④ この藩は，アイヌとの交易を独占した。

年代	できごと
1600	関ヶ原の戦いが起こる………A
	↕ あ
1607	朝鮮と国交を回復する………B
	↕ い
1624	スペイン船の来航を禁止……C
	↕ う
1639	ポルトガル船の来航を禁止…D
	↕ え
1641	オランダ商館を長崎の E に移す

(1)①		②		③		(2)			(3)	
(4)				(5)		(6)①		②	③	④

2 江戸幕府の政治について，右の資料を読んで，次の問いに答えなさい。

9点×5（45点）

(1) 右の資料は，江戸幕府が出した大名統制のための
法令です。これを何といいますか。

(2) (1)の法令で，参勤交代が制度化されたときの将軍
は誰ですか。

(3) 次の①〜③の機関を，あとから選びなさい。
① 朝廷や公家，西国大名を監視する。
② 幕府財政の運営や幕領の監督を行う。
③ 江戸の町の行政・警察・裁判を行う。
ア 勘定奉行　　イ 大宰府　　ウ 京都所司代　　エ 六波羅探題　　オ 町奉行

一，文武弓馬の道にひたすら励む
　ようにせよ。
一，城は，たとえ修理であっても
　必ず幕府に報告せよ。ましてや，
　新しく城を築くようなことは，
　固く禁止する。

(1)		(2)		(3)①		②	③

第**7**回
予想問題

第3章　武家政権の展開と世界の動き③

15分

解答 p.38

/100

1 右の年表を見て，次の問いに答えなさい。

(2)5点×4，他8点×5（60点）

(1) 年表中の（　）にあてはまる共通の役職を何といいますか。

(2) 年表中のA～Dの政治に関係が深いものを，次からそれぞれ選びなさい。

ア　商業を重視し，長崎貿易を奨励した。

イ　飢きんに備えて米を蓄えさせた。

ウ　文治政治への転換を行い，朱子学を奨励した。

エ　目安箱を設置した。

(3) 年表中のXについて，脱穀に使用された右の農具を何といいますか。

年代	できごと
1685	徳川綱吉が生類憐みの令を出す……A
	●農業が発達する…………X
1716	徳川吉宗が将軍になる……………B
	↕ あ
1742	□□が定められる
	↕ い
1772	田沼意次が（　）となる…………C
1787	松平定信が（　）となる…………D
	↕ え
1792	ロシア使節が来航し通商を要求する

(4) 商品として販売し，現金を得るために作られる農産物を何といいますか。

(5) 年表中の□□にあてはまる，裁判や刑の基準となる法律を何といいますか。

(6) 天明の飢きんで百姓一揆が増加した時期を，年表中の**あ～え**から選びなさい。

(1)		(2) A		B		C		D	
(3)		(4)			(5)			(6)	

2 江戸時代の交通や文化，学問について，次の問いに答えなさい。

8点×5（40点）

(1) 右の地図を見て，次の問いに答えなさい。

① 中山道を地図中の**ア～エ**から選びなさい。

② 東海道を題材に『東海道中膝栗毛』を書いた人物を，次から選びなさい。

ア　十返舎一九　　イ　菱川師宣
ウ　松尾芭蕉　　　エ　喜多川歌麿

③「天下の台所」とよばれた都市を，地図中の**a～d**から選びなさい。

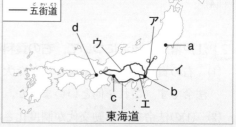

(2) 杉田玄白らがオランダ語で書かれた解剖書を翻訳して出版した書物を何といいますか。

(3) 右の錦絵を描いた人物を，次から選びなさい。

ア　伊能忠敬　　イ　尾形光琳　　ウ　葛飾北斎　　エ　本居宣長

| (1) ① | | ② | | ③ | | (2) | | | (3) | |

第**8**回
予想問題

第4章　近代国家の歩みと国際社会①

解答 p.38

15分

/100

1 右の年表を見て，次の問いに答えなさい。

(6)4点×4，ほか6点×7（58点）

(1)　年表中の□Ⅰ～Ⅲにあてはまる国名をそれぞれ書きなさい。

(2)　年表中のAについて，この戦争で，アメリカはどこの国から独立しましたか。

(3)　18世紀半ば，イギリスでは，蒸気機関の利用が広まり，産業と社会のしくみが大きく変化しました。この動きを何といいますか。

(4)　年表中のBの革命のときに発表された人権の尊重や人民主権などをうたった宣言を何といいますか。

(5)　年表中のCの戦争を何といいますか。

(6)　次の①～④のできごとが起こった時期を，年表中のア～エから選びなさい。

年代	できごと
1642	イギリスでピューリタン革命が起こる
1688	□Ⅰで名誉革命が起こる
	↕ ア
1775	アメリカ独立戦争が始まる………A
1789	フランス革命が起こる…………B
	↕ イ
1840	清とイギリスが戦う……………C
	↕ ウ
1851	太平天国の乱が起こる
1857	□Ⅱ大反乱が起こる
1861	アメリカで南北戦争が始まる
	↕ エ
1871	□Ⅲ帝国が成立する

①　ナポレオンが皇帝になる。　②　リンカン大統領が奴隷解放宣言を出す。
③　権利の章典が出される。　④　幕府が異国船打払令を緩め，薪水給与令を出す。

(1) Ⅰ		Ⅱ		Ⅲ		(2)		(3)	
(4)		(5)		(6)①		②		③	④

2 幕末のできごとについて，次の問いに答えなさい。

7点×6（42点）

(1)　次の幕末のできごとを，古い順に並べなさい。
　ア　薩長同盟の締結　　イ　安政の大獄
　ウ　大政奉還　　　　　エ　薩英戦争

(2)　ペリーが来航した場所を，地図中のa～dから選びなさい。

(3)　日米和親条約によって開港された港を，地図中のア～カから2つ選びなさい。

(4)　日米修好通商条約が日本にとって不平等である理由を，2つ簡単に書きなさい。

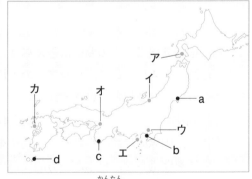

(1)	→	→	→	(2)		(3)	
(4)							

1 右の年表を見て，次の問いに答えなさい。　(4)(5)10点，他6点×8 （68点）

年代	できごと
1868	新政府の方針である 　Ⅰ　 が出される
	明治維新が始まる‥‥‥‥‥‥‥‥A
1874	a 民撰議院設立建白書が提出される
1877	士族らが 　Ⅱ　 を起こす
1881	国会開設の勅諭が出される
1882	b 立憲改進党が結成される
1885	c 内閣制度が創設される
1889	大日本帝国憲法が発布される‥‥‥B
1890	第1回帝国議会が開かれる‥‥‥‥C

(1) 年表中の□Ⅰ，Ⅱにあてはまる語句を書きなさい。

(2) 年表中の a ～ c のできごとと関係が深い人物を，次からそれぞれ選びなさい。

ア　伊藤博文　　イ　板垣退助
ウ　西郷隆盛　　エ　大隈重信

(3) 年表中の A について，次の①～③にあう政策を〔　〕からそれぞれ選びなさい。

① 藩を廃止して府・県を設置し，中央からは府知事，県令を派遣した。

② 6歳以上の男女すべてが小学校教育を受けることとなった。

③ 税率を地価の3％とし，土地の所有者に現金で納めさせた。

〔　地租改正　　廃藩置県　　版籍奉還　　学制　　徴兵令　　文明開化　〕

(4) 年表中の B の憲法は，ドイツの憲法を中心に調査して草案が作成されました。当時のドイツの憲法にはどのような特徴がありましたか。簡単に書きなさい。

(5) 年表中の C について，帝国議会の開設に先立って行われた衆議院議員選挙の選挙権の資格を簡単に説明しなさい。

(1) Ⅰ		Ⅱ		(2) a		b		c
(3) ①		②		③		(4)		
(5)								

2 右の地図を見て，次の問いに答えなさい。　　8点×4 （32点）

(1) 地図中の A について，ロシアとの国境がこのように決められた条約を何といいますか。

(2) 地図中の B について，1876年に日本領であることを宣言し，国際的に認められたこの島々を何といいますか。

(3) 朝鮮を開港させ，日本が一方的に領事裁判権をもつなどの不平等な内容が決められた条約を何といいますか。

(4) 1874年に琉球の漂流民が殺される事件が起こったため，日本が出兵した清領の地域を何といいますか。

(1)		(2)		(3)		(4)	

第**10**回
予想問題

第4章　近代国家の歩みと国際社会③

解答 p.39

15分

/100

1 右の年表を見て，次の問いに答えなさい。

7点×10（70点）

(1) 年表中の□□にあてはまる語句を書きなさい。

(2) 年表中のAによって，条約で決められていたことのうち，何の廃止を求める世論が高まりましたか。

(3) 年表中のBの戦争の講和条約が結ばれた都市名を書きなさい。

(4) 年表中のCの戦争の講和条約は，何という国の仲介で結ばれましたか。

(5) 年表中のDのときの外務大臣を，次から選びなさい。

年代	できごと
1886	ノルマントン号事件が起こる……A
↕ ①	
1894	日清戦争が始まる……………B
↕ ②	
1901	官営の□□が操業を開始する
↕ ③	
1904	日露戦争が始まる…………C
↕ ④	
1911	条約改正が達成される………D
1912	中華民国が成立する………E

　　ア　陸奥宗光　　イ　大隈重信　　ウ　岩倉具視　　エ　小村寿太郎

(6) 年表中のEに深くかかわり，臨時大総統となった人物名を書きなさい。

(7) 年表中の①～④の時期に起こったできごとを，次からそれぞれ選びなさい。

　　ア　甲午農民戦争が起こった。　　　イ　日英同盟を結んだ。
　　ウ　南満州鉄道が発足した。　　　エ　三国干渉を受けて，遼東半島を清に返した。

(1)		(2)		(3)		(4)	
(5)		(6)		(7) ①	②	③	④

2 右のA～Cを読んで，次の問いに答えなさい。

6点×5（30点）

(1) A，Bの作者を，次から選びなさい。
　　ア　与謝野晶子　　イ　樋口一葉
　　ウ　夏目漱石　　　エ　正岡子規

(2) Cの作者とその特徴を述べた文を，次から選びなさい。
　　ア　戦争反対を唱えた社会主義者の幸徳秋水
　　イ　足尾銅山の操業停止を求めた政治家の田中正造
　　ウ　日本美術のすばらしさを海外に広めた岡倉天心
　　エ　時代の状況や生活の厳しさを短歌で表した石川啄木

A　吾輩は猫である。名前はまだ無い。どこで生れたか頓と見当がつかぬ。…

B　あゝをとうとよ君を泣く
　　君死にたまふことなかれ…

C　地図の上　朝鮮国にくろぐろと
　　墨をぬりつつ　秋風を聴く

(3) B，Cに関係が深いできごとを，次からそれぞれ選びなさい。
　　ア　日清戦争　　イ　日露戦争　　ウ　義和団事件　　エ　韓国併合

(1) A		B		(2)		(3) B		C	

解答 ▶ p.39

第**11**回
予想問題

第5章　二度の世界大戦と日本①

⏱ **15**分

/100

1 右の年表を見て，次の問いに答えなさい。

8点×9（72点）

年代	できごと
1913	桂太郎内閣が倒れる…………A
1914	第一次世界大戦が始まる……B
1915	二十一か条の要求を提出……C
1917	ロシア革命が起こる…………D
1918	米騒動が起こる………………E
1919	パリ講和会議が開かれる……F
1920	国際連盟が成立する…………G
1925	◻︎ が成立する
	選挙法が改正される…………H

(1) 年表中のAは，憲法の精神に基づく政治を守ろうとする運動で初めて内閣が倒れたできことを示しています。この運動を何といいますか。

(2) 年表中のBの戦争が起こると，次のア〜エのうち，日本は何を理由として参戦しましたか。

ア　日米和親条約　　イ　日英同盟
ウ　三国同盟　　　　エ　三国協商

(3) 年表中のCについて，この要求は，①どの国から，②どの国へ出されたものですか。次からそれぞれ選びなさい。

ア　日本　イ　中国　ウ　朝鮮　エ　アメリカ　オ　ドイツ

(4) 年表中のDの後，1922年に成立した国の正式名称を書きなさい。

(5) 年表中のEのできごとから内閣が交代し，日本初の本格的な政党内閣が組織されました。この内閣を組織した人物を，次から選びなさい。

ア　伊藤博文　　イ　大隈重信　　ウ　原敬　　エ　加藤高明

(6) 年表中のFの講和会議で，ドイツに対して結ばれた条約を何といいますか。

(7) 年表中のHについて，このときの選挙権の資格を簡単に書きなさい。

(8) 年表中の◻︎にあてはまる，社会主義を取り締まる法律を何といいますか。

(1)		(2)		(3)①		②		(4)	

(5)		(6)		(7)			(8)	

2 右の写真を見て，次の問いに答えなさい。

7点×4（28点）

(1) 次の①〜③の人物を，あとからそれぞれ選びなさい。

① 雑誌『青鞜』を発刊し，女性の権利を訴えたA。

② 『蜘蛛の糸』などを著した大正時代の作家のB。

③ 農村などに残る伝承などを記録し，民俗学を提唱した人物。

ア　芥川龍之介　　イ　志賀直哉　　ウ　平塚らいてう　　エ　柳田国男

A

B

(2) 大正時代のあるできごと以降，地震に強い鉄筋コンクリート製の公共の建築物が増えました。関東地方を襲ったあるできごととは何ですか。

(1)①		②		③		(2)	

第**12**回
予想問題

第5章 二度の世界大戦と日本②

解答 ▶ p.39

(15)分

/100

1 右のグラフを見て，次の問いに答えなさい。

(5)10点，他7点×6（52点）

(1) 1929年に始まった経済の落ち込みは，グラフ中のどの国から世界に広まりましたか。

(2) グラフ中の**A**の国は，計画経済を進めており，1929年以降も工業生産は増加しています。**A**の国名を書きなさい。

(3) ドイツでは，グラフ中の**B**の1933年にナチ党が政権を握りました。ナチ党を率いていた人物名を書きなさい。

おもな国の工業生産

（「League of Nations, Monthly Bulletin of Statistics」）

(4) イギリスやフランスがこの時期に行ったブロック経済という政策に関係が深いものを，次から2つ選びなさい。

　ア　自由貿易　　イ　保護貿易　　ウ　ニューディール　　エ　植民地との関係強化

(5) アメリカがこの時期に失業者を減らすために行った政策を簡単に説明しなさい。

(6) 次のア〜エは，この時期の日本に関するできごとです。古い順に並べなさい。

　ア　満州事変　　イ　五・一五事件　　ウ　金融恐慌　　エ　国際連盟脱退

(1)		(2)		(3)		(4)		
(5)						(6)	→ 　 → 　 →	

2 右の年表を見て，次の問いに答えなさい。

6点×8（48点）

(1) **A**について，この戦争は，ドイツが何という国へ侵攻したことから始まりましたか。

(2) **B**のドイツ，イタリアがつくり上げていた，独裁的な政治体制をカタカナで書きなさい。

(3) **C**のときの内閣総理大臣は誰ですか。

(4) **D**によって，都市の小学生は農村へ集団で移りました。これを何といいますか。

年代	できごと
1939	第二次世界大戦が始まる……A
1940	日独伊三国同盟を結ぶ………B
1941	太平洋戦争が始まる…………C
1944	日本本土の空襲が始まる……D
1945	原子爆弾が投下される………E
	日本が降伏する………………F

(5) **E**について，原子爆弾が投下された都市は2つあります。2つの都市名を，このできごとが起きた順に書きなさい。

(6) **F**について，①このとき日本が受諾した宣言を何といいますか。また，②**E**の決定が日本の国民に知らされたのは，何月何日ですか。

(1)		(2)		(3)		(4)	
(5)				(6)①		②	

第13回 予想問題　第6章　現在に続く日本と世界

15分　/100

1 日本の民主化について，次の問いに答えなさい。

(4)10点，他6点×3（28点）

(1) 1945年に，選挙法が改正されました。選挙権はどのような人に認められましたか。簡単に説明しなさい。

(2) 右のグラフは，経済の民主化の1つとして行われた改革による農家の変化を示しています。この改革を何といいますか。

農家の割合

				その他 3.5
1941年	自作農 27.5%	自作兼小作農 41.0	小作農 28.0	
1949年	55.0	35.1	7.8	2.1

（「農地改革顛末概要」）

(3) 次のア～オのうち，日本の民主化にともない制定・改正された法律をすべて選びなさい。

ア　労働組合法　　イ　教育基本法　　ウ　治安維持法　　エ　徴兵令　　オ　民法

(4) 日本国憲法に込められた国民の期待を3つ書きなさい。

(1)		(2)		(3)	
(4)					

2 右の年表を見て，次の問いに答えなさい。

8点×9（72点）

(1) 年表中のAについて，次の問いに答えなさい。

① このとき，日本とソ連の間で調印されたものを，次から選びなさい。

ア　日ソ中立条約　　イ　樺太・千島交換条約
ウ　日ソ共同宣言　　エ　ポーツマス条約

② この結果，日本がある国際組織に加盟し，国際社会に復帰しました。この国際組織を何といいますか。

年代	できごと
1956	ソ連との国交が回復する……A
1964	Ⅰ　が開催される
1972	中国との国交が回復する……B
1973	第四次中東戦争が起こる……C
1989	マルタ会談が行われる………D
2001	Ⅱ　が起こる
2011	東日本大震災が起こる

(2) 年表中のAのころからCのころまで続いた，日本経済の急成長を何といいますか。

(3) 年表中のBの年に，アメリカから日本に返還された地域はどこですか。

(4) 年表中のCをきっかけにして，価格が高騰したエネルギー資源は何ですか。

(5) 年表中のDの年に，冷戦の象徴だったある都市の壁が取り払われました。①この都市の名前と，②翌年，東西が統一されてできたヨーロッパの国名をそれぞれ書きなさい。

(6) 年表中の　Ⅰ　，　Ⅱ　にあてはまるできごとを，次から選びなさい。

ア　同時多発テロ　　イ　阪神・淡路大震災　　ウ　東京オリンピック
エ　長野オリンピック　　オ　第1回アジア・アフリカ会議

(1) ①		②		(2)		(3)	
(4)		(5) ①		②		(6) Ⅰ	Ⅱ

解答 ▶ p.40

第**14**回 予想問題 **総合問題① 古代～近世**

⏱ **15**分 /100

1 右の表を見て，次の問いに答えなさい

(8)10点，他6点×11（76点）

(1) 年表中の □ Ⅰ～Ⅳにあてはまる中国の王朝を，次の〔 〕から選びなさい。
〔 秦 唐 隋 漢 魏 〕

(2) 年表中の**A**について，中国や朝鮮半島との結び付きを背景に各地の豪族を従えていた王たちの政権を何といいますか。

(3) 年表中の**B**について，正しい仏教の教えを広めるために来日し，唐招提寺を開いたのは誰ですか。

(4) 次の①，②の港の位置を，右の地図中の**ア～オ**からそれぞれ選びなさい。
① 年表中の**C**の貿易のために修築された。
② 年表中の**G**の後も，中国やオランダとの貿易が行われた。

(5) 年表中の**D**について，元軍は日本のどこに襲来しましたか。7地方区分で書きなさい。

(6) 年表中の**E**の貿易を始めた将軍は誰ですか。

(7) 年表中の**F**の貿易を行っていた国々が，日本で広めようとしていた宗教は何ですか。

(8) 年表中の下線部のような貿易は，**G**の政策によってできなくなりました。貿易のために海外に渡航していた日本人はどうなりましたか。簡単に説明しなさい。

時代	主な外交上のできごと
弥生	倭の奴国の王が Ⅰ に使いを送る
	卑弥呼が Ⅱ に使いを送る
古墳	倭の五王が中国に使いを送る……A
飛鳥	聖徳太子が Ⅲ に使いを送る
奈良	しばしば Ⅳ に使いを送る………B
平安	平清盛が日宋貿易を始める………C
鎌倉	元が日本に襲来する……………D
室町	明との勘合貿易を始める…………E
	南蛮貿易がさかんになる………F
江戸	<u>東南アジアとの貿易が行われる</u>
	「鎖国」が完成する………………G

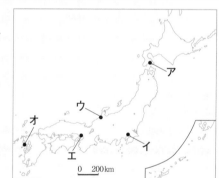

(1)	Ⅰ		Ⅱ		Ⅲ		Ⅳ		(2)		(3)	
(4)	①		②		(5)				(6)		(7)	
(8)												

2 次の問いに答えなさい。

6点×4（24点）

(1) 聖武天皇のころに栄えた，天皇・貴族による国際色豊かな文化を何といいますか。

(2) 藤原道長の娘の家庭教師だった紫式部が書いた長編小説を何といいますか。

(3) 室町時代に水墨画を大成し，『秋冬山水図』を描いた人物は誰ですか。

(4) 江戸時代に，高い測量の技術を基に正確な日本地図を作成した人物は誰ですか。

(1)		(2)		(3)		(4)	

第15回 予想問題　総合問題②　近代～現代

15分 /100

1 次の資料を読んで，あとの問いに答えなさい。　8点×8（64点）

A 一，広ク会議ヲ興シ，万機公論ニ決スベシ。

B 第1条　大日本帝国ハ万世一系ノ天皇之ヲ統治ス（大日本帝国憲法）

C 1. 国王は，議会の承認なく法律を停止することはできない。（権利の章典）

D 人民の，人民による，人民のための政治（リンカンの演説）

E 元始，女性は実に太陽であった。真正の人であった。今，女性は月である。

F あゝをとうとよ君を泣く　君死にたまふことなかれ　……（『明星』）

(1) Aは，天皇が神々に誓う形で新政府が出したものです。これを何といいますか。

(2) Bの憲法の草案は，どこの国の憲法のどのような特徴を参考にして作られましたか。簡単に書きなさい。

(3) Cが制定される前年の①1688年に起こった革命と，②この革命が起こった国名を，次からそれぞれ選びなさい。

　　ア　ピューリタン革命　　イ　名誉革命　　ウ　フランス革命　　エ　ロシア革命

　　オ　アメリカ　　カ　イギリス　　キ　フランス　　ク　スペイン

(4) Dのリンカンの演説は，何という戦争の最中に行われたものですか。

(5) (4)の戦争が行われていたころの日本のできごとを，次から選びなさい。

　　ア　西南戦争が起こった。　　イ　異国船打払令が緩和された。

　　ウ　薩英戦争が起こった。　　エ　領事裁判権の撤廃に成功した。

(6) Eは平塚らいてうが発刊した雑誌に掲載された文章です。平塚らいてうが結成したものを，次から選びなさい。

　　ア　愛国社　　イ　青鞜社　　ウ　全国水平社　　エ　北海道アイヌ協会

(7) Fは，歌人の与謝野晶子がある戦争に出征した弟を案じて書いた詩です。この戦争を何といいますか。

(1)			(2)			
(3)①		②	(4)	(5)	(6)	(7)

2 次の問いに答えなさい。　9点×4（36点）

(1) 第二次世界大戦後，アメリカを中心とする陣営とソ連を中心とする陣営が激しく対立し，直接の戦火を交えない争いが続きました。これを何といいますか。

(2) 1950年に始まった戦争で日本は特需景気となりました。この戦争を何といいますか。

(3) 日本がサンフランシスコ平和条約調印と同時に，①アメリカと結んだ条約を何といいますか。また，②このときの内閣総理大臣は誰でしたか。

(1)		(2)		(3)①		②

教科書ワーク 社会 特別ふろく

無料アプリ

どこでもワーク

こちらにアクセスして，ご利用ください。
https://portal.bunri.jp/app.html

重要事項を
3択問題で確認！

ポイント
解説つき

ピンチアウト

地図は大きく
確認できる

間違えた問題だけを何度も確認できる！

無料ダウンロード

ホームページテスト

無料でダウンロードできます。
表紙カバーに掲載のアクセス
コードを入力してご利用くだ
さい。
https://www.bunri.co.jp/infosrv/top.html

問題▶

テスト対策や
復習に使おう！

同じ紙面に解答があって，
採点しやすい！

注意 ●サービスやアプリの利用は無料ですが，別途各通信会社からの通信料がかかります。
●アプリの利用には iPhone の方は Apple ID，Android の方は Google アカウントが必要です。対応 OS や対応機種については，各ストアでご確認ください。
●お客様のネット環境および携帯端末により，ご利用いただけない場合，当社は責任を負いかねます。ご理解，ご了承いただきますよう，お願いいたします。

中学教科書ワーク
解答と解説

この「解答と解説」は，取りはずして使えます。

帝国書院版

社会 歴史

第1部 歴史のとらえ方と調べ方

p.2〜3 ステージ1

●教科書の要点
① 年表
② キリスト
③ 世紀（せいき）
④ 元号（げんごう）
⑤ 古代（こだい）
⑥ 近代（きんだい）
⑦ 政治
⑧ 鎌倉（かまくら）
⑨ 博物
⑩ 仮説（かせつ）
⑪ 野外
⑫ 聞き取り
⑬ レポート

●教科書の資料
(1)① 平安（へいあん）
　　② 近世（きんせい）
(2)A 卑弥呼（ひみこ）　B 行基（ぎょうき）
　　C 板垣退助（いたがきたいすけ）

●教科書チェック　一問一答
① 西暦（せいれき）
② 紀元前〔B.C.〕10年（きげん）
③ 100年間
④ 16世紀
⑤ 20世紀
⑥ 中世（ちゅうせい）
⑦ 弥生時代（やよい）
⑧ 大正（たいしょう）
⑨ 仮説
⑩ インターネット

ミス注意！

★世紀…取りちがいに注意しよう。

21世紀の期間	
〇 2001年〜2100年	✕ 2100年〜2199年

★近世と近代…取りちがいに注意しよう。

近世	近代
中世と近代の間。日本では**安土桃山時代**から**江戸時代**まで。	近世の次の時代。**明治維新**から太平洋戦争終結まで。

第2部 歴史の大きな流れと時代の移り変わり

第1章 古代　古代国家の成立と東アジア

p.4〜5 ステージ1

●教科書の要点
① 猿人（えんじん）
② 原人（げんじん）
③ 旧石器（きゅうせっき）
④ 新人（しんじん）
⑤ 岩宿（遺跡）（いわじゅく）
⑥ 新石器
⑦ 都市
⑧ 文字
⑨ オリエント
⑩ メソポタミア
⑪ エジプト
⑫ モヘンジョ゠ダロ
⑬ 鉄器（てっき）

●教科書の資料
(1) アフリカ大陸
(2) 打製石器（だせい）
(3) 太陽暦（たいようれき）
(4) B メソポタミア文明
　　C インダス文明

●教科書チェック　一問一答
① 言葉
② 原人
③ 磨製石器（ませい）
④ 土器
⑤ エジプト
⑥ 青銅器（せいどう）
⑦ 60進法
⑧ ナイル川
⑨ インダス文明
⑩ アルファベット

ミス注意！

★太陰暦と太陽暦…取りちがいに注意しよう。

太陰暦	太陽暦
メソポタミア文明で作られた，月の満ち欠けを基にした暦。	エジプト文明で作られた，1年を365日とする暦。

なぞろう 重要語句　　西暦（せいれき）　猿人（えんじん）　打製石器（だせいせっき）　磨製石器（ませいせっき）

p.6～7 ステージ1

● **教科書の要点**
①黄河 ②殷〔商〕
③孔子 ④鉄製
⑤始皇帝 ⑥漢
⑦シルクロード〔絹の道〕
⑧ポリス ⑨民主政
⑩共和政 ⑪シャカ
⑫イエス ⑬ムハンマド

● **教科書の資料**
(1)Aキリスト教　Bイスラム教　C仏教
(2)ローマ帝国
(3)絹（織物）

● **教科書チェック　一問一答**
①甲骨文字 ②秦
③万里の長城 ④儒教
⑤朝貢 ⑥ギリシャ
⑦奴隷 ⑧仏教
⑨ユダヤ教 ⑩コーラン

ミス注意！

★殷…漢字に注意しよう。

○ 殷	✕ 院
紀元前1600年ごろに黄河流域で栄えた国。	

★民主政，共和政…漢字に注意しよう。

○ 民主政，共和政	✕ 民主制，共和制
民主政は，市民による政治という意味。制度を示す場合には，民主制と書く。	

p.8～9 ステージ2

❶ (1)猿人
(2)ア
(3)①打製石器 ②磨製石器 ③土器
(4)①A農耕　B都市　C文字
　②オリエント
　③aウ・くさび形文字
　　bイ・神聖文字〔象形文字〕
　　cエ・インダス文字
　　dア・甲骨文字
　④a太陰暦 bピラミッド
　　cモヘンジョ゠ダロ d殷

❷ (1)漢 (2)万里の長城 (3)イ
(4)b儒教　c朝貢
(5)シルクロード〔絹の道〕

❸ (1)①ポリス ②民主政
　③ローマ帝国 ④奴隷
(2)Aイエス　Bシャカ　Cイスラム教
　D仏教　Eアッラー

● 解説 ●

❶ (2)原人は猿人の後，新人の前に登場。氷河時代に原人は火を使い，寒さを防いだ。
(3)②表面を磨いた磨製石器によって，木を切ったり調理をしたりしやすくなった。③煮たきができる土器の登場によって，食べ物の種類が広がった。
(4)①A同じ場所で多くの人口を養うことができるようになったのは，農耕や牧畜によって食料を蓄えることができるようになったから。②ヨーロッパから見て東の「太陽の昇る土地」という意味。③ア中国文明の殷で使われた甲骨文字。占いの結果を亀の甲や牛の骨に記録した。イエジプト文明で使われた象形文字の一つで，神聖文字。象形文字でも正解。ウメソポタミア文明のくさび形文字。粘土板に記録。エインダス文明のインダス文字。
④a太陰暦は月の満ち欠けを基にした暦である。b巨大なピラミッドは，神の子としてあがめられた王の権力の強さの象徴だった。

❷ (1)紀元前3世紀に中国を統一した漢は，紀元前2世紀の武帝のとき，強大化した。
(2)(3)秦の始皇帝は北方民族の侵入を防ぐため，それ以前につくられていた長城をもとに修築した。この時の万里の長城は，土をつき固めた簡単なものだった。
(4)b儒教は朝鮮や日本にも伝わり，大きな影響を与えた。
(5)中国産の絹を中央アジア，ヨーロッパ方面へ運ぶために利用されたことから，絹の道とよばれた。

❸ (1)①アテネやスパルタに代表される都市国家。②④古代ギリシャの民主政は，市民による政治だったが，奴隷の労働に支えられたものだった。
(2)三大宗教のおこりは，仏教→キリスト教→イスラム教の順。

なぞろう
重要語句 殷 甲骨文字 孔子 儒教 朝貢 秦

p.10～11 ステージ1

●教科書の要点
① 縄文土器　　　　② たて穴
③ 貝塚　　　　　　④ 稲作
⑤ 弥生土器　　　　⑥ 高床倉庫
⑦ 青銅器　　　　　⑧ クニ〔国〕
⑨ 奴国　　　　　　⑩ 卑弥呼
⑪ 前方後円墳　　　⑫ 豪族
⑬ 高句麗　　　　　⑭ 大王
⑮ 須恵器

●教科書の資料
(1) A 縄文土器　　　B 弥生土器
　　C 埴輪　　　　　D 土偶
(2) A 縄文時代　　　B 弥生時代
　　C 古墳時代　　　D 縄文時代

●教科書チェック　一問一答
① 三内丸山遺跡　　② 貝塚
③ 弥生時代　　　　④ 石包丁
⑤ 吉野ヶ里遺跡　　⑥ 金印
⑦ 邪馬台国　　　　⑧ 古墳時代
⑨ ヤマト王権　　　⑩ 渡来人

ミス注意！

★土偶と埴輪…取りちがいに注意しよう。

土偶	埴輪
縄文時代にまじないや祈りに用いられた。	古墳時代に古墳の上に並べられた。

★邪馬台国…漢字に注意しよう。

○ 邪馬台国	✕ 弥馬台国
3世紀ごろ，卑弥呼が治めた国。	

p.12～13 ステージ2

1 (1) A たて穴　　B 高床
(2) 貝塚
(3) ア・縄文土器
(4) 土偶　　(5) ア　　(6) イ
(7) 銅鐸　　(8) ① ア　　② イ

2 (1) ① 争い〔戦い〕　　② クニ
(2) A 奴国　　B 邪馬台国
(3) 金印　　(4) イ

❸ (1) 前方後円墳
(2) A ヤマト王権　　B 豪族　　C 大王
(3) 鉄
(4) 百済，加羅（順不同）
(5) 渡来人
(6) 儒教

◀ 解説 ▶

❶ (2) 縄文時代の人々が捨てた貝がらなどが堆積したものが残ったので，貝塚と呼ばれた。貝塚は，海水面が上昇した当時の海岸沿いに分布している。
(3) イは弥生土器なので，表中の弥生時代にあてはまる。「弥生」は明治時代に土器が出土した場所の地名（現在の東京都文京区）。
(4) 土製の人形である土偶は，女性をかたどったものが多く，まじないに使われたと考えられている。
(6) アの作業には木製のすきやくわが，ウの作業にはきねと臼が用いられた。
(7) 写真の銅鐸には狩猟や農作業の様子などが刻まれていることから，豊作を祈る祭りに使われていたと考えられている。
(8) ウはナウマンゾウやオオツノジカなどの大型動物が日本列島にいたのは，氷期の旧石器時代。

❷ (1) 戦いや農作業を指揮する有力者が，クニの王となっていった。
(3) 漢の周辺諸国の王は，朝貢の見返りに皇帝から印などを授かり，統治を認められていた。
(4) イには卑弥呼が魏に使いを送ったことなどが記されている。ウには，Aの奴国の王が金印を与えられたことが書かれている。

❸ (1) 写真は大阪府堺市にある大仙（大山）古墳。日本最大の前方後円墳として知られる。百舌鳥古墳群の一つで，百舌鳥・古市古墳群は2019年に世界文化遺産に登録された。
(3) 農具や武器に鉄製のものが使われるようになったが，まだ日本列島には鉄を作る技術はなく，延べ板のような形で朝鮮半島からもたらされていた。
(4) ヤマト王権は，加羅地域とのつながりを強めながら，百済と協力して高句麗や新羅と戦った。
(5) 渡来人はさまざまな技術のほか，漢字や儒教，仏教も伝え，日本の文化に大きな影響を与えた。

なぞろう 重要語句

かいづか	どうたく	やまたいこく	はにわ	とらいじん
貝塚	銅鐸	邪馬台国	埴輪	渡来人

4

p.14〜15 ■ステージ1

●教科書の要点
① 百済（くだら）
② 隋（ずい）
③ 聖徳太子〔厩戸王〕（しょうとくたいし）
④ 冠位十二階（かんいじゅうにかい）
⑤ 十七条の憲法（じゅうしちじょうのけんぽう）
⑥ 遣隋使（けんずいし）
⑦ 法隆寺（ほうりゅうじ）
⑧ 飛鳥（あすか）
⑨ 唐（とう）
⑩ 中大兄皇子（なかのおおえのおうじ）
⑪ 新羅（しらぎ）
⑫ 壬申の乱（じんしんのらん）
⑬ 遣唐使（けんとうし）
⑭ 大宝律令（たいほうりつりょう）

●教科書の資料
(1)法隆寺
(2)聖徳太子〔厩戸王〕
(3)蘇我氏（そが）
(4)大王〔天皇〕（おおきみ）〔てんのう〕

●教科書チェック　一問一答
① 高句麗（こうくり）
② 推古天皇〔額田部王女〕（すいこてんのう）〔ぬかたべのおうじょ〕
③ 冠位十二階
④ 小野妹子（おののいもこ）
⑤ 律令（りつりょう）
⑥ 大化の改新（たいかのかいしん）
⑦ 白村江の戦い（はくすきのえ）
⑧ 天武天皇（てんむてんのう）
⑨ 律令国家（りつりょう）
⑩ 朝廷（ちょうてい）

ミス注意！

★百済と新羅…取りちがいに注意しよう。

百済	新羅
倭（日本）が白村江の戦いで支援した。	倭（日本）が白村江の戦いで戦った。

★隋…漢字に注意しよう。

○ 隋	✕ 随
6世紀末に中国を統一した王朝。	

p.16〜17 ■ステージ1

●教科書の要点
① 平城京（へいじょうきょう）
② 班田収授法（はんでんしゅうじゅのほう）
③ 調（ちょう）
④ 墾田永年私財法（こんでんえいねんしざいほう）
⑤ 荘園（しょうえん）
⑥ 唐（とう）
⑦ 聖武天皇（しょうむてんのう）
⑧ 正倉院（しょうそういん）
⑨ 東大寺（とうだいじ）
⑩ 行基（ぎょうき）
⑪ 鑑真（がんじん）
⑫ 国分寺（こくぶんじ）
⑬ 古事記（こじき）
⑭ 風土記（ふどき）
⑮ 万葉集（まんようしゅう）

●教科書の資料
(1)正倉院
(2)聖武天皇
(3)シルクロード〔絹の道〕（きぬ）

●教科書チェック　一問一答
① 奈良時代（なら）
② 和同開珎（わどうかいちん）
③ 口分田（くぶんでん）
④ 租（そ）
⑤ 墾田永年私財法（こんでんえいねんしざいほう）
⑥ 天平文化（てんぴょう）
⑦ 東大寺（とうだいじ）
⑧ 唐招提寺（とうしょうだいじ）
⑨ 日本書紀（にほんしょき）
⑩ 万葉集（まんようしゅう）

ミス注意！

★班田収授法と墾田永年私財法…取りちがいに注意。

班田収授法	墾田永年私財法
戸籍に基づいて，6歳以上の男女に口分田が与えられた制度。	新たな開墾地を，いつまでも自分のものにできる法律。

★和同開珎…漢字に注意しよう。

○ 和同開珎	✕ 和銅開弥
708（和銅元）年に発行されたお金。	

★古事記と日本書紀…漢字に注意しよう。

○ 古事記，日本書紀	✕ 古事紀，日本書記
古事記は712年に完成した歴史書。日本書紀は720年に完成。漢文・編年体。	

p.18〜19 ■ステージ2

❶ (1)a 聖徳太子（しょうとくたいし）　b 大化（たいか）
　　c 壬申（じんしん）　d 大宝律令（たいほうりつりょう）
　(2)① 十七条の憲法（じゅうしちじょうのけんぽう）
　　　② 法隆寺（ほうりゅうじ）　③ 飛鳥文化（あすか）
　(3)中大兄皇子，中臣鎌足（順不同）（なかのおおえのおうじ）（なかとみのかまたり）
　(4)① 遣唐使（けんとうし）　② 律令（りつりょう）　③ 天皇（てんのう）
　　　④ 朝廷（ちょうてい）　⑤ 郡司（ぐんじ）
　(5)X イ　Y ウ　Z ア

❷ (1)A 平城京（へいじょうきょう）　B 戸籍（こせき）
　　　C 良民（りょうみん）　D 荘園（しょうえん）
　(2)① 班田収授法（はんでんしゅうじゅのほう）　② 口分田（くぶんでん）
　(3)X 調（ちょう）　Y 庸（よう）　Z 防人（さきもり）
　(4)墾田永年私財法（こんでんえいねんしざいほう）

❸ (1)① 聖武天皇（しょうむてんのう）　② 東大寺（とうだいじ）　③ 天平文化（てんぴょう）
　(2)万葉集（まんようしゅう）

なぞろう
重要語句
百済（くだら）　遣隋使（けんずいし）　班田収授法（はんでんしゅうじゅのほう）　鑑真（がんじん）

━━ 解説 ━━

❶ (1)b「大化」は日本最初の元号である。d大宝元年に作られた，律令国家のしくみを定めた法律。このときの天皇は，天武天皇の孫にあたる文武天皇。

(2)①十七条の憲法には，大王の命令に従うこと，仏教を信仰することなどの，役人の心得が示されている。②法隆寺の建築物は，「法隆寺地域の仏教建造物」として世界文化遺産に登録された。

(4)①遣唐使は通常4隻の船に250〜500人の役人，留学生，留学僧を乗せて中国に向かったが，難破することも多く，危険な船旅だった。⑤地方は国の下に郡・里が置かれ，地方豪族が郡司に任命された。

(5)**ア**壬申の乱は，天智天皇の跡継ぎをめぐる争いで，これに勝利して即位したのが天武天皇。**イ**隋が中国を統一したのは589年だが，30年ほどで滅び，引き続き唐が中国を統一した。**ウ**百済を支援した倭国（日本）が唐・新羅の連合軍と戦って敗れたのが，663年の白村江の戦い。大宰府の防衛のため，土塁と水堀でできた水城や大野城などの朝鮮式山城が建設された。

❷ (1)B戸籍には家族の性別・年齢，課税か非課税か，口分田の広さなどが記され，30年保存された。

(2)性別や身分に応じた面積の土地（口分田）が与えられ，死亡した場合は国に返すこととされた。

(3)衛士は，表中の「兵役」の「1年間の都の警備」にあてはまる。出挙は稲を利息付きで借りること。

(4)723年には三世一身の法が出され，新しく用水路などを開いて開墾した土地は3代までの私有が認められたが，効果があがらなかったため，743年に墾田永年私財法が出された。

❸ (1)資料1は東大寺の大仏。正式には，大仏は「盧舎那仏坐像」，大仏殿は「金堂」というが，一般的に「大仏」，「大仏殿」とよばれている。現在の大仏の頭部は，江戸時代に造り直されたものである。①聖武天皇は，仏教の力で国を守り，不安を取り除こうとした。②大陸からの工芸品などを集めた聖武天皇と光明皇后の遺品は，東大寺の正

倉院に保管されている。③聖武天皇の天平年間に栄えたため，天平文化とよばれている。

(2)語群のなかの『風土記』は，国ごとの地理的な情報を集めた書物。『古事記』と『日本書紀』は歴史書である。

p.20〜21 ステージ1

●教科書の要点
①桓武　②平安京
③征夷大将軍　④摂関
⑤藤原道長　⑥菅原道真
⑦高麗　⑧国風
⑨寝殿造　⑩かな文字
⑪紫式部　⑫枕草子
⑬天台宗　⑭真言宗
⑮浄土信仰

●教科書の資料
(1)平安時代
(2)大和絵
(3)源氏物語
(4)藤原氏

●教科書チェック　一問一答
①平安京　②坂上田村麻呂
③摂政　④荘園
⑤菅原道真　⑥宋
⑦清少納言　⑧古今和歌集
⑨最澄　⑩平等院鳳凰堂

ミス注意！

★菅原道真と藤原道長…取りちがいに注意しよう。

菅原道真	藤原道長
遣唐使の派遣の停止を提案した。	摂関政治を行い，藤原氏の全盛を築いた。

★摂政と関白…取りちがいに注意しよう。

摂政	関白
天皇が幼いときに政治を代行する。	天皇の成人後に後見役として補佐する。

★寝殿造…漢字に注意しよう。

○ 寝殿造	✕ 神殿造
国風文化のころの貴族の邸宅の様式。	

なぞろう 重要語句　和同開珎　墾田永年私財法　征夷大将軍

p.22〜23　ステージ2

❶ (1)①桓武天皇　②平安時代
(2)①東北　②蝦夷　③征夷大将軍
(3)①A　②菅原道真
(4)X高麗　Y宋
(5)①関白　②摂関政治　③イ

❷ (1)ウ
(2)国風文化
(3)寝殿造
(4)かな文字
(5)A紫式部　B枕草子　C古今和歌
(6)大和絵
(7)①最澄　②空海　③空也
(8)浄土信仰

━━ 解説 ━━

❶ (1)①桓武天皇は，仏教勢力の強い奈良を離れて政治を立て直そうとして都を移した。平安京に遷都する前の10年間は，現在の京都市の南西にある長岡京に都が置かれていた。
(2)③征夷大将軍は，もともとは蝦夷を討つための官職だったが，源頼朝が任命された鎌倉時代以後には，武家の棟梁を意味するようになった。
(3)遣唐使の停止は894年。唐の衰えもあって，菅原道真が危険を冒してまで使者を送る必要はないと提案した。唐が滅んだ907年より前のできごとなので，Aの時期にあたる。
(5)①②藤原氏は自分の娘を天皇の后にし，生まれた子ども（自分の孫）を天皇にして，自分は摂政・関白となって政治の代行・天皇の補佐を行う摂関政治で政治の権力を握った。③イウ平安時代には貴族や寺社の私有地である荘園が増え，農民が戸籍をいつわったり逃亡したりするようになったため，班田収授の実施が困難になった。ア縄文時代，エ7世紀のできごと。

❷ (1)(2)日本の風土に合った国風文化。アは奈良時代の天平文化，イは飛鳥時代の飛鳥文化，エは古墳時代の文化。
(4)ひらがなとカタカナをまとめていう。「宇」を書き崩した「う」と「ウ」のように，同じ漢字からできたかな文字もある。ひらがなを用いることで，漢字だけでは表現できなかった日本固有の感情を豊かに表現できるようになった。
(5)A藤原道長の娘に仕えていた紫式部が，朝廷での生活を舞台とする長編小説である「源氏物語」を著した。B紫式部と同じころ，やはり藤原氏の娘に仕えていた清少納言が記した随筆集。C「古今和歌集」を編集した紀貫之は，かな文字を使ってその序文や「土佐日記」を書いた。
(6)大和絵は，**資料3**の「源氏物語絵巻」のような絵巻物のほか，寝殿造の邸宅のふすまや屏風にも描かれた。
(7)①最澄は比叡山に延暦寺を建て，天台宗を広めた。②空海は高野山に金剛峯寺を建て，真言宗を広めた。密教はこの世の病気や災いを取り除く祈とうやまじないを取り入れ，天皇や貴族に信仰されて，やがて仏教の中心となった。③空也は，死後は極楽浄土に往生できるという浄土信仰を広めただけでなく，公共施設をつくるなどの慈善事業によっても民衆の救済を行い，「市聖」とよばれた。
(8)**資料4**は藤原道長の息子，頼通が建てた阿弥陀堂。十円硬貨の図に利用されている。浄土信仰の広まりとともに，各地で阿弥陀仏の像や阿弥陀堂が造られた。

p.24〜25　ステージ3　総合

❶ (1)①仏教　②シルクロード〔絹の道〕
③ローマ帝国　④メソポタミア文明
(2)イ
(3)例女性は政治に参加する権利がなかった。

❷ (1)B→D→C→A
(2)Aア　Bウ
(3)例新たな開墾地であれば，いつまでも自分のものにしてよいこと。

❸ (1)①う　②え
(2)例敵が攻めてこないか見張るため。
(3)魏
(4)エ　(5)イ
(6)ア
(7)①例生まれた子どもを天皇に立てた
②摂政　③関白

なぞろう 重要語句　蝦夷　摂関政治　平等院鳳凰堂　最澄

━━━ 解説 ━━━

❶ (1)① aはインドから広まっているので仏教，bはヨーロッパへと広がっているのでキリスト教，cは西アジアを中心に広がっているのでイスラム教。②中国産の絹がローマに運ばれた。④メソポタミアとはギリシャ語で「複数の河の間」という意味。ティグリス川とユーフラテス川の流域は，現在のイラクの一部。

(2)正倉院の宝物には，シルクロードを通じて中国に伝わった西アジアやインドなどの文化の影響が見られる。

(3)性別以外の点に着目すると，奴隷の労働によって支えられていたことも，現代の民主政治とは異なっている。

❷ (1)Aの平安京への遷都は794年（桓武天皇）。Bの大化の改新は645年（中大兄皇子）。Cの東大寺などの建立は8世紀中ごろ（聖武天皇）。Dの壬申の乱は672年（天武天皇）。

(2)桓武天皇は，アの政策で，律令政治の立て直しを図った。ウ中大兄皇子は，天皇に即位（天智天皇）した後の670年に初めて全国の戸籍を作った。イは聖徳太子，エは天武天皇の政治。

(3)墾田永年私財法の後，貴族や寺社は開墾に力を入れ，広大な私有地を独占するようになった。

❸ (1)①ワカタケルが大王を名乗っていたのは，5世紀後半。②710年に都が平城京に移された。

(2)争いが生じるようになった弥生時代のムラの周囲には堀がめぐらされ，堀の内側には，見張りのための物見やぐらのものと思われる大きな柱の跡が残っている。

(3)中国の三国とは魏・呉・蜀。魏の歴史書である「魏志」倭人伝に邪馬台国や卑弥呼のことが書かれている。

(5)法隆寺は現存する世界最古の木造建築であることが評価され，姫路城とともに，1993年に日本で最も早く世界文化遺産に登録された。

(6)唐から招かれた鑑真は唐招提寺を造り，寺院や僧の制度を整えた。

(7)藤原氏はほかの貴族を退けて，一族で摂政や関白などの官職を独占し，多くの荘園を所有した。

━━━ p.26～27 **ステージ3** 資・思 ━━━

❶ (1)**女性**（である）
(2)例**天皇家と婚姻関係を結んだから。**
(3)①例**隋の進んだ政治のしくみや文化を取り入れるため。**
②例**隋が高句麗と対立していたから。**
(4)例**仏教の伝来をきっかけに，古墳から寺院に変化した。**
(5)**藤原京**
(6)例**交通の便がよい。**

❷ (1)①**白村江**
②例**百済を支援するため。**
③**大宰府**
④例**堀と土塁を越える必要があるから。**
(2)例**北路から南路に変わった。**
(3)例**独自の文字がつくられた。**
(4)例**梅だけでなく桜も好まれるようになった。**

━━━ 解説 ━━━

❶ (1)古代の天皇（大王）は，跡継ぎをめぐる政治的な緊張関係や候補となる皇子の年齢が低いことを理由として，中継ぎ的な意味で女性が即位することが多かったと考えられている。

(2)系図からは，聖徳太子も蘇我氏と血縁関係があることがわかる。聖徳太子のおばである推古天皇が即位した背景には，蘇我氏一族が母にあたるため，皇室と蘇我氏の協調関係を保ち，政治的な安定を求める意味合いもあったと考えられている。

(3)①聖徳太子は冠位十二階の制度を設けたり，十七条の憲法を定めたりして，国内の政治を整え，正式な国交を目指し，607年に小野妹子を隋に派遣した。②当時，隋は高句麗と対立し遠征を行っており，聖徳太子は国際情勢を上手に利用して，隋との関係を築くことができたと考えられる。ただ，隋の皇帝は手紙を読んで不愉快となり，「外国からの手紙で無礼なものは，今後，自分の耳に入れないように」と言ったと記されている。

(4)巨大な古墳が権威を示す象徴だったが，仏教が伝来すると，高い技術が必要な仏教建築や芸術性の高い仏像，美術工芸品を持つ寺院が重視されるようになった。豪族との結び付きを維持する上で

なぞろう 重要語句 | 寝殿造（しんでんづくり） | 紫式部（むらさきしきぶ） | 浄土信仰（じょうどしんこう） | 大宰府（だざいふ）

8

も，仏教は大きな役割を果たした。

(5)天武天皇の皇后だった持統天皇が即位し，藤原京が造られた。694年から平城京に遷都される710年までの都。

(6)寺院や豪族の勢力の強い地域から離れていることも天皇中心の政治を行うための利点だが，問題文では「河川」や「古道」に着目することが求められているので交通の面を書く。長岡京や平安京は，複数の河川と山陽道や山陰道，東山道も集まる場所に位置しており，交通の便がよい。

❷ (1)④水城は，日本が白村江の戦いで敗れた唐・新羅の連合軍が攻めてくることを想定した大宰府の防衛施設。堀と土塁を組み合わせることで，敵の侵入を防ぎやすくしている。

(2)航路が変化した背景は，新羅との対立により，朝鮮半島沿いに進む北路が使えなくなったため。

(3)独自の文字を生み出す動きは，日本だけでなく，周辺諸国でも起こっていた。

(4)資料から奈良時代には，花といえば梅が中心だったことが，読み取れる。

ポイント

■原始・古代の特色をおさえる

四大文明▶メソポタミア文明，エジプト文明，インダス文明，中国文明。ギリシャの政治▶民主政。ローマの政治▶共和政→帝政。縄文時代▶貝塚や土偶。弥生時代▶稲作，高床倉庫や青銅器。古墳時代▶前方後円墳や埴輪。

■古代の政治の流れをおさえる

飛鳥時代▶聖徳太子の政治（冠位十二階，十七条の憲法，遣隋使）と大化の改新（中大兄皇子）。奈良時代▶律令国家，班田収授法，租・庸・調の税制，防人。平安時代▶藤原氏による摂関政治。

■古代の文化の特色をおさえる

飛鳥文化▶法隆寺などの仏教文化。天平文化▶奈良時代の東大寺，正倉院，『万葉集』など，仏教と大陸の影響。国風文化▶平安時代の寝殿造，『源氏物語』や『枕草子』など。浄土信仰▶平等院鳳凰堂。

なぞろう 重要語句 平清盛 源頼朝 御家人 執権 運慶

第2章 中世 武家政権の成長と東アジア

p.28〜29 ステージ1

●教科書の要点
① 荘園　② 税
③ 棟梁　④ 藤原純友
⑤ 奥州藤原　⑥ 後三条天皇
⑦ 院政　⑧ 保元の乱
⑨ 平治の乱　⑩ 平清盛
⑪ 日宋　⑫ 源頼朝
⑬ 壇ノ浦

●教科書の資料
(1)① 平将門　② 平清盛
(2)平氏
(3)厳島神社

●教科書チェック 一問一答
① 僧兵　② 武士団
③ 源氏　④ 平泉
⑤ 白河上皇　⑥ 源義朝
⑦ 平治の乱　⑧ 太政大臣
⑨ 大輪田泊　⑩ 源義経

ミス注意！

★平将門と平清盛…取りちがいに注意しよう。

平将門	平清盛
935年に関東で反乱を起こした武士。	武士で初めて太政大臣となり，政権を握った。

★大輪田泊…漢字に注意しよう。

◯ 大輪田泊	✕ 大和田泊
平清盛が宋との貿易で整備した港。	

p.30〜31 ステージ1

●教科書の要点
① 守護　② 御家人
③ 御恩　④ 執権
⑤ 後鳥羽上皇　⑥ 御成敗式目〔貞永式目〕
⑦ 東大寺南大門　⑧ 金剛力士像
⑨ 平家物語　⑩ 徒然草
⑪ 法然　⑫ 浄土真宗
⑬ 日蓮　⑭ 一遍

●教科書の資料
(1)金剛力士像
(2)運慶，快慶（順不同）
(3)①東大寺南大門　②宋

●教科書チェック　一問一答
①源頼朝　　　②地頭
③奉公　　　　④承久の乱
⑤執権政治　　⑥北条泰時
⑦軍記物　　　⑧新古今和歌集
⑨親鸞　　　　⑩禅宗

ミス注意！

★守護と地頭…取りちがいに注意しよう。

守護	地頭
有力武士を国ごとに配置した。国内の軍事・警察を担う。	全国の荘園・公領に配置した。土地の管理と年貢の取り立てを行う。

★源氏物語と平家物語…取りちがいに注意しよう。

源氏物語	平家物語
平安時代成立。紫式部による世界初の長編小説。貴族社会を舞台に描く。	鎌倉時代成立。琵琶法師によって語られた軍記物。

p.32~33　ステージ2

❶
(1)年貢
(2)①武士団　②源氏，平氏（順不同）
(3)院政
(4)奥州藤原氏
(5)①平清盛　②源義朝
　③源頼朝　④源義経
(6)日宋貿易
(7)高麗
(8)a エ　　b イ　　c ウ　　d ア

❷
(1)A 征夷大将軍　　B 承久
　C 御成敗〔貞永〕
(2)鎌倉幕府
(3)①守護　　②地頭
　③六波羅探題
(4)①後鳥羽上皇　　②北条政子
　③御恩　　④執権政治

(5)北条泰時
(6)金剛力士像
(7)①法然
　②栄西，道元（順不同）
(8)平家物語

解　説

❶(1)律令政治で国家に納められた租・庸・調とは異なり，年貢は土地の所有者に納められた。
(2)天皇の子孫でもある源氏と平氏は，年表中のAやBの戦乱をしずめたこともあり，地方に力を伸ばした。
(3)白河天皇は位を幼少の皇子に譲り，「上皇」として政治を動かす院政を始めた。
(4)奥州藤原氏は東北地方で大量に採れた砂金や良馬で豊かになり，交易で栄え，平泉には都の文化も取り入れられていた。
(5)③④源義経は兄頼朝の命で平氏を滅ぼしたが，無断で朝廷の官位を受けたため対立した。頼朝は逃げた義経を捕らえることを口実に，守護と地頭を設置し，さらに義経をかくまった奥州藤原氏を滅ぼした。
(6)平清盛は，日宋貿易による利益を重要な経済的基盤としていた。宋からは陶磁器や絹織物，書籍や宋銭がもたらされた。
(8)c 平治の乱は平安京（京都府）で起こった。

❷(1)C 御成敗式目は，御家人の権利や義務などの武士の慣習をまとめたもので，その後の武家政治の基準とされた。「土地を20年間支配すれば，その人のものになる」という条文があり，御家人になれば，将軍から領地の支配を認めてもらうことができた。
(3)③六波羅探題は承久の乱後に置かれ，幕府の権力が京都や西国にも及ぶことになった。
(4)②③「尼将軍」と呼ばれた北条政子は，承久の乱に際して「亡き頼朝公の御恩は山よりも高く海よりも深い」と説き，御家人の動揺をおさえた。
(7)②栄西の教えは臨済宗，道元の教えは曹洞宗で，ともに禅宗として広まった。
(8)『平家物語』は琵琶法師によって語られたため，文字が読めない庶民にも広まった。

なぞろう　重要語句　院政　御恩　奉公　六波羅探題　高麗

10

●教科書の要点

①チンギス＝ハン　②元（げん）
③高麗（こうらい）　④北条時宗（ほうじょうときむね）
⑤元寇（げんこう）　⑥恩賞（おんしょう）
⑦徳政令（とくせいれい）　⑧悪党（あくとう）
⑨後醍醐（ごだいご）　⑩足利尊氏（あしかがたかうじ）
⑪建武の新政（けんむ の しんせい）　⑫吉野（よしの）
⑬守護大名（しゅ ご だいみょう）　⑭管領（かんれい）
⑮足利義満（よしみつ）

●教科書の資料

(1)元
(2)B
(3)武器
(4)北条時宗
(5)蒙古襲来〔元寇〕（もう こ しゅうらい）

●教科書チェック　一問一答

①モンゴル帝国（ていこく）　②フビライ＝ハン
③文永の役（ぶんえい えき）　④弘安の役（こうあん えき）
⑤徳政令（とくせいれい）　⑥新田義貞（にった よしさだ）
⑦後醍醐天皇（ごだいご）　⑧南北朝時代
⑨守護大名（しゅ ご）　⑩室町幕府（むろまちばく ふ）

ミス注意！ ……………

★管領…漢字と読み方に注意しよう。

○　管領（かんれい）	✕　管令（かんりょう）
室町幕府で将軍を補佐した職。	

●教科書の要点

①倭寇（わ こう）　②明（みん）
③勘合（かんごう）　④李成桂（り せいけい）
⑤朝鮮（ちょうせん）　⑥宗（そう）
⑦尚氏（しょう し）　⑧琉球王国（りゅうきゅう）
⑨中継（なかつぎ）　⑩アイヌ
⑪十三湊（と さ みなと）　⑫コシャマイン

●教科書の資料

(1)勘合（かんごう）
(2)朝貢（ちょうこう）
(3)倭寇（わ こう）
(4)銅銭（どうせん）

●教科書チェック　一問一答

①南北朝の内乱　②勘合貿易
③足利義満（あしかがよしみつ）　④李成桂
⑤ハングル　⑥対馬（つしま）
⑦琉球王国（りゅうきゅう）　⑧首里（しゅ り）
⑨アイヌ（の人々）　⑩十三湊

ミス注意！ ……………

★元寇と倭寇…取りちがいに注意しよう。

元寇	倭寇
鎌倉時代後半，元軍が二度にわたって九州北部に襲来したできごと。蒙古襲来。	14世紀半ばから，東シナ海で密貿易や海賊行為を行った。日本人のほか朝鮮人・中国人もいた。

❶ (1)モンゴル帝国（ていこく）
(2)A元（げん）　　B建武の新政（けんむ の しんせい）
(3)①X集団　Y武器　Z防塁（ぼうるい）
②北条時宗（ほうじょうときむね）　③蒙古襲来〔元寇〕（もう こ しゅうらい）（げんこう）
(4)イ　(5)室町幕府（むろまちばく ふ）
(6)①管領（かんれい）　②鎌倉府（かまくら ふ）
(7)守護大名（しゅ ご だいみょう）　(8)足利義満（あしかがよしみつ）

❷ (1)倭寇（わ こう）
(2)A明（みん）　　B朝鮮（ちょうせん）
C琉球王国（りゅうきゅう）　D蝦夷地（え ぞ）
(3)①勘合（かんごう）　②ア
(4)ハングル　(5)首里（しゅ り）
(6)中継貿易（なかつぎ）
(7)アイヌ（の人々）
(8)コシャマイン

■解説■

❶ (1)チンギス＝ハンのモンゴル帝国は，ユーラシア大陸の東から西へわたる大帝国へ発展した。モンゴル帝国は，海と陸の交通路を整え貿易を盛んにしたため，東西文化の交流が活発化し，火薬や木版印刷などの進んだ技術がヨーロッパに伝わった。貿易ではイスラム商人が活躍した。
(2)チンギス＝ハンの孫のフビライ＝ハンは，中国北部を支配し，1271年に国号を元とした。一度目の日本遠征の2年後，1276年には南宋を降伏させ

なぞろう重要語句

親鸞（しんらん）　後醍醐天皇（ごだいごてんのう）　管領（かんれい）　倭寇（わこう）　勘合（かんごう）

ている。

(3)①Y資料の中央で武器が爆発している。宋の時代に発明された火薬や鉄片などがつめこまれていた。

(4)借金で領地を失った御家人を救うため，借金などを帳消しにできることとし，すでに売り渡されている御家人の土地は，もとの持ち主に返すよう定めた。しかし，徳政令は大きな効果がなかったといわれている。

(6)①鎌倉幕府の執権とまちがえないようにしよう。
②鎌倉幕府は京都に六波羅探題を置き，京都に成立した室町幕府は鎌倉に鎌倉府を置いた。

(7)力を強めた守護が，国内の地頭などを家来として従えるようになった。

❷ (1)このころの倭寇は，北九州地方，対馬，壱岐などの日本人が中心だったが，朝鮮人や中国人も加わっていたと考えられる。なお，16世紀の倭寇は，中国人が中心になっていた。

(3)①勘合は，割符にして貿易船と相手国がそれぞれ片方ずつを持ち，照合して同じものであれば正式な貿易船と認められた。②日本からの主な輸出品は銅。銅を輸出して代わりに銅銭を輸入した。

(4)ハングルは日本のかな文字のような機能を持つ文字である。

(5)**資料3**の首里城跡をはじめとする沖縄県のグスク（城）は，世界文化遺産に登録されている。

(6)東南アジアと東アジアの貿易の中継地として発展した。

(8)本州から北海道に渡った人々（和人）の進出がアイヌの人々を圧迫したことが背景。

p.40～41 ≡ ステージ1

●教科書の要点
①二毛作　　　　　②水車
③特産物　　　　　④定期市
⑤馬借　　　　　　⑥土倉
⑦一揆　　　　　　⑧（正長の）土一揆
⑨（山城の）国一揆　⑩（加賀の）一向一揆
⑪惣〔惣村〕　　　⑫寄合
⑬座　　　　　　　⑭町衆

●教科書の資料
(1)①馬借　　②車借
(2)（通行）税　　(3)徳政令

●教科書チェック　一問一答
①二毛作　　　　　②絹織物
③問〔問丸〕　　　④関所
⑤酒屋　　　　　　⑥（正長の）土一揆
⑦（山城の）国一揆　⑧（加賀の）一向一揆
⑨寄合　　　　　　⑩座

ミス注意！ ・・・・・・・・・・・・・・・・・・・・・・・・・・・・・

★座と惣…取りちがいに注意しよう。

座	惣
都市で商工業者が作った同業者の団体。	農村で作られた自治組織。惣村。

★国一揆と一向一揆…取りちがいに注意しよう。

国一揆	一向一揆
自治を求めて武士や農民が協力し合って起こした。山城の国一揆。	一向宗（浄土真宗）の信徒が中心となって起こした。加賀の一向一揆。

p.42～43 ≡ ステージ1

●教科書の要点
①足利義政　　　　②応仁の乱
③下剋上　　　　　④戦国時代
⑤城下町　　　　　⑥分国法
⑦金閣　　　　　　⑧能
⑨狂言　　　　　　⑩銀閣
⑪書院造　　　　　⑫水墨画
⑬お伽草子

●教科書の資料
(1)A金閣　　B銀閣
(2)A足利義満　　B足利義政
(3)書院造

●教科書チェック　一問一答
①細川氏　　　　　②応仁の乱
③戦国大名　　　　④城下町
⑤北山文化　　　　⑥田楽
⑦観阿弥　　　　　⑧東山文化
⑨雪舟　　　　　　⑩連歌

なぞろう 重要語句 琉球王国　土一揆　惣　下剋上　雪舟

12

ミス注意！••••••••••••••••••••••••••••••••

★北山文化と東山文化…取りちがいに注意しよう。

北山文化	東山文化
足利義満のころの文化。金閣など。	足利義政のころの文化。銀閣など。

p.44～45　ステージ2

❶ (1)a 二毛作　b 定期市　c 町衆
(2)水車
(3)① ア　② ウ
(4)① 問　② 馬借　③ 関所
　　④ 土倉，酒屋（順不同）
(5)惣〔惣村〕
(6)① 土一揆　② 一向一揆
❷ (1)A 足利義政　B 応仁の乱
(2)下剋上
(3)① 分国法　② 城下町　③ 戦国時代
❸ (1)足利義満　(2)① ア　② イ
(3)① 能　② 水墨画　③ お伽草子

━━━━ 解説 ━━━━

❶ (3)②陶磁器のことを「瀬戸物」と呼ぶのは，瀬戸（愛知県）の特産物であったため。
(5)惣の寄合で決められたおきてに違反した者は，厳しく罰せられた。
(6)①資料では「負い目（借金）あるべからず」と，借金の一方的な棒引きを宣言している。
❷ (2)下の身分の者が上の身分の者に剋つ（打ち勝つ）という意味である。
(3)②守護大名の家臣は，それぞれの領地の農村に住んでいたが，戦国時代になると城下町に住むようになった。現在の県庁所在地には，城下町を基礎に発展してきた都市が数多くある。
❸ (2)Bの銀閣を建てさせたのは，応仁の乱の原因をつくった8代将軍の足利義政。②アの北山文化はAの金閣を建てさせた3代将軍の足利義満のころの文化。
(3)①猿楽や田楽といった庶民の素朴な芸能を，能という舞台芸術に大成した。語群の枯山水は，河原者とよばれた人々が造った庭園。連歌は和歌の上の句と下の句を次々に読み継ぐもので，寄合に

ふさわしい文化として地方の武士の間などでも流行した。狂言は能の合間に演じられた喜劇。

p.46～47　ステージ3　総合

❶ (1)上皇
(2)イ→ア→エ→ウ
(3)源義経
(4)① フビライ＝ハン　② 弘安の役
(5)悪党
❷ (1)① 執権　② 管領
(2)ウ　(3)B
❸ (1)① ウ　② ア　③ イ
(2)土一揆　(3)町衆
(4)① 戦国大名　② 分国法
❹ (1)ア，エ（順不同）
(2)禅宗
(3)書院造
(4)東山文化

━━━━ 解説 ━━━━

❶ (2)ア挙兵した源義朝を平清盛が倒した平治の乱は1159年。イ後白河天皇が源義朝や平清盛の協力で兄の崇徳上皇に勝利した保元の乱は1156年。ウ源頼朝が征夷大将軍になったのは1192年。エ平清盛が太政大臣になったのは1167年。
(3)Xは平治の乱で伊豆（静岡県）に流されていた源頼朝。Yは木曽（長野県）の源義仲。Z源義経は平氏を西国に追い詰め，1185年に壇ノ浦（山口県）で平氏を滅ぼした。
(4)①チンギス＝ハンの孫で皇帝。中国の宋を降伏させ，同時に周辺の国々に軍を進めた。
❷ 資料1は「六波羅探題」があるので鎌倉幕府，資料2は「鎌倉府」があるので室町幕府のしくみを示していることがわかる。
(2)法令は，御成敗式目，制定したのは執権の北条泰時である。問注所は裁判を担当したところ。
(3)問題の説明文は，南北朝の内乱のとき，つまり室町時代の守護に認められた権限。
❸ (1)エはアイヌの人々との交易の様子。
(2)徳政を求めたのは土一揆。室町時代には，ほかに武士や農民が守護大名の軍勢を追い出して自治

なぞろう 重要語句　観阿弥　書院造　馬借　土倉　水墨画

を行った国一揆, 一向宗（浄土真宗）の信徒を中心とする一向一揆も起きた。

(4)②分国法は, 律令や御成敗式目などの従来の法とは異なる独自の法。戦国大名が領国を支配するために定めた。

❹ (1)資料1は鎌倉時代に再建された東大寺南大門。**イ**は飛鳥文化。**ウ**は東大寺が建立された奈良時代の天平文化。

(2)禅宗（臨済宗・曹洞宗）は武士の気風にも合ったため, 鎌倉幕府にも室町幕府にも保護された。一方で, 浄土真宗（一向宗）や日蓮宗は弾圧を受けることもあった。

---

p.48～49 **ステージ3** 資・思

❶ (1)平将門 (2)例天皇の子孫であること。
(3)藤原純友
(4)例東北地方で起こった有力者の勢力争いを, 源義家らが平定したから。
(5)ウ
(6)例娘の徳子を高倉天皇の后とし, その子を天皇に立てた。
(7)例東国だけでなく, 西国にも勢力が広げられた。

❷ (1)エ→イ→ウ→ア
(2)南北朝時代
(3)例荘園の年貢の半分を取り立てる権利。
(4)例鎌倉府
(5)例守護大名から戦国大名に成長したもの。
(6)下剋上
(7)例琉球王国は, 日本・明・朝鮮・東南アジアの国々との間で中継貿易を行った。

━━━━━ 解説 ━━━━━

❶ (2)平将門, 平清盛ら平氏は, 桓武天皇の子孫。源義朝, 源頼朝ら源氏は, 清和天皇の子孫である。
(4)源義家は, 東北地方での合戦に参加した武士への恩賞に自分の財産を与えたので, 人望を集め, 東国での源氏の勢力を確立したといわれている。
(5)朝廷内が二つに分かれて起こった保元の乱やその3年後の平治の乱は, 平安京の大内裏の近くにあった院の御所が戦場となった。

---

(6)平清盛の娘の「徳子」と「高倉天皇」の名前を用いて説明していることが, 正解の条件である。
(7)承久の乱で勝利した鎌倉幕府は, 上皇側に味方した貴族や西国の武士の土地を取り上げて, 幕府側の東国の武士に恩賞として与えた。また, 京都に六波羅探題を置き, 西国の武士や朝廷を監視した。こうして, 幕府の支配は西国にも及ぶようになった。

❷ (1)ア足利尊氏は1338年に新しい天皇を即位させ, 自分は征夷大将軍となって幕府を開いた。**イ**は1333年, **ウ**は翌年の1334年。**エ**は鎌倉幕府滅亡の背景を説明したもの。
(3)守護大名は荘園の存在を前提とし, 荘官や武士を通じて農民を間接的に支配していたが, 戦国大名は荘園を否定し, 検地などを行って農民を直接支配しようとした。
(5)(6)bは, 守護大名の家臣や地方の有力武士から, 「下剋上」によって戦国大名へと成長した。
(7)琉球王国は, 地理的な位置を生かし, 中継貿易を行って栄えた。

ポイント

■**武士が成長する流れをおさえる。**
　平将門や藤原純友の乱→院政の開始→保元の乱, 平治の乱→平清盛が政権を握る→源平の争乱→源頼朝の鎌倉幕府→承久の乱→執権政治。
■**鎌倉幕府滅亡から室町時代までをおさえる。**
　蒙古襲来以後, 御家人の困窮→鎌倉幕府への不満→後醍醐天皇の建武の新政→南北朝時代, 室町幕府の成立→南北朝の統一→応仁の乱→戦国時代
■**東アジアの動きをおさえる。**
　中国▶元→明。朝鮮▶高麗→朝鮮。沖縄▶琉球王国成立。蝦夷地▶アイヌ。
14世紀中ごろ～▶倭寇。
■**鎌倉文化と室町文化の特色をおさえる。**
　鎌倉文化▶金剛力士像や「平家物語」に代表される力強い文化。新しい仏教▶浄土宗や日蓮宗, 禅宗など。室町文化▶金閣に代表される北山文化, 銀閣に代表される東山文化。能や狂言などの芸能もおこる。

なぞろう
重要語句 | 御成敗式目 | 金剛力士像 | 臨済宗 | 町衆

第**3**章 近世 武家政権の展開と世界の動き

p.50～51 ステージ**1**

● 教科書の要点

①ローマ教皇〔法王〕　②十字軍
③ルネサンス〔文芸復興〕　④宗教改革
⑤香辛料　⑥コロンブス
⑦バスコ＝ダ＝ガマ　⑧マゼラン
⑨ポルトガル　⑩スペイン
⑪オランダ　⑫種子島
⑬南蛮貿易
⑭フランシスコ＝ザビエル

● 教科書の資料

(1)Aコロンブス　Bバスコ＝ダ＝ガマ
　Cマゼラン
(2)インカ帝国

● 教科書チェック　一問一答

①カトリック教会　②ルネサンス〔文芸復興〕
③ルター　④西インド諸島
⑤大航海時代　⑥ポルトガル
⑦鉄砲　⑧南蛮人
⑨銀　⑩イエズス会

ミス注意！

★大航海時代…取りちがいに注意しよう。

コロンブス	バスコ=ダ=ガマ	マゼラン
西インド諸島に到達。	アジア航路を開く。	一行が世界一周。

p.52～53 ステージ**2**

❶ (1)①十字軍　②ローマ教皇〔法王〕
　③エルサレム　④天文学
(2)①ギリシャ　②ルネサンス
(3)免罪符〔贖宥状〕
(4)①プロテスタント　②ドイツ
　③スイス　④聖書　⑤イエズス会
❷ (1)大航海時代
(2)aイ　bウ　cア
(3)①香辛料　②絹　③イスラム
(4)①スペイン　②ポルトガル
　③スペイン　④ポルトガル

(5)①鉄砲
②フランシスコ＝ザビエル
③キリシタン　④南蛮人
⑤銀

● 解説 ●

❶ (1)①十字軍の遠征は，13世紀末までの約200年にわたって展開された。③キリスト教の聖地エルサレムは，イスラム教の聖地の一つでもあり，イスラム教国が支配していた。メッカ（サウジアラビア）はイスラム教最大の聖地であり，イスラム教徒は１日に５回，決まった時刻にメッカの方向に向かって礼拝を行う。④イスラム世界で天文学が発達した背景には，夜に移動する遊牧民の生活上の必要に迫られたこともあると考えられる。
(2)十字軍の遠征により，イスラム文化の影響をいち早く受けたイタリアの都市で，古代ギリシャ・ローマの文化を理想とするルネサンス（文芸復興）の風潮が高まった。
(3)十字軍の失敗によって，ローマ教皇やカトリック教会の権威が衰え，資金不足に陥っていたこともこの背景として考えられる。ドイツのルターは免罪符の販売を強く批判した。
(4)①ローマ教皇やカトリック教会の権威を否定し，免罪符の販売などに対して抗議したことから，「抗議する者」という意味のプロテスタントとよばれた。プロテスタントを新教，カトリックを旧教とよぶこともある。②ドイツのルターは「聖書だけが信仰のよりどころである」「キリスト教徒は免罪符を求めるより，貧しい人にほどこしを与え，苦しむ人に貸し与える方がよい行いであると教えるべきである」と説いて，宗教改革を始めた。⑤プロテスタントに対抗して教会内部でも改革が行われ，イエズス会ができた。日本に来たフランシスコ＝ザビエルもイエズス会の宣教師である。
❷ (4)Xスペインは本国とおもにアメリカ大陸に植民地を持ち，Yポルトガルはアフリカ大陸及びインドに拠点を持つのが特徴。
(5)スペインやポルトガルは，貿易で利益を得ることだけでなく，キリスト教を世界に広めることも目指した。

なぞろう
重要語句　免罪符　宗教改革　種子島　南蛮人

p.54〜55 ステージ１

●教科書の要点

① 桶狭間　　　　② 長篠
③ 安土城　　　　④ 楽市・楽座
⑤ 大阪城　　　　⑥ 刀狩
⑦ 太閤検地　　　⑧ 兵農分離
⑨ 朝鮮　　　　　⑩ 桃山
⑪ 狩野永徳　　　⑫ 千利休
⑬ 南蛮　　　　　⑭ 阿国

●教科書の資料

(1) 長篠の戦い
(2) 鉄砲
(3) A織田・徳川連合　　B武田

●教科書チェック　一問一答

① 今川義元　　　② キリスト教
③ 関所　　　　　④ 明智光秀
⑤ 身分　　　　　⑥ 貿易
⑦ 文禄の役　　　⑧ 茶の湯
⑨ 活版印刷　　　⑩ かぶき踊り

ミス注意！

★織田信長と豊臣秀吉…取りちがいに注意しよう。

織田信長	豊臣秀吉
楽市・楽座。関所の撤廃。キリスト教を保護。	太閤検地，刀狩。キリスト教を禁止。朝鮮出兵。

★桃山文化と南蛮文化…取りちがいに注意しよう。

桃山文化	南蛮文化
大名や豪商による壮大で豪華な文化。	ヨーロッパの影響を受けた文化。

p.56〜57 ステージ２

❶ (1) aイ　 bエ　 cア　 dウ
(2) 足利義昭
(3) 1573
(4) ① 徳川家康
　　② 武田勝頼
(5) ① 座　　② 税
(6) ウ
(7) 毛利
(8) 北条

❷ (1) ① 織田信長　　② 豊臣秀吉
(2) A保護　　B禁止
(3) 年貢
(4) 刀狩
(5) 兵農分離
(6) 文禄の役，慶長の役（順不同）

❸ (1) ① 狩野永徳　　② 阿国　　③ 千利休
(2) 南蛮文化

解説

❶ (1)a 大軍で尾張（愛知県）に侵攻してきた駿河（静岡県）の戦国大名・今川義元を織田信長が桶狭間で迎えうち，少数の軍勢で今川義元を討ち取った。b 標高848mの比叡山山頂からは，琵琶湖と京都を臨むことができる。延暦寺は山の東側にあり，滋賀県と京都府の県境に位置する。数千の僧兵をかかえていた延暦寺は戦国大名に匹敵する軍事力を持ち，織田信長と敵対する浅井・朝倉氏をかばう動きを見せていた。c 織田信長と徳川家康の連合軍が戦国最強といわれた武田軍に勝利したのが長篠（愛知県）の戦い。武田軍の騎馬隊の突進を防ぐ柵を設け，大量の鉄砲を効果的に使用したことが「長篠合戦図屏風」にも描かれている。d 安土城は琵琶湖の東岸に位置し，琵琶湖の湖上交通を利用できる利点があった。陸上交通でも，東海道，東山道などの街道の要所だった。

(5) 信長は，楽市・楽座のほか，関所も廃止して自由な交通を可能にした。このころ関所は通行税をとるための場所だった。関所を設置した荘園領主や寺社の立場からすると，収入が減ることになる。

(6) 信長は比叡山延暦寺や石山本願寺など敵対する仏教勢力には厳しい態度で臨んでいたが，すべての寺院と対立していたわけではない。本能寺は早くから種子島に布教しており，信長のほかにも，鉄砲や火薬の入手のために関係が深かった戦国大名がいた。

(7) 本能寺の変が起こったとき，豊臣秀吉（当時は羽柴秀吉）は毛利氏配下の備中高松城（岡山県）を攻めていたが，すぐに毛利氏と和睦を結び，明智光秀を討つために引き返した。

(8) 小田原の北条氏を攻めたとき，豊臣秀吉は関白

なぞろう 重要語句

太閤検地　刀狩　兵農分離　狩野永徳

の地位にあり，朝廷の権威を利用して大名を従えていった。

❷ (2)信長は，仏教勢力への対抗と貿易の利益のため，キリスト教を保護した。秀吉も同じ方針だったが，キリシタン大名が長崎を教会に寄進するなどの動きを見て，キリスト教の力を恐れて禁止するようになった。しかし，貿易は認めていたためキリスト教の禁止は徹底できなかった。

(3)戦乱で大軍を動かすときには大量の兵糧米が必要になるため，年貢を増やす目的で検地のやり直しが行われることもあった。

(4)(5)刀狩によって，百姓が武装して戦うことができなくなったという意味でも，兵農分離が進んだ。

(6)文永の役，弘安の役は蒙古襲来（元寇）の戦い。

❸ (1)Aはかぶき踊りの様子を描いた絵である。Bは千利休。②出雲の阿国によって始められたかぶき踊りは，江戸時代の歌舞伎のもとになった。③千利休は信長や秀吉にも茶道を教え，茶の湯を通じて武将と交流していた。

(2)ひだのある襟がついた衣服からは，ヨーロッパの文化の影響を受けているとわかる。

---

p.58〜59 ≡ **ステージ1**

●教科書の要点
① 関ヶ原（せきがはら）
② 江戸幕府（えどばくふ）
③ 幕領（ばくりょう）
④ 大名（だいみょう）
⑤ 外様大名（とざま）
⑥ 幕藩体制（ばくはんたいせい）
⑦ 武家諸法度（ぶけしょはっと）
⑧ 徳川家光（とくがわいえみつ）
⑨ 京都所司代（きょうとしょしだい）
⑩ 禁中並公家諸法度（きんちゅうならびくげしょはっと）
⑪ 朱印状（しゅいんじょう）
⑫ 日本町（にほんまち）
⑬ 島原・天草一揆（しまばら・あまくさいっき）
⑭ 宗門改め（しゅうもんあらた）

●教科書の資料
(1)①キリシタン〔キリスト教徒〕　②絵踏（えふみ）
(2)スペイン　(3)宗門改め

●教科書チェック　一問一答
① 徳川家康（とくがわいえやす）
② 藩
③ 譜代大名（ふだい）
④ 参勤交代（さんきんこうたい）
⑤ 朝鮮
⑥ 朱印船貿易（しゅいんせん）
⑦ 日本町
⑧ 禁教
⑨ 島原・天草一揆
⑩ ポルトガル

ミス注意！
★親藩…書きまちがいに注意しよう。

○ 親藩	✕ 新藩
徳川一門の大名。	

★勘合貿易と朱印船貿易…取りちがいに注意しよう。

勘合貿易	朱印船貿易
室町時代の日明貿易。明が発行した勘合を用いた。	江戸時代初めの東南アジア各国との貿易。幕府が朱印状を発行。

---

p.60〜61 ≡ **ステージ1**

●教科書の要点
① 鎖国（さこく）
② 長崎（ながさき）
③ 平戸（ひらど）
④ オランダ
⑤ 出島（でじま）
⑥ 対馬（つしま）
⑦ 朝鮮通信使（ちょうせんつうしんし）
⑧ 薩摩（さつま）
⑨ 謝恩使（しゃおんし）
⑩ アイヌ
⑪ シャクシャイン

●教科書の資料
(1)A 対馬藩（はん）　B 薩摩藩
　　C 松前藩（まつまえ）
(2)アイヌ（の人々）
(3)オランダ，清（しん）（順不同）
(4)出島

●教科書チェック　一問一答
① 鎖国
② イギリス
③ オランダ
④ オランダ風説書（ふうせつがき）
⑤ 清
⑥ 朝鮮
⑦ 琉球王国（りゅうきゅう）
⑧ 慶賀使（けいが）
⑨ アイヌ（の人々）
⑩ シャクシャイン

ミス注意！
★明と清…取りちがいに注意しよう

明	清
14世紀末に成立。	17世紀前半に成立。

★朝鮮・琉球・蝦夷地…取りちがいに注意しよう。

朝鮮	琉球（王国）	蝦夷地
対馬藩が窓口。外交使節としての朝鮮通信使。	薩摩藩が窓口。慶賀使・謝恩使を江戸に派遣。	松前藩が窓口。アイヌの人々に不利な交易。

なぞろう
重要語句

外様大名（とざまだいみょう）　武家諸法度（ぶけしょはっと）　朱印状（しゅいんじょう）　鎖国（さこく）

17

解答と解説

p.62～63 ■ステージ2

❶(1)A 徳川家康　　B 幕領
　　C 幕藩体制　　D 武家諸法度
　(2)老中
　(3)譜代大名
　(4)参勤交代
　(5)徳川家光
❷(1)A 朱印船貿易　　B スペイン
　　C ポルトガル
　(2)絵踏　　(3)日本町
　(4)島原・天草一揆
❸(1)長崎　　(2)出島
　(3)唐人屋敷
　(4)① ウ　　② エ
　(5)朝鮮通信使
　(6)① 琉球王国　　② 清
　(7)シャクシャイン
　(8)① イ　　② ア　　③ ウ　　④ エ

━━━ 解説 ━━━

❶(2)執権は鎌倉幕府，管領は室町幕府で将軍の補佐をした役職。旗本は将軍直属の家来。
　(4)大名は参勤交代による江戸と領地の二重の生活と往復にかかる費用で，大きな負担を強いられた。
❷(1)BC来航が禁止されたのはスペイン，ポルトガルの順。ポルトガルの来航禁止は，島原・天草一揆の後である。
❸資料1は長崎の様子，資料2は朝鮮通信使，資料3は琉球王国の那覇港の様子，資料4はアイヌのシャクシャインが拠点としたとりで，シベチャリシシャシ跡である。
　(3)当時は中国人を唐人，中国船を唐船と呼んだ。
　(4)① ウ長崎での輸出品。当時の日本は有数の鉱業国だったことがわかる。後に銀の輸出は国の損失だと考えられ，銅や海産物が輸出の中心となっていった。② エ長崎での輸入品。朱印船貿易でも，輸入品は中国からの生糸が中心だった。ア琉球からの輸入品，イアイヌの人々からの交易品。
　(7)コシャマインは室町時代に戦いを起こしたアイヌの人物。
　(8)ア対馬藩，イ長崎，ウ薩摩藩，エ松前藩。

p.64～65 ■ステージ1

●教科書の要点
①武士　　②年貢
③五人組　　④徳川綱吉
⑤新田開発　　⑥備中鍬
⑦いわし　　⑧五街道
⑨京都　　⑩天下の台所
⑪両替商　　⑫株仲間
⑬井原西鶴　　⑭松尾芭蕉
⑮浮世絵

●教科書の資料
(1)千歯こき
(2)干鰯
(3)特産物
(4)綿花

●教科書チェック　一問一答
①百姓　　②本百姓
③文治政治　　④朱子学
⑤佐渡金山　　⑥西廻り航路
⑦蔵屋敷　　⑧元禄文化
⑨近松門左衛門　　⑩菱川師宣

ミス注意！

★尾形光琳と菱川師宣…取りちがいに注意しよう。

尾形光琳	菱川師宣
装飾画。「燕子花図屏風」など。	浮世絵の祖。「見返り美人図」など。

★	○ 蔵屋敷	✕ 倉屋敷
	大阪に置かれた諸藩の蔵屋敷には，全国各地の年貢米や商品作物が運び込まれた。	

p.66～67 ■ステージ2

❶(1)a 年貢　　b 水呑百姓　　c 五人組
　(2)名字〔姓〕
　(3)A 百姓　　B 武士　　C 町人
　(4)① 文治政治　　② 朱子学
❷(1)特産物
　(2)西陣織
　(3)新田開発
　(4)イ　　(5)イ

なぞろう　重要語句

幕藩体制　参勤交代　老中　譜代大名

❸ (1)A 西廻り航路　　B 東廻り航路
(2)五街道
(3)①ウ　　②ア　　③イ
(4)両替商
❹ (1)人形浄瑠璃
(2)浮世絵
(3)松尾芭蕉
(4)①元禄文化　　②行事〔年中行事〕

■■■■■■■■■ 解説 ■■■■■■■■■

❶ (3)A 百姓は全人口の8割以上を占めていた。百姓の多くは農民で，収穫の4〜5割の米を年貢として納めていた。B 武士は名字・帯刀の特権を持ち，百姓や町人を支配した。C 町人は商人と職人から成り，都市に住んで税を納めたが，その負担は百姓に比べると軽かった。
(4)②朱子学は，君臣の主従関係や父子の上下関係を大切にするもので，秩序や身分制の維持にも役立った。

❷ (2)京都を代表する西陣織は，大名や富裕な町人に人気があった。
(3)新田開発により，18世紀初めの耕地面積は豊臣秀吉の時代の約2倍に広がった。
(4)ア いわし漁は九十九里浜（千葉県）で盛んだった。ウ にしん漁はアイヌの人々が盛んに行っており，松前藩と交易していた。
(5)A 石見銀山（島根県），B 生野銀山（兵庫県）。石見銀山は世界遺産にも登録されている。

❸ (1)A 日本海と大阪を結ぶ航路。B 日本海から太平洋岸を経て，江戸に至る航路。
(3)ア 大阪，イ 京都，ウ 江戸。①政治の中心地である江戸は「将軍のおひざもと」とよばれた。②全国の商業や金融の中心地である大阪は，「天下の台所」とよばれた。③京都は文化の中心地。
(4)両替商は現在の銀行のような役割を果たした。

❹ (1)人形浄瑠璃は，浄瑠璃や三味線の演奏に合わせて人形を操る芝居で，義理と人情を描いた近松門左衛門の台本が評判となった。
(2)町人の生活などを描いた絵画を浮世絵という。
(3)尾形光琳，俵屋宗達は装飾画で活躍した。井原西鶴は浮世草子とよばれた小説を書いた。

p.68〜69　ステージ1
●教科書の要点
①享保　　②公事方御定書
③商品作物　　④問屋制家内工業
⑤百姓一揆　　⑥打ちこわし
⑦株仲間　　⑧寛政
⑨朱子学　　⑩川柳
⑪曲亭〔滝沢〕馬琴　　⑫錦絵
⑬本居宣長　　⑭解体新書
⑮寺子屋

●教科書の資料
(1)葛飾北斎　　(2)錦絵
(3)化政文化
(4)①喜多川歌麿　　②小林一茶

●教科書チェック　一問一答
①徳川吉宗　　②目安箱
③地主　　④打ちこわし
⑤田沼意次　　⑥株仲間
⑦松平定信　　⑧江戸
⑨国学　　⑩伊能忠敬

ミス注意！
★享保の改革と寛政の改革…取りちがいに注意。

享保の改革	寛政の改革
徳川吉宗。新田開発，上米の制，目安箱，公事方御定書。	松平定信。質素倹約，商品作物栽培の制限，出版統制など。

★蘭学と国学…取りちがいに注意しよう。

蘭学	国学
オランダ語の書物で西洋の学問を研究。杉田玄白など。	本居宣長が大成。仏教や儒教以前の日本古来の精神を研究。

p.70〜71　ステージ2
❶ (1)享保の改革
(2)①上米の制　　②目安箱
(3)①商品作物　　②問屋制家内工業
(4)田沼意次　　(5)ア
(6)百姓一揆
(7)打ちこわし
(8)Z

なぞろう 重要語句　人形浄瑠璃　公事方御定書　葛飾北斎

② (1)狂歌 (2)与謝蕪村
(3)①錦絵 ②歌川〔安藤〕広重
(4)化政文化 (5)ア
③ (1)①解体新書 ②蘭学
(2)古事記伝
(3)伊能忠敬
(4)①寺子屋 ②私塾 ③藩校

―――――――― 解説 ――――――――

① (2)①石高1万石につき100石の米を納めることで，大名の参勤交代のときの江戸在府期間を1年から半年とした。「将軍への奉公が半分でよい」「藩に幕府の財政を助けてもらう」という解釈から「将軍の権威を損ねる政策」という指摘もあり，やがて廃止された。②江戸市中の消防組織である町火消の制度などは，目安箱から生まれた。
(3)①商品作物を栽培するための肥料や農具にお金がかかったため，農村にも貨幣経済が広がっていった。②問屋が原料や道具を農民に貸して，できた製品を買い取る方式である。絹織物業や綿織物業で発達した。
(5)寛政の改革を行った松平定信は，朱子学を幕府の正式な学問とした。イは田沼意次，ウは徳川吉宗（享保の改革）。
(6)資料2は傘連判状と呼ばれる。一揆の参加者が連帯して責任を取ることを表すため，円形に名前が書かれている。
(8)1780年代に浅間山の噴火などが起こり，百姓一揆や打ちこわしが増えた責任から田沼意次は失脚した。
② (1)Aは松平定信（元白河藩主）の政治を風刺した狂歌である。俳諧と同じ五・七・五で風刺するのが川柳。
(2)井原西鶴，松尾芭蕉は元禄文化で活躍した人物。十返舎一九は「東海道中膝栗毛」を書いた。
(3)Cは歌川〔安藤〕広重が描いた風景画で，多色刷りの版画，錦絵である。この絵はゴッホが模写するなどヨーロッパ絵画にも影響を与えている。
③ (2)本居宣長は国学を大成した人物。
(4)①Cは寺子屋の様子。②オランダ商館の医師シーボルトの私塾では，蘭学者や医学者を育てた。

p.72~73 **ステージ3** 総合
① (1)イスラム（勢力） (2)エ
(3)ルター (4)イ
(5)楽市・楽座
(6)①刀狩 ②エ ③千利休
(7)①d ②a ③e
② (1)関ヶ原の戦い
(2)①エ ②ア
(3)朝鮮通信使 (4)参勤交代
(5)a百姓一揆 b打ちこわし
(6)Xウ Yエ Zイ
(7)①Y ②X
(8)cキ，ク dエ，カ

―――――――― 解説 ――――――――

① (2)ポルトガルやスペインは，こしょうなどの高価な香辛料を，イスラム商人やイタリア商人を通さずにアジアから直接手に入れようと考えて，新航路を開拓した。ヨーロッパでは，香辛料は薬や食料の保存，調味料として使われる欠かせない商品だった。アのじゃがいももアメリカ大陸から伝えられ，ヨーロッパの食生活を変えたと言われている。逆にウの馬や牛は，ヨーロッパからアメリカ大陸に伝えられた。
(4)鉄砲が伝来したのはイの種子島。
(5)織田信長が治めた安土城下では，自由に商工業ができるように楽市・楽座の政策が行われた。
(6)②イ豊臣秀吉は当初，キリスト教を保護していたが，1587年にバテレン（宣教師）追放令を出し，キリスト教を禁止した。エは織田信長が行ったことである。石山本願寺が降伏すると，各地の一向一揆の勢いも衰えた。
(7)①は1549年で鉄砲伝来より後，②は十字軍の遠征の後，14世紀のことである。③の本能寺の変は1582年。同年，秀吉が明智光秀を破った。
② (2)ポルトガルは1639年に来航を禁止されたが，オランダはその後も貿易を続けた。
(6)年代の古い順に人物を並べると，オ→ウ→エ→イ→アとなる。
(8)cは元禄文化，dは化政文化。ア，イは桃山文化，ウ，オは鎌倉文化の人物。

なぞろう 重要語句 | 十返舎一九 | 本居宣長 | 寺子屋 | 蘭学

p.74〜75 ステージ③ 資・思

① (1)例古代ローマを理想として，人間の個性や身体の美しさを自由に表現しようとした。

(2)例イタリアは貿易で富を蓄え，イスラム文化の影響をいち早く受けたから。

② (1)17(世紀初め)

(2)例豊臣秀吉が朝鮮を2度も大軍で攻めたから。

(3)例キリスト教の禁止

(4)例オランダは，キリスト教を布教しないから。

③ (1)イ

(2)例妻子を江戸に住まわせ，大名が1年ごとに江戸と領地を行き来する参勤交代の制度。

(3)① a 田沼意次　　b 寛政

②例幕府の財政を立て直すこと。

③例年貢の収入よりも，金の収入を増やすことを重視していた。

(4)例将軍と大名や大名と家臣との間の主従関係と，父子の上下関係。

━━━━━ 解説 ━━━━━

① (1)中世の三美神は，ほかの時期のものに比べて，個性に乏しく，ありのままの人間の姿が表現されていない。これは，カトリック教会の影響を強く受けていることによる。ルネサンスは，キリスト教からの解放による，人間中心の自由でのびのびとした学芸運動である。

(2)15〜16世紀のイタリアの諸都市では，ローマ教皇や国王，裕福な商人などが芸術家を育てて，多くの絵画や彫刻，文学作品が生まれていった。

② (1)朱印船貿易によって東南アジア各地に日本人が渡り，日本町ができていたことが特徴である。

(2)徳川家康が江戸幕府を開いたのは，文禄の役の11年後，慶長の役の5年後だった。

(3)江戸幕府はキリスト教の禁止を徹底するために，スペイン船の来航禁止など，貿易を制限する数々の政策を実行していき，朱印船貿易も行われなくなった。日本人の海外渡航と海外からの帰国が禁じられ，貿易は幕府の統制下におかれた。

(4)オランダは日本との貿易を認められていたが，人工島である出島にオランダ人は閉じ込められて，自由に外出することはできなかった。

③ (1)1664年ごろ，親藩の御三家，尾張徳川家は62万石，紀州徳川家も54万石で，西国には，譜代大名よりも石高が高い外様大名が多かった。前田家は103万石で，加賀百万石と呼ばれた。

(2)「妻子」という語句を用いなければならないので，参勤交代に関する記述だけでは正解にならない。大名は1年ごとに江戸と領地を行き来するが，妻子は言わば人質として江戸の屋敷に住まわされているのも，大名統制の一環である。

(3)②③財政を立て直す方法は，収入を増やすという田沼意次の政策と，支出を抑えるという松平定信の政策の二つが考えられる。その上で，田沼意次は，年貢の収入よりも，商業や貿易による金の収入を重視していたことが，グラフから読み取れる。天明の飢きんのころは，年貢収入だけでなく，金の収入も落ち込んでいたことも，田沼意次の失脚の背景として考えられる。松平定信は，飢きんの対策にもなり，年貢でもある米づくりを重視し，農村及び幕府財政の立て直しを目指していた。

(4)君臣の主従関係や父子の上下関係を大切にする朱子学は，幕府の権威や身分制を維持する上で重要な役割を果たすと考えられた。

ポイント

■**ヨーロッパの変化の流れをおさえる。**

十字軍の失敗→イスラムの文化がヨーロッパへ
　↓　　　→ルネサンス，大航海時代へ。
ローマ教皇やカトリック教会の権威の衰え→宗教改革（ルター，カルバン）→イエズス会は海外布教に力を入れる→ザビエルが日本へ

■**人物の業績や特徴をおさえる。**

織田信長▶楽市・楽座。豊臣秀吉▶太閤検地，刀狩。徳川家康▶江戸幕府を開く。徳川家光▶参勤交代の制度化。徳川綱吉▶文治政治。徳川吉宗▶享保の改革。田沼意次▶株仲間の奨励。松平定信▶寛政の改革。

■**貿易の変化をおさえる。**

南蛮貿易→朱印船貿易→鎖国▶長崎貿易など

■**文化の特徴をおさえる。**

南蛮文化，桃山文化→元禄文化→化政文化

なぞろう
重要語句　朝鮮通信使　田沼意次　松平定信　朱子学

第4章 近代（前半） 近代国家の歩みと国際社会

p.76〜77 ステージ1

● 教科書の要点
① 近代化 ② 議会
③ クロムウェル ④ 共和政
⑤ 権利の章典 ⑥ 独立宣言
⑦ ルイ14世 ⑧ 基本的人権
⑨ ロック ⑩ 三権分立
⑪ フランス革命 ⑫ ナポレオン

● 教科書の資料
(1)A 専制君主政　B 立憲君主政　C 共和政
(2)権利の章典　(3)立憲君主政

● 教科書チェック 一問一答
① 市民社会 ② ピューリタン革命
③ 名誉革命 ④ イギリス
⑤ モンテスキュー ⑥ ルソー
⑦ 第三身分 ⑧ 人権宣言
⑨ 共和政 ⑩ ナポレオン

ミス注意！

★権利の章典・独立宣言・人権宣言

権利の章典	独立宣言	人権宣言
イギリスの名誉革命で発布。国王の権力を制限。	アメリカ独立戦争で発表。自由・平等をうたう。	フランス革命で発表。人権の尊重と人民主権。

p.78〜79 ステージ1

● 教科書の要点
① 蒸気機関 ② 産業革命
③ 資本家 ④ 女性
⑤ 労働組合 ⑥ 社会主義
⑦ 近代国家 ⑧ 南北戦争
⑨ ビスマルク ⑩ ドイツ帝国
⑪ 世界の工場 ⑫ 植民地
⑬ イギリス ⑭ モノカルチャー

● 教科書の資料
(1)イギリス
(2)ロシア（帝国）
(3)インド大反乱

● 教科書チェック 一問一答
① 綿織物 ② 産業革命
③ 資本主義 ④ マルクス
⑤ リンカン ⑥ プロイセン（王国）
⑦ ロシア（帝国） ⑧ イギリス
⑨ 植民地 ⑩ 英語

ミス注意！

★資本主義と社会主義…取りちがいに注意しよう。

資本主義	社会主義
資本家が労働者を雇い，利益を目指して生産活動を行う。	労働者を中心に平等な社会を目指そうとする。

p.80〜81 ステージ2

❶ (1)①イ　②ウ　③クロムウェル
(2)イギリス
(3)Z　宣言名：（アメリカ）独立宣言
(4)ワシントン
(5)①ア，イ（順不同）
　②a 基本的人権　　b ルソー
(6)ナポレオン

❷ (1)①紡績　②蒸気　③産業革命
　④児童　⑤低
(2)社会主義

❸ (1)ウ
(2)a アメリカ（合衆国）　　b リンカン
(3)帝国：ドイツ帝国
　首相：ビスマルク
(4)イギリス

解説

❶ (1)①ピューリタン（清教徒）とは，カルバンの教えを信じるプロテスタントの一派。②ア王政は革命前までのイギリスの政治，イ立憲君主政は名誉革命後のイギリスの政治。
(3)Xはイギリスの権利の章典，Yはフランスの人権宣言。
(5)①第一身分（聖職者）と第二身分（貴族）が免税特権を持ち，第三身分（平民）だけが税を負担していた。②モンテスキューは三権分立を説いた人物。社会契約説はイギリスのロックが説き，モ

なぞろう 重要語句 名誉革命　啓蒙思想　共和政　蒸気機関

ンテスキューやルソーに影響を与えている。

❷ (1)②18世紀後半にイギリスで蒸気機関が改良さ
れると，綿布を大量生産できるようになった。④
⑤資本家は利益を上げるために，子どもまでも労
働者として安い賃金で長時間働かせた。

(2)マルクスらによって唱えられた社会主義の思想
は，19〜20世紀にかけて世界中に影響を与えた。

❸ (1)イギリスの安い綿織物が大量に輸入されたた
め，インドの伝統的な手織りの綿布産業は大打撃
を受けた。

(2)aリンカンが大統領になると，南部が合衆国か
らの分離を宣言し，南北戦争が始まった。bリン
カンの演説は，民主主義の理想を表す言葉として
知られている。

(3)プロイセンでは，君主を中心とする政治が行わ
れていた。

(4)インド大反乱を抑えたイギリスは，イギリス国
王を皇帝に立ててインド帝国を成立させ，インド
を直接支配下に置いた。

p.82〜83 ステージ1

●教科書の要点
①間宮林蔵
②異国船打払令
③高野長英
④アヘン
⑤南京（ナンキン）
⑥薪水給与令
⑦オランダ
⑧工場制手工業
⑨専売（制）
⑩大塩平八郎
⑪天保（てんぽう）
⑫株仲間
⑬大名（だいみょう）

●教科書の資料
(1)Aインド　B清（しん）
(2)三角貿易
(3)X銀　　Yアヘン
(4)アヘン戦争

●教科書チェック　一問一答
①蝦夷地（えぞち）
②異国船打払令
③蛮社の獄（ばんしゃのごく）
④アヘン戦争
⑤薪水給与令
⑥工場制手工業
⑦薩摩藩（さつまはん）
⑧天保の飢きん（き）
⑨大阪
⑩水野忠邦（みずのただくに）

なぞろう
重要語句　異国船打払令（いこくせんうちはらいれい）　薪水給与令（しんすいきゅうよれい）　尊王攘夷（そんのうじょうい）

ミス注意！

★問屋制家内工業と工場制手工業

問屋制家内工業	工場制手工業
問屋から原料や道具などを借りて，家内で生産する。	地主などが働き手を作業所に集め，分業で生産する。

p.84〜85 ステージ1

●教科書の要点
①ペリー
②日米和親（にちべいわしん）
③井伊直弼（いいなおすけ）
④領事裁判権（りょうじさいばんけん）
⑤生糸（きいと）
⑥安政の大獄（あんせいのたいごく）
⑦公武合体（こうぶがったい）
⑧木戸孝允（きどたかよし）
⑨大久保利通（おおくぼとしみち）
⑩坂本龍馬（さかもとりょうま）
⑪薩長同盟（さっちょうどうめい）
⑫徳川慶喜（とくがわよしのぶ）
⑬岩倉具視（いわくらともみ）
⑭ええじゃないか

●教科書の資料
(1)①日米和親条約　②下田（しもだ）
(2)井伊直弼
(3)関税自主権（かんぜいじしゅけん）
(4)神奈川〔横浜〕（よこはま）

●教科書チェック　一問一答
①函館（はこだて）
②日米修好通商（にちべいしゅうこうつうしょう）
③尊王攘夷（そんのうじょうい）
④桜田門外の変（さくらだもんがいのへん）
⑤長州藩（ちょうしゅうはん）
⑥薩摩藩（さつま）
⑦西郷隆盛（さいごうたかもり）
⑧大政奉還（たいせいほうかん）
⑨王政復古の大号令（おうせいふっこのだいごうれい）
⑩戊辰戦争（ぼしんせんそう）

ミス注意！

★日米和親条約と日米修好通商条約

日米和親条約	日米修好通商条約
1854年。ペリー来航に際して締結。下田と函館の2港を開港。	1858年。関税自主権がなく，領事裁判権を認めた不平等条約。

p.86〜87 ステージ2

❶ (1)Aロシア　Bアメリカ　Cイギリス
(2)異国船打払令（いこくせんうちはらいれい）
(3)アヘン戦争
(4)ア
(5)オランダ

❷ (1)工場制手工業　(2)大塩平八郎（おおしおへいはちろう）
　(3)①水野忠邦（みずのただくに）　②ウ
　(4)イ

❸ (1)浦賀（うらが）
　(2)①日米和親（にちべいわしん）　②下田，函館（しもだ，はこだて）（順不同）
　(3)①関税自主権（かんぜいじしゅ）　②あ綿（めん）　い生（き）
　(4)井伊直弼（いいなおすけ）　(5)尊王攘夷（そんのうじょうい）　(6)坂本龍馬（さかもとりょうま）
　(7)①徳川慶喜（とくがわよしのぶ）　②エ
　(8)戊辰（ぼしん）　(9)イ

◀━━━━━━━━ 解 説 ━━━━━━━━▶

❶ (1)**A**ロシアは漂流民を伴って来航し，通商を要求した。ラクスマンが来航したのは，松平定信が寛政の改革を行っていたころ。
(2)1825年に幕府は異国船打払令を出した。高野長英や渡辺崋山らの蘭学者はこの方針を批判したことで処罰された（蛮社の獄）。
(3)アヘン戦争は，清が国内でインド産のアヘンの売買を厳しく取り締まったことから，イギリスが起こした戦争。清の敗北に衝撃を受けた幕府は，異国船打払令を緩め，薪水給与令を出した。
(4)この後，香港は1997年までイギリスの統治下におかれた。

❷ (1)工場制手工業は，多くの働き手を作業場に集め，手分けして作業（分業）する効率のよい方法。
(2)大阪町奉行所の元役人だった人物が，幕領で反乱を起こしたことに，幕府は強い衝撃を受けた。
(3)②水野忠邦は，物価を引き下げるために株仲間を解散させた。
(4)生産や販売などを管理下に置いて，利益を独占する制度を専売という。財政改革の政策としていくつかの藩で実施され，**ウ**佐賀藩でも陶磁器の専売を行った。**ア**長州藩は海運に力を入れた。

❸ (1)アメリカのペリーが来航した浦賀は，三浦半島（神奈川県）の東端にある。
(3)②生糸が盛んに輸出されると，国内では品不足となり，物価が上昇した。
(5)外国を追い払おうとするのが攘夷論，天皇を尊ぶ考えが尊王論。
(9)安政の大獄は，日米修好通商条約が結ばれた後に起こった。

---

p.88〜89 ━━ ステージ1

● 教科書の要点
①五箇条の御誓文（ごかじょうのごせいもん）　②藩閥政治（はんばつせいじ）
③版籍奉還（はんせきほうかん）　④廃藩置県（はいはんちけん）
⑤平民（へいみん）　⑥解放令（かいほうれい）
⑦富国強兵（ふこくきょうへい）　⑧富岡（とみおか）
⑨徴兵令（ちょうへいれい）　⑩地券（ちけん）
⑪学制（がくせい）　⑫文明開化（ぶんめいかいか）
⑬太陽暦（たいようれき）　⑭中江兆民（なかえちょうみん）

● 教科書の資料
(1)地租改正（ちそかいせい）　(2)地券
(3)現金（げんきん）　(4)富国強兵

● 教科書チェック　一問一答
①明治維新（めいじいしん）　②廃藩置県
③華族（かぞく）　④官営工場（かんえい）
⑤徴兵令　⑥3％
⑦学制　⑧文明開化
⑨福沢諭吉（ふくざわゆきち）　⑩士族（しぞく）

ミス注意！ ・・・・・・・・・・・・・・・・・・・・・・・・・・

★版籍奉還と廃藩置県…取りちがいに注意しよう。

版籍奉還	廃藩置県
藩主に，土地や人民を天皇に返させた。	藩を廃止し，代わりに府・県を置いた。

★徴兵令…書きまちがいに注意しよう。

○　徴兵令	✕　微兵令
1873年，満20歳になった男子に3年間の兵役を義務づけた法令。	

p.90〜91 ━━ ステージ2

❶ (1)五箇条の御誓文（ごかじょうのごせいもん）
　(2)藩閥政治（はんばつせいじ）
　(3)版籍奉還（はんせきほうかん）
　(4)①藩　②県　③県令（けんれい）
　(5)**C**皇族（こうぞく）　**D**華族（かぞく）　**E**士族（しぞく）　**F**平民（へいみん）
　(6)華族　(7)解放令（かいほうれい）

❷ (1)富国強兵（ふこくきょうへい）
　(2)殖産興業（しょくさんこうぎょう）
　(3)う　(4)イ
　(5)徴兵令（ちょうへいれい）
　(6)①地券（ちけん）　②3　③現金

なぞろう　重要語句　井伊直弼（いいなおすけ）　薩長同盟（さっちょうどうめい）　大政奉還（たいせいほうかん）　徴兵令（ちょうへいれい）

③ (1)学制〔がくせい〕

(2)文明開化〔ぶんめいかいか〕

(3)ウ，エ（順不同）

(4)学問のす〻め〔す〕

(5)2.5％

━━━━━ 解説 ━━━━━

① (2)資料2の人物の出身に注目する。藩閥政治とは，薩摩藩・長州藩・土佐藩・佐賀（肥前）藩の出身者を中心とする政治である。

(4)廃藩置県が実施されると，元の藩主は東京へ呼び集められ，代わりに政府が任命する府知事・県令が地方へ派遣された。中央集権を確立するための政策であった。

(5)E 士族とされた元武士は，刀を差す特権などを奪われていった。

(7)いわゆる「解放令」により，「えた」や「ひにん」と呼ばれていた人々も平民と同じ身分とされ，呼び名も廃止されたが，結婚や就職などにおける差別は根強く残った。

② (1)欧米諸国に対抗するため，産業を盛んにして国を豊かにし，強い軍隊をつくろうとした。

(2)(1)のうち，特に産業の発展を目指した政策。

(3)新橋（東京都）・横浜間に最初の鉄道が開通。あは電信〔でんしん〕，いは郵便があてはまる。

(4)重要な輸出品だった生糸を生産するため，群馬県に近代的な設備を整えたモデル工場として富岡製糸場が造られた。

(5)徴兵によって働き手をとられる農民と，特権を否定された士族の，両者から反発が起こった。

(6)土地所有者には面積・地価などを記した地券が発行され，土地所有者が現金で地租を納めることになり，新政府の主な財源となった。

③ (1)当初，学校の校舎の建設費や授業料などは住民の負担とされたため，学校に行かせない親も多く，特に女子の就学率はなかなか上がらなかった。

(4)福沢諭吉は，人間の権利はみな平等であるとし，家がらなどによって身分が決まる制度を否定した。

(5)当初3％だった地租は，農民の反対一揆が士族の反乱と合流することを新政府が恐れ，1877年に2.5％に引き下げられた。

---

p.92〜93　　ステージ **1**

●教科書の要点

①岩倉具視〔いわくらとも み〕
②日清修好〔にっしんしゅうこう〕
③征韓論〔せいかんろん〕
④江華島〔カンファド〕
⑤日朝修好〔にっちょう〕
⑥樺太・千島交換〔からふと　ち しまこうかん〕
⑦千島〔ちしま〕
⑧小笠原〔お がさわら〕
⑨琉球〔りゅうきゅう〕
⑩沖縄〔おきなわ〕
⑪北海道〔ほっかいどう〕
⑫屯田兵〔とんでんへい〕
⑬アイヌ

●教科書の資料

(1)主張：征韓論〔せいかんろん〕
　人物：西郷隆盛〔さいごうたかもり〕
(2)大久保利通〔おお く ぼ としみち〕
(3)岩倉使節団〔いわくらし せつだん〕

●教科書チェック　一問一答

①アメリカ
②清〔中国〕〔しん〕
③板垣退助〔いたがきたいすけ〕
④日朝修好条規〔にっちょうしゅうこうじょうき〕
⑤ロシア
⑥小笠原諸島〔お がさわらしょとう〕
⑦琉球藩〔りゅうきゅうはん〕
⑧沖縄県〔おきなわけん〕
⑨開拓使〔かいたくし〕
⑩北海道旧土人保護法〔ほっかいどうきゅう ど じん ほ ご ほう〕

ミス注意！

★日清修好条規と日朝修好条規…取りちがいに注意。

日清修好条規	日朝修好条規
1871年日本が清と結んだ。領事裁判権を互いに認めた対等な条約。	1876年日本が朝鮮と結んだ。日本が領事裁判権を持つ不平等な条約。

★開拓使…書きまちがいに注意しよう。

○　開拓使	✕　開拓士
北海道の開拓のために置かれた役所。	

p.94〜95　　ステージ **1**

●教科書の要点

①民撰議院設立建白書〔みんせん ぎ いんせつりつけんぱくしょ〕
②西南戦争〔せいなんせんそう〕
③国会期成同盟〔こっかい き せいどうめい〕
④植木枝盛〔うえ き えもり〕
⑤自由党〔じ ゆうとう〕
⑥大隈重信〔おおくましげのぶ〕
⑦ドイツ〔プロイセン〕
⑧伊藤博文〔い とうひろぶみ〕
⑨大日本帝国憲法〔だいにっぽんていこくけんぽう〕
⑩臣民〔しんみん〕
⑪教育勅語〔きょういくちょくご〕
⑫貴族院〔き ぞくいん〕
⑬25
⑭帝国議会〔ていこく ぎ かい〕

なぞろう
重要語句

版籍奉還〔はんせきほうかん〕　廃藩置県〔はいはんちけん〕　地租改正〔ち そ かいせい〕　殖産興業〔しょくさんこうぎょう〕

●教科書の資料

(1)国会〔議会〕

(2)人物：板垣退助　　文書：民撰議院設立建白書

(3)帝国議会

●教科書チェック　一問一答

①自由民権運動　　②西郷隆盛

③フランス　　④立憲改進党

⑤秩父事件　　⑥内閣制度

⑦天皇　　⑧教育勅語

⑨衆議院　　⑩民法

ミス注意！

★自由党と立憲改進党…取りちがいに注意しよう。

自由党	立憲改進党
1881年，板垣退助が結成。フランスの人権思想に基づく。	1882年，大隈重信が結成。イギリスのような議会政治を目指す。

★教育勅語…書きまちがいに注意しよう。

○　教育勅語	✕　教育直語
1890年に出された，天皇への「忠」と親への「孝」を基本とする方針。	

p.96～97　　ステージ2

❶ (1)①カ　②ア　③ウ　④エ　⑤イ

(2)②日清修好条規

④樺太・千島交換条約

⑤日朝修好条規

(3)Aアイヌ　B領事裁判　C江華島

(4)岩倉使節団

(5)薩摩

(6)沖縄県

(7)征韓論

(8)イ，ウ（順不同）

❷ (1)①板垣退助　②自由民権運動

(2)西南戦争

(3)期成

(4)a自由　b立憲改進

(5)伊藤博文

(6)①大日本帝国憲法　②天皇

(7)①貴族院　②衆議院

●解 説●

❶ (1)①は北海道，②は清（中国），③は沖縄，④はロシア，⑤は朝鮮である。

(2)⑤は日本が一方的に領事裁判権を持つ，不平等な条約。

(3)Aアイヌの人々は，屯田兵による開発が進むと，漁業や狩りなどの生活の場を奪われていった。

C1875年，日本の軍艦が江華島付近で朝鮮に攻撃されたことを理由に砲台を占領した。

(4)岩倉使節団は，条約改正の交渉はあきらめたが，欧米の進んだ文化や制度を目の当たりにして，まずは国内の発展を目指すことを考えた。

(6)沖縄県を置いた明治政府は，琉球の人々を日本国民とするための教育を行い，学校での方言の使用を禁止するなどした。

(8)イ板垣退助とウ西郷隆盛は，鎖国政策をとっていた朝鮮に対して，武力を使ってでも日本と国交を結ばせるべきだと主張した。一方，岩倉使節団に参加したア大久保利通，エ伊藤博文，オ木戸孝允は国内の整備を優先し，これを退けた。カ津田梅子は岩倉使節団に同行した女子留学生。

❷ (1)①国民が選んだ議員で作る議会を開くことを政府に要求した。

(2)徴兵令によって新たに組織された近代的軍隊に鎮圧され，以後，武力による反乱はなくなった。

(3)各地の自由民権運動の代表者が大阪に集まり国会期成同盟を結成。国会開設の請願書を提出した。

(4)自由党は地方の農村で支持を集め，一部の党員が農民とともに暴動を起こすこともあった。

(7)①現在の国会の参議院とは異なる。

p.98～99　　ステージ1

●教科書の要点

①帝国　　②鹿鳴館

③ノルマントン号　　④陸奥宗光

⑤領事裁判権　　⑥脱亜

⑦甲午農民戦争　　⑧日清戦争

⑨下関〔日清講和〕条約　　⑩台湾

⑪遼東半島　　⑫ロシア

⑬台湾総督府　　⑭伊藤博文

なぞろう　重要語句　福沢諭吉　征韓論　樺太　屯田兵　鹿鳴館

●教科書の資料
(1)朝鮮
(2)ロシア
(3)三国干渉

●教科書チェック　一問一答
①列強　　　　　　②帝国主義
③欧化政策　　　　④イギリス
⑤甲午農民戦争　　⑥日清戦争
⑦下関　　　　　　⑧三国干渉
⑨大韓帝国〔韓国〕　⑩立憲政友会

ミス注意！

★領事裁判権と関税自主権…取りちがいに注意。

領事裁判権	関税自主権
外国人の犯罪は相手国の領事が裁判する権利。犯罪が起きた国では裁くことができない。	その国での輸出入品にかける関税率を，自主的に決めることができる権利。

p.100〜101　ステージ1

●教科書の要点
①義和団　　　　　②満州
③日英　　　　　　④日露戦争
⑤ポーツマス〔日露講和〕条約
⑥日比谷焼き打ち
⑦小村寿太郎　　　⑧韓国統監
⑨韓国併合　　　　⑩台湾
⑪南満州鉄道　　　⑫三民
⑬中華民国　　　　⑭袁世凱

●教科書の資料
(1)①与謝野晶子
　　②日露戦争
　　③内村鑑三
(2)韓国併合

●教科書チェック　一問一答
①義和団事件　　　②イギリス
③幸徳秋水　　　　④アメリカ
⑤関税自主権　　　⑥伊藤博文
⑦朝鮮　　　　　　⑧南満州鉄道
⑨孫文　　　　　　⑩辛亥革命

ミス注意！

★内村鑑三と幸徳秋水…取りちがいに注意しよう。

内村鑑三	幸徳秋水
日露戦争の開戦に反対したキリスト教徒。	日露戦争の開戦に反対した社会主義者。

★下関条約とポーツマス条約…取りちがいに注意。

下関条約	ポーツマス条約
日清戦争の講和条約。	日露戦争の講和条約。

p.102〜103　ステージ1

●教科書の要点
①綿糸　　　　　　②産業革命
③八幡製鉄所　　　④財閥
⑤列強　　　　　　⑥小作人
⑦社会主義　　　　⑧大逆
⑨工場法　　　　　⑩田中正造
⑪岡倉天心　　　　⑫黒田清輝
⑬二葉亭四迷　　　⑭森鷗外

●教科書の資料
(1)夏目漱石　　(2)森鷗外　　(3)樋口一葉

●教科書チェック　一問一答
①生糸　　　　　　②八幡製鉄所
③鉄道　　　　　　④社会民主党
⑤大逆事件　　　　⑥足尾銅山
⑦フェノロサ　　　⑧石川啄木
⑨北里柴三郎　　　⑩野口英世

ミス注意！

★野口英世と北里柴三郎…取りちがいに注意しよう。

野口英世	北里柴三郎
黄熱病などの研究で活躍。	ペスト菌を発見した細菌学者。

p.104〜105　ステージ2

❶(1)①イ　　②エ
　(2)a 朝鮮　　b 清
　(3)下関〔日清講和〕条約　　(4)ウ
　(5)ロシア，ドイツ，フランス（順不同）
　(6)①日英同盟　　②与謝野晶子
　(7)オ　　(8)韓国併合
　(9)孫文

なぞろう　重要語句

領事裁判権　遼東半島　辛亥革命　袁世凱

❷ (1)① A 綿糸　B 生糸　C 八幡製鉄所
　　② 産業　③ ア　④ 財閥
　(2)田中正造
　(3)① ウ　② エ　③ イ
　(4)イ，エ（順不同）

◀━━━━━━━━━━━ 解説 ━━━━━━━━━━━▶

❶ (1)①1894年，陸奥宗光が日英通商航海条約に調印し，領事裁判権が撤廃された。②1911年，小村寿太郎が関税自主権を回復した。
　(2)a 朝鮮の農民が反乱を起こした。b 中国で義和団が，外国勢力に対して反乱を起こした。
　(4)イの山東半島とまちがえないようにしよう。
　(5)三国干渉は，ロシアがドイツ，フランスとともに，下関条約で日本が獲得した遼東半島を清に返還するよう，要求したできごと。
　(7)日本は，北緯50度以南の樺太を得た。
　(9)孫文が辛亥革命を指導し，中華民国を成立させた。孫文は民族の独立や民主政の実現，国民生活の安定を目指す三民主義を唱えた人物である。

❷ (1)① A・B 日本の産業革命は軽工業から始まった。③八幡製鉄所では，同じ福岡県の筑豊炭田から産出された石炭で製鉄を行った。
　(2)幸徳秋水は大逆事件で死刑となった社会主義者。
　(3)①夏目漱石は『吾輩は猫である』など，森鷗外は『舞姫』などの小説を著した。②北里柴三郎は破傷風の血清療法を確立し，ペスト菌も発見した細菌学者である。志賀潔は赤痢菌を発見した医師。③横山大観は日本画で活躍し，黒田清輝は西洋の絵画の技法を学んだ。
　(4)ア 明治時代初めのできごと。ウ 日清戦争後，授業料が無償化されると女子の就学率も上昇し，日露戦争後にはほぼ100％になっている。

p.106～107 **ステージ3** 総合

❶ (1)A ウ　B エ　C イ　D ア
　(2)① ア　② イ　③ ウ
　(3)資本主義
❷ (1)アヘン戦争　(2)天保の改革
　(3)ペリー　(4)関税自主権
　(5)イ　(6)① エ　② ア　③ ウ

❸ (1)五箇条の御誓文　(2)板垣退助
　(3)日朝修好条規　(4)領事裁判権
　(5)例 君主の権力が強い。
　(6)エ　(7)エ
　(8)日露戦争
　(9)① ア　② ウ　③ イ

◀━━━━━━━━━━━ 解説 ━━━━━━━━━━━▶

❶ (1)A アメリカ独立戦争で，ワシントンが植民地軍を指揮した。B ピューリタン革命で，クロムウェルの指導する議会派が勝利した。C 1804年にナポレオンがフランス皇帝となった。D 19世紀半ばにマルクスが社会主義を唱えた。
　(2)③19世紀後半，インドでイギリスの植民地支配に対するインド大反乱が起きた。これをしずめたイギリスは皇帝を退位させ，直接支配下においた。
　(3)マルクスは，労働者の貧困の原因となる資本主義の問題に目を向け，工場や土地の私有を否定し，共有にするべきだとする社会主義を説いた。

❷ (1)アヘン戦争で大国の清が敗れたことに衝撃を受けた幕府は，異国船打払令を緩め，1842年に薪水給与令を出した。
　(2)江戸や大阪周辺の大名領などを幕府に返上させ，代わりとなる領地を支給しようとしたが，大名らの強い反対を受けて命令を撤回した。
　(4)日米修好通商条約は，日本に関税自主権が無く，領事裁判権を認めるという不平等な条約だった。
　(5)王政復古の大号令は，大政奉還の動きに対して，薩摩藩の西郷隆盛，大久保利通，公家の岩倉具視が中心となり，徳川慶喜の勢力を政治の中心から追い出すために行われた。
　(6)①対立していた長州藩と薩摩藩の同盟の実現に関わった人物が，土佐藩出身の坂本龍馬。大政奉還の前年の1866年だった。②1837年に乱を起こした大塩平八郎は，大阪町奉行所の元役人だった。③ペリーが1854年に再び来航したときに結ばれたのが日米和親条約。このときは貿易対象として日本を重視していなかったため，交渉から貿易の項目は外されていた。

❸ (1)五箇条の御誓文は天皇が神に誓うという形で出された。

なぞろう 重要語句　孫文　韓国併合　財閥　八幡製鉄所

(2)1874年，民撰議院設立建白書を提出した。

(3)(4)日本が領事裁判権を持つ，朝鮮にとって不平等な条約だった。

(5)伊藤博文は，各国の憲法を調査したが，当時の日本の情勢から，主に君主中心の政治を行っているドイツ（プロイセン）の憲法を参考にした。

(6)「法律の範囲内」とは，法律によって国民の人権を制限できる，ということを意味する。

(7)内閣総理大臣を任命する権限は天皇にあったが，実際には国家建設に功績があった政治家である元老の推薦によって，内閣総理大臣は決まっていた。

(8)日清戦争も日露戦争も，朝鮮半島とその周辺地域が戦場になっているので注意が必要。**資料4**では，日本海海戦があるので日露戦争と判断できる。

(9)**資料1**は1868年，**資料2**は1876年，**資料3**は1889年，**資料4**は1904〜1905年。①は1871年，②は1901年，③は1881年。

p.108〜109 ステージ3 資・思

❶ (1)石

(2)Y

(3)例納税の義務が免除されていた。

(4)例人間は，生まれながらにして自由かつ平等な権利を持っていること。

❷ (1)ウ

(2)例イギリスで産業革命が起こり，安い綿製品を大量に生産して輸出できるようになったから。

(3)米

(4)例生糸が盛んに輸出され，国内で品不足になったから。

❸ (1)地券

(2)地価

(3)例士族の反乱が相次いで起こっていた。

(4)例（直接国税）15円以上を納める25歳以上の男性。

(5)衆議院

(6)①義和団事件　②帝国主義

③aイギリス　　bロシア

④例日本がロシアとの戦争に勝ったから。

▶解説◀

❶ (1)(2)(3)フランス革命後は，石（＝税）の負担が平民（第三身分）のみでなく，聖職者や貴族も平等に負担する，という意図で描かれている。

(4)「自由」と「平等」の2語がキーワード。資料で示されていることは「平等」である。

❷ (1)(2)イギリスから大量の機械織りの綿織物がアジアに輸出され，インド産の手織りの綿織物産業は衰退してしまった。

(3)開港後の激しい物価上昇に対して，賃金は上がらず，人々の生活は苦しくなっていった。

(4)生糸や蚕種（蚕の卵），茶が日本の主な輸出品だったという知識が必要。これらは国内では品不足になり，物価上昇の原因となった。

❸ (2)地租が地価の3％から，2.5％へと引き下げられたことが記されている。

(3)地租改正だけでなく，徴兵令，学制といった新しい政策に対しては，国民の強い抵抗があった。同時に政府は，特権が奪われ，不満をもつ士族たちの武力による反乱にも悩まされていた。

(4)直接国税（地租や所得税など直接国に納める税金）15円以上を納める人は大地主などの一部の人々に限られていた。**資料2**では，選挙人を警察官が監視している様子も描かれている。

(6)①②③欧米列強は帝国主義の動きを強め，特にイギリスは南下政策をとるロシアとの対立を深めていたが，義和団事件後にロシアが満州を勢力下に置こうとする動きがあり，利害が一致した日本とイギリスは，日英同盟を結ぶこととなった。

④地図からロシアの勢力下の鉄道とわかる。

ポイント

■ヨーロッパの近代化の流れをおさえる。

イギリス▶ピューリタン革命→名誉革命→産業革命。アメリカ▶アメリカ独立戦争→南北戦争。フランス▶啓蒙思想→フランス革命→ナポレオン。

■明治時代の流れをおさえる。

明治維新▶五箇条の御誓文，版籍奉還・廃藩置県。富国強兵▶学制，徴兵令，殖産興業，文明開化。自由民権運動→大日本帝国憲法，日清戦争，日英同盟，日露戦争，条約改正。

なぞろう 重要語句　夏目漱石　森鷗外　樋口一葉　野口英世

第5章 近代(後半) 二度の世界大戦と日本

p.110～111 ステージ1

●教科書の要点
①三国同盟　　②三国協商
③火薬庫　　④サラエボ
⑤オーストリア　　⑥総力戦
⑦アメリカ　　⑧日英同盟
⑨二十一か条の要求　　⑩ドイツ
⑪レーニン　　⑫民族自決
⑬シベリア出兵　　⑭ソビエト社会主義共和国連邦

●教科書の資料
(1)三国協商
(2)三国同盟
(3)日英同盟　　(4)イタリア

●教科書チェック　一問一答
①ドイツ　　②イギリス
③バルカン半島　　④第一次世界大戦
⑤アメリカ　　⑥中華民国〔中国〕
⑦大連　　⑧ロシア革命
⑨労働者　　⑩シベリア

ミス注意！
★三国同盟と三国協商…取りちがいに注意しよう。

三国同盟	三国協商
ドイツ・オーストリア・イタリア	イギリス・フランス・ロシア

p.112～113 ステージ1

●教科書の要点
①パリ　　②ベルサイユ
③ウィルソン　　④国際連盟
⑤ジュネーブ　　⑥日本
⑦ワイマール憲法　　⑧三・一独立
⑨五・四　　⑩ガンディー
⑪ワシントン　　⑫山東

●教科書の資料
(1)五・四運動
(2)北京
(3)二十一か条の要求
(4)パリ講和会議

●教科書チェック　一問一答
①ドイツ　　②ベルサイユ条約
③民族自決　　④国際連盟
⑤ワイマール憲法　　⑥朝鮮
⑦中国国民党　　⑧非暴力・不服従
⑨ワシントン会議　　⑩(パリ)不戦条約

ミス注意！
★三・一独立運動と五・四運動…取りちがいに注意。

三・一独立運動	五・四運動
1919年。朝鮮で起こる。	1919年。中国で起こる。

p.114～115 ステージ1

●教科書の要点
①護憲　　②吉野作造
③大戦景気　　④米騒動
⑤原敬　　⑥普通選挙
⑦大正デモクラシー　　⑧治安維持法
⑨平塚らいてう　　⑩労働組合
⑪小作争議　　⑫全国水平社
⑬大衆　　⑭関東大震災
⑮ラジオ

●教科書の資料
(1)加藤高明
(2)男〔男性〕
(3)25　　(4)4

●教科書チェック　一問一答
①民本主義　　②成金
③米騒動　　④政党内閣
⑤男子普通選挙　　⑥治安維持法
⑦労働争議　　⑧芥川龍之介
⑨ラジオ　　⑩柳田国男

ミス注意！
★護憲運動…漢字に注意しよう。

○　護憲運動	✕　護権運動
憲法の精神に基づく政治を守り，民衆の考えを反映させることを求めた大正時代の運動。	

★三民主義と民本主義…取りちがいに注意しよう。

三民主義	民本主義
孫文が唱える。	吉野作造が唱える。

なぞろう 重要語句　日英同盟　国際連盟　護憲運動　成金

p.116～117 ステージ2

❶ (1)①同盟　②協商
(2)①サラエボ事件　②ヨーロッパの火薬庫
(3)二十一　(4)レーニン
(5)①ベルサイユ条約
　　②X朝鮮　Y中国　Zインド
(6)国際連盟　(7)ワシントン

❷ (1)Y　(2)ウ
(3)A桂太郎　B原敬　C加藤高明
(4)Aウ　Bエ　Cイ　(5)B
(6)a全国水平社　b青鞜社
　　c北海道アイヌ協会
(7)志賀直哉

━━━━ 解説 ━━━━

❶ (1)(2)ドイツ・オーストリア・イタリアの三国同盟と，イギリス・フランス・ロシアの三国協商が，バルカン半島の支配などをめぐって対立した。
(3)日本は，第一次世界大戦で欧米諸国のアジアへの関心が薄れているうちに，中国での勢力を広げようとして二十一か条の要求を出した。
(5)②Xは朝鮮の三・一独立運動，Yは中国の五・四運動，Zはインドの抵抗運動。
(6)アメリカのウィルソン大統領の提案に基づき，世界平和を目指す国際連盟が設立された。
(7)第一次世界大戦で日本が得た中国の山東省の利権は，ワシントン会議で中国に返された。

❷ (1)(2)大戦景気で貿易は黒字になっている。大戦中の貿易額は，約4倍になっている。
(3)A桂太郎内閣は，護憲運動で倒れた。B原敬は本格的な政党内閣をつくった。C1924年に起こった2度目の護憲運動の結果，加藤高明内閣が成立。
(4)アは大隈重信について述べたものである。
(5)1918年の米騒動である。
(6)a全国水平社は，被差別部落の人々が江戸時代以来続く差別からの解放を求めて結成した。b女性差別解消を求めて，平塚らいてうらが青鞜社を作った。
(7)志賀直哉や芥川龍之介が当時の人気作家。柳田国男は民俗学者，山田耕筰は音楽家。正岡子規は明治時代に活躍した俳人。

p.118～119 ステージ1

●教科書の要点
①世界恐慌　②関東大震災
③金融恐慌　④昭和
⑤軍部　⑥財閥
⑦ローズベルト　⑧ブロック経済
⑨スターリン　⑩五か年
⑪ムッソリーニ　⑫ヒトラー

●教科書の資料
(1)世界恐慌　(2)アメリカ
(3)イギリス　(4)ソ連

●教科書チェック　一問一答
①銀行　②養蚕業
③浜口雄幸　④ローズベルト
⑤ブロック経済　⑥計画経済
⑦ファシスト党　⑧ナチ党
⑨ユダヤ人　⑩ファシズム

ミス注意！

★ニューディール政策とブロック経済

ニューディール政策	ブロック経済
公共事業や賃金引き上げなどアメリカの政策	本国と植民地などとの貿易を盛んにする政策

p.120～121 ステージ1

●教科書の要点
①蔣介石　②南満州鉄道
③満州　④五・一五
⑤国際連盟　⑥日独防共協定
⑦盧溝橋　⑧日中戦争
⑨南京　⑩毛沢東
⑪国家総動員法　⑫大政翼賛会

●教科書の資料
(1)A軍部　B政党　C内閣
(2)①五・一五事件　②二・二六事件

●教科書チェック　一問一答
①国民政府　②満州事変
③犬養毅　④国際連盟
⑤二・二六事件　⑥中国共産党
⑦抗日民族統一戦線　⑧近衛文麿
⑨隣組　⑩国民学校（初等科）

なぞろう　重要語句　　米騒動　原敬　青鞜社　治安維持法

明治時代初めに札幌農学校に招かれたクラーク博士の言葉。**エ**は与謝野晶子の詩の一節。

(7)大政翼賛会という戦争に協力する組織に合流。

ミス注意！

★柳条湖事件と盧溝橋事件…取りちがいに注意しよう。

柳条湖事件	盧溝橋事件
1931年，奉天郊外で関東軍が満鉄を爆破。満州事変のきっかけ。	1937年，北京郊外で日中両軍が衝突。日中戦争のきっかけ。

★蔣介石と毛沢東…取りちがいに注意しよう。

蔣介石	毛沢東
中国国民党を率いる。	中国共産党を率いる。

p.122〜123　ステージ2

1 (1)世界恐慌　(2)ニューディール政策
(3)ブロック経済　(4)ファシズム
(5)①イ　②エ　(6)五か年計画
(7)①ヒトラー　②ローズベルト
　③スターリン
(8)①銀行　②金融　③生糸　④昭和
(9)ドイツ

2 (1)蔣介石　(2)満州事変
(3)①五・一五　②二・二六
(4)ア　(5)総動員
(6)イ　(7)ウ
(8)隣組　(9)①Y　②Z

解説

1 (2)ローズベルト大統領のもとでニューディール政策が行われ，公共事業を積極的におこしたり，労働者の賃金を引き上げたりした。
(3)植民地を多く持っていたイギリスやフランス，アメリカは，本国と植民地との間の貿易を拡大し，それ以外の国からの商品には高い関税をかけた。
(4)植民地が少ないドイツやイタリアでは，軍国主義的な独裁体制で，植民地の獲得を目指した。
(6)ソ連はスターリンの指導のもと，世界恐慌の影響を受けず，五か年計画によって成長を続けた。
(7)ムッソリーニはイタリアで政権を握った人物。
(8)昭和恐慌では農村の打撃も大きかった。
(9)ドイツではユダヤ人が迫害された。

2 (3)①五・一五事件によって政党政治が途絶えた。
②二・二六事件後は軍部が政治を主導していった。
(6)アは福沢諭吉の「学問のすゝめ」の一節。ウは

p.124〜125　ステージ1

●教科書の要点

①独ソ不可侵条約　②日独伊三国同盟
③大西洋憲章　④日ソ中立条約
⑤太平洋戦争〔アジア・太平洋戦争〕
⑥皇民化　⑦ミッドウェー
⑧サイパン島　⑨学徒出陣
⑩学童疎開　⑪沖縄
⑫イタリア　⑬ドイツ
⑭ポツダム宣言　⑮原子爆弾〔原爆〕

●教科書の資料

(1)爆弾：原子爆弾〔原爆〕　都市：広島
(2)ソ連　(3)1945年8月15日

●教科書チェック　一問一答

①ポーランド　②日独伊三国同盟
③ABCD包囲網　④真珠湾
⑤大東亜共栄圏　⑥皇民化政策
⑦勤労動員　⑧学童疎開
⑨ポツダム宣言　⑩長崎

ミス注意！

★勤労動員と学徒出陣…取りちがいに注意しよう。

勤労動員	学徒出陣
中学生や女学生を軍需工場で働かせる。	徴兵されていなかった大学生を戦場に送る。

p.126〜127　ステージ2

1 (1)独ソ不可侵　(2)ウ
(3)①パリ　②イタリア　(4)枢軸国
(5)中立　(6)アメリカ，イギリス（順不同）
(7)①ABCD包囲網　②ア
(8)皇民化政策

2 (1)ウ　(2)①勤労　②出陣　③疎開
(3)aヤルタ　b沖縄　cヒトラー
　dポツダム　e広島　f長崎
(4)満州　(5)玉音放送

なぞろう　重要語句
かんとうだいしんさい　関東大震災
せかいきょうこう　世界恐慌
ようさんぎょう　養蚕業
すうじくこく　枢軸国

解説

❶(1)ドイツはその後の1941年にこの独ソ不可侵条約を破ってソ連に侵攻している。

(2)ベルサイユ条約で失った領土の回復を名目に侵攻した。イギリスとフランスは，ポーランドを支援してドイツに宣戦布告した。

(4)一方で，イギリス・アメリカによる大西洋憲章に賛同した国々は連合国とよばれた。

(5)日本は北方の安全を確保した上で，フランス領インドシナ南部に軍隊を進めた。

(7)①4か国の頭文字からよばれた。②日本軍は真珠湾の奇襲とマレー半島上陸を同時に行い，アメリカ・イギリスとの戦争を始めた。

(8)台湾は1895年の下関条約で，朝鮮は1910年の韓国併合で日本の植民地とされていた。

❷(1)ウ米軍はサイパン島を基地として，日本本土への空襲を開始した。

(2)①多くの成人男子が兵士となったため，不足した労働力を補う目的で動員された。③国民学校3年生以上の学童の疎開が行われた。

(3)aヤルタ会談で，ソ連の対日参戦や千島列島領有などが取り決められた。dポツダム宣言で日本の無条件降伏などが示された。e・fアメリカは，戦争の早期終結と，戦後ソ連に対して優位に立つことを目的として原子爆弾を投下した。

---

p.128〜129 ステージ3 総合

❶(1)ロシア革命 (2)民族自決
(3)①朝鮮 ②中国 ③インド
(4)国際連盟 (5)二十一か条の要求

❷(1)Aオ Bア Cカ Dイ
(2)女性 (3)米騒動
(4)例25歳以上のすべての男性。

❸(1)Aウ Bエ Cア
(2)五か年計画 (3)日本
(4)満州国（建国） (5)イ
(6)①アメリカ ②ドイツ
(7)イ→エ→ア→ウ (8)8月15日

解説

❶(1)1917年，レーニンの指導の下で，世界初の社

会主義政府が成立した。

(2)民族自決の原則に基づいて，第一次世界大戦後に東ヨーロッパ各国の独立が認められた。

(4)アメリカのウィルソン大統領の提案で，1920年に世界平和を目指す国際連盟が設立されたが，アメリカは議会の反対で加盟しなかった。

(5)日本は中国に対し，山東省のドイツ権益を日本に譲ること，旅順・大連の租借期限を延長することなどを求めた。

❷(2)(4)女性には選挙権が認められていなかった。

❸(3)1933年に指数が100を超えている国を探す。日本は円安で綿織物の輸出が急増。満州事変以後は軍需生産も増大し，重化学工業も発展した。

(4)中国が，満州での日本軍の行動を武力侵略であると国際連盟に訴えて，調査が行われていた。

(6)①Aはアメリカの頭文字。②日独伊三国同盟や独ソ不可侵条約が示されている。

(7)イのみ1943年。ほかは1945年のできごと。

(8)8月15日正午，天皇の肉声がラジオから放送（玉音放送）され，国民に終戦が知らされた。

---

p.130〜131 ステージ3 資・思

❶(1)政党政治
(2)例ソビエト政府を倒し，革命の広がりを抑えるため。
(3)原敬
(4)例米騒動が全国に広がり，政府への批判が高まったから。
(5)例世界で軍縮の気運が高まり，日本政府も国際協調の方針で臨んだから。
(6)イ (7)日中戦争
(8)例軍国主義教育が強化された。

❷(1)長野県 (2)1919年
(3)第一次世界大戦が続けられていた。
(4)例生糸の輸出量が大幅に減ったことで，繭の需要も減ったから。
(5)例養蚕が農業経営の中心だった。
(6)①ニューディール政策 ②ヒトラー
(7)例政党を解散し，国民の言論統制を強めていった。

なぞろう 重要語句 独ソ不可侵条約 真珠湾 学童疎開

◀ 解説 ▶

❶ (1)1924〜1932年の間は政党内閣が続き，「憲政の常道」と呼ばれた。

(2)シベリアへの軍事介入は失敗し，1922年にソビエト社会主義共和国連邦が成立した。

(3)(4)米騒動の鎮圧のため，政府は警察だけではなく軍隊を出動させた。政府への批判が高まり，軍人出身の首相が辞職したことで原内閣が成立した。

(5)単なる予算の節約という意味ではなく，世界の情勢と日本の立場を踏まえて考える必要がある問題である。

(6)**イ**は大正時代に朝鮮で起こった運動。

(8)現在の小学校にあたる尋常小学校が国民学校初等科となったことも事実なので正解となるが，ここでは教育の内容に関する変化を記述することが期待されている。

❷ (1)(4)(5)長野県の多くの村では養蚕が盛んで，農業収入の多くを養蚕に頼っていた。世界恐慌によって生糸の値段が暴落すると，製糸工場が倒産するなどして繭の需要が減り，農家の打撃も大きかった。貧しい農家の多くが満州へ渡っていった。

(2)(3)大戦景気の恩恵は養蚕農家にもあった。

(6)②ナチ党の政策で雇用が増え，失業者が激減し，ヒトラーはドイツ国民の圧倒的な支持を得るようになった。

(7)ヒトラーは民主主義を否定し，ほかの政党を解散させ，言論・思想の自由を認めなかった。独裁的で軍国主義的，全体主義的なファシズムの国と似た政策が日本でもとられるようになっていた。

ポイント

■**2つの世界大戦の国際関係をおさえる**

第一次世界大戦▶三国協商と三国同盟。

第二次世界大戦▶枢軸国と連合国。

■**戦争の背景・原因・きっかけ・結果をおさえる**

第一次世界大戦▶サラエボ事件→ベルサイユ条約，国際連盟。第二次世界大戦▶世界恐慌→ブロック経済やファシズム→独ソ不可侵条約→日独伊三国同盟→日米開戦→原爆投下，ソ連参戦→ポツダム宣言

第6章 現代　現在に続く日本と世界

p.132〜133 ━ ステージ **1**

●**教科書の要点**

① マッカーサー　② 極東国際軍事裁判

③ シベリア　④ 中国残留日本人

⑤ 財閥　⑥ 農地改革

⑦ 日本国憲法　⑧ 平和主義

⑨ 教育基本法　⑩ 国際連合〔国連〕

⑪ 冷たい戦争〔冷戦〕　⑫ 毛沢東

⑬ 大韓民国〔韓国〕　⑭ 朝鮮戦争

⑮ 自衛隊

●**教科書の資料**

(1)資本主義　(2)Aアメリカ　Bソ連

(3)冷たい戦争〔冷戦〕

●**教科書チェック　一問一答**

① 連合国軍総司令部〔GHQ〕

② 昭和天皇

③ シベリア抑留　④ 農地改革

⑤ 国民主権　⑥ 基本的人権

⑦ 北大西洋条約機構〔NATO〕

⑧ ワルシャワ条約機構

⑨ 中華人民共和国　⑩ 朝鮮特需

ミス注意！

★**中華民国と中華人民共和国**…取りちがいに注意しよう。

中華民国	中華人民共和国
孫文が中心となった辛亥革命によって，1912年に成立。	毛沢東率いる中国共産党によって，1949年に成立。

★**大戦景気と朝鮮特需**…取りちがいに注意しよう。

大戦景気	朝鮮特需
第一次世界大戦中の好景気。	朝鮮戦争中の軍事物資の生産で経済が復興。

p.134〜135 ━ ステージ **1**

●**教科書の要点**

① サンフランシスコ平和条約

② 日米安全保障条約〔安保条約〕

③ 日ソ共同宣言

④ 55年体制　⑤ アメリカ

なぞろう
重要語句　財閥解体　農地改革　朝鮮特需　冷戦
（ざいばつかいたい）（のうちかいかく）（ちょうせんとくじゅ）（れいせん）

⑥日韓基本条約　　⑦日中共同声明
⑧オリンピック・パラリンピック　　⑨公害
⑩石油危機　　　　⑪バブル
⑫政府開発援助〔ODA〕　⑬湯川秀樹

● 教科書の資料
(1)東京　　(2)高度経済成長
(3)公害対策基本法

● 教科書チェック　一問一答
①吉田茂　　　　②国際連合〔国連〕
③安保闘争　　　④アジア・アフリカ会議
⑤沖縄　　　　　⑥非核三原則
⑦先進国首脳会議〔サミット〕
⑧貿易摩擦
⑨三種の神器　　⑩手塚治虫

ミス注意！

★日ソ共同宣言と日中共同声明…取りちがいに注意。

日ソ共同宣言	日中共同声明
1956年，ソ連との国交を回復。	1972年，中華人民共和国との国交を回復。

p.136～137　ステージ1

● 教科書の要点
①ゴルバチョフ　　②ベルリン
③グローバル化　　④ヨーロッパ連合
⑤ユーゴスラビア　⑥湾岸戦争
⑦自衛隊　　　　　⑧同時多発テロ
⑨イラク戦争　　　⑩拉致
⑪非政府組織　　　⑫情報通信技術
⑬人工知能　　　　⑭地球温暖化

● 教科書の資料
(1)EU　　(2)同時多発テロ
(3)アフガニスタン

● 教科書チェック　一問一答
①冷戦の終結　　　②ユーロ
③国連平和維持活動〔PKO〕
④55年体制
⑤政権交代　　　　⑥中国〔中華人民共和国〕
⑦政府開発援助〔ODA〕
⑧パリ協定
⑨東日本大震災　　⑩原子力発電

p.138～139　ステージ2

❶ (1)①マッカーサー　②農地改革　③財閥
(2)①基本的人権，国民，平和
　②ア
(3)冷たい戦争〔冷戦〕
(4)朝鮮民主主義人民共和国
(5)a 警察予備隊　　b アメリカ
　c 朝鮮特需
(6)①ア　　②エ　　③イ

❷ (1)サンフランシスコ平和条約
(2)エ，オ（順不同）
(3)池田勇人　　(4)高度経済成長
(5)石油危機
(6)①サミット　　②日本　　③イ
　④アメリカ　　⑤ⅠY　　ⅡZ　　ⅢX

解説

❶ (1)②経済の民主化政策の一つで，政府が地主の土地の多くを買い上げて，小作人に安く売り渡した結果，自作農が増加した。
(2)②厳しい寒さのなかの強制労働によって，多くの日本人捕虜が亡くなった。
(5)a GHQの指示で1950年に作られた警察予備隊は，1954年には自衛隊へと発展した。日本の再軍備という占領政策の転換は，当時「逆コース」と呼ばれた。
(6)①1945年4～6月のサンフランシスコ会議（講和会議ではない）で国際連合憲章を定め，10月に国際連合が発足。③1947年に教育基本法が定められたことにより教育勅語は失効した。

❷ (1)Aは1951年。日本はサンフランシスコ平和条約を結び，独立を回復した。同時に日米安全保障条約も結ばれた。
(2)Bは1953年。エの湯川秀樹がノーベル賞を受賞したのは1949年。
(6)①サミットは現在も開催されている。②自動車や半導体などの分野で日本の輸出が増大した。③アメリカのブッシュ大統領とソ連のゴルバチョフ書記長の会談で，冷戦の終結と新しい米ソ関係の確認が行われた。④Ⅰは1965～1973年。Ⅱは1978年。

なぞろう　重要語句　　吉田茂　　警察予備隊　　自衛隊　　安保闘争

p.140～141 ステージ3 総合

❶ (1)連合国軍総司令部（GHQ）
(2)財閥　(3)農地改革　(4)自作農
(5)ウ　(6)象徴　(7)教育基本

❷ (1)資料1 ア　資料2 ウ
(2)アメリカ　(3)北方領土問題　(4)エ

❸ (1)イ　(2)冷たい戦争〔冷戦〕
(3)A北大西洋条約機構
　　Bワルシャワ条約機構
(4)アジア・アフリカ会議
(5)ベトナム戦争　(6)日中共同声明
(7)①イギリス　②ポルトガル
(8)①イ　②公害対策基本法
(9)石油　(10)マルタ会談

◆━━━━ 解 説 ━━━━◆

❶ (5)1955年以降，与党の自由民主党と野党の日本社会党が対立する政治体制が続いていた。
(6)日本国憲法の第1条に示されている。

❷ (1)資料1は1951年のサンフランシスコ平和条約，資料2は1956年の日ソ共同宣言。
(2)資料1と同時に結ばれた日米安全保障条約で，アメリカが引き続き軍事施設を置くことを認めた。
(4)エ1954年に自衛隊が発足。ア1991年，イ1965年，ウ1960年。

❸ (1)国際連合の本部はアメリカのニューヨーク。
(4)植民地支配に反対し，アメリカ・ソ連のどちらにも加わらない国々が協力し合うことを決めた。
(8)①ア，ウ，エはまとめて「三種の神器」とよばれた。自動車は1960年代後半以降に普及した。
(9)第四次中東戦争。石油輸出国が原油の値上げを行い，エネルギーを大量に消費する先進国の経済に大きな打撃を与えた。

p.142～143 ステージ3 資・思

❶ (1)アメリカ
(2)例高い値段で売られていた闇市で食料を手に入れた。
(3)例満州や朝鮮で生活していた民間人や軍人が日本へ引き揚げてきたから。
(4)Y

(5)持たず，作らず，持ち込ませず
(6)政権交代
(7)①ウ　②エ　③イ

❷ (1)例家事の時間が短縮され，人々は余暇を楽しむゆとりができた。
(2)カラーテレビ，乗用車，エアコン（順不同）
(3)エ
(4)例アメリカの貿易赤字が大幅に増えたことで，日米貿易摩擦の問題が深刻化した。
(5)ア　(6)例ノーベル賞を受賞した。

◆━━━━ 解 説 ━━━━◆

❶ (2)「闇市」に触れる。配給以外での食料の入手は違法だったが，配給では食料が足りなかった。
(3)「引き揚げ」に触れる。海外の戦地にいた軍人や満州，朝鮮，台湾などにいた民間人が引き揚げてきたため，食料不足はより深刻になった。
(4)結果的には，単独講和を選択したことで，アメリカを中心とする資本主義国の側として独立し，早期の経済の復興を図ることができた。
(7)①1980年代半ば。②1993年。③1965年。

❷ (1)時間などのゆとりを生み出す製品と，余暇を楽しむ製品がある。
(2)乗用車はカー，エアコンはクーラーの頭文字。
(3)ア1973年，イ1960年，ウ1964年。エ「ファミコン」は1983年に発売された家庭用ゲーム機。
(4)1980年代，日本は高い技術力で自動車・鉄鋼・半導体・カラーテレビなど工業製品の輸出が増加。
(5)バブルとは，実態以上に景気がよくなる状態。
(6)湯川秀樹は物理学賞，川端康成と大江健三郎は文学賞を受賞。

ポイント

■**日本の戦後改革をおさえる**
GHQによる民主化▶財閥解体，農地改革，日本国憲法，教育基本法。
■**戦後日本と諸外国の関係をおさえる**
アメリカ▶日米安全保障条約→安保闘争，基地問題，日米貿易摩擦。ソ連▶日ソ共同宣言→北方領土問題。韓国▶日韓基本条約。中国▶日中共同声明→日中平和友好条約。

なぞろう 重要語句　闇市　石油危機　貿易摩擦　北方領土

36

定期テスト対策　得点アップ！予想問題

p.146　第1回

1　(1)Aエジプト文明　Cインダス文明
　(2)ウ
　(3)甲骨文字
　(4)イ→ア→エ→ウ
　(5)Eイ　　Fウ
2　(1)銅鐸（どうたく）
　(2)イ
　(3)例祭りの道具として使用された。
　(4)鉄器
　(5)前方後円墳（ぜんぽうこうえんふん）
　(6)埴輪（はにわ）

▶解説◀

1　(2)くさび形文字は粘土板に刻まれた文字。アとエはエジプト文明。
　(4)アは紀元前221年，イは紀元前6世紀ごろ，ウは紀元前202年のできごとである。エは秦の時代。
2　(2)アとウは旧石器時代，エは縄文時代。
　(3)稲作とともに中国や朝鮮から伝わった銅鐸などの青銅器は，豊作を神に祈る祭りの道具として使われた。
　(4)鉄器は青銅器より硬くて丈夫だった。
　(5)Bの古墳は，大阪府にある大仙（大山）古墳。

p.147　第2回

1　(1)①壬申の乱（じんしんのらん）　②平城京（へいじょうきょう）　③平安京（へいあんきょう）
　(2)冠位十二階（かんいじゅうにかい）
　(3)例現存する世界最古の木造建築だから。（もくぞうけんちく）
　(4)中大兄皇子（なかのおおえのおうじ）
　(5)ウ
　(6)行基（ぎょうき）　(7)真言宗（しんごんしゅう）
　(8)国風文化（こくふうぶんか）
　(9)い
2　(1)①万葉集（まんようしゅう）　②古今和歌集（こきんわかしゅう）
　(2)天平文化（てんぴょう）
　(3)浄土信仰（じょうどしんこう）

▶解説◀

1　(2)中国や朝鮮の政治のしくみにならい，天皇中心の政治を支える有能な人材を役人にすることをねらいとした。

(3)法隆寺の建物のうち，金堂・五重塔・中門・回廊が現存する世界最古の木造建築。五重塔の耐震構造は，東京スカイツリーにも採用されている。
　(5)人口の増加や自然災害による口分田の不足が原因だった。
　(7)同じころ，最澄が天台宗を開いた。
　(9)663年に起こった白村江の戦いのことである。
2　(1)①では万葉がな（日本語の音を漢字で表す）が使われ，②ではひらがなも使われた。
　(3)シャカの死後2000年がたつと仏教の力が衰える時代が来るという末法思想が広がり，阿弥陀仏が貴族をはじめとする人々の信仰を集めた。

p.148　第3回

1　(1)①院政（いんせい）　②イ・エ（順不同）
　(2)平清盛（たいらのきよもり）
　(3)源頼朝（みなもとのよりとも）
　(4)a守護（しゅご）　b地頭（じとう）
　(5)①ア　②オ　③エ
2　(1)a奉公（ほうこう）　b御恩（ごおん）
　(2)六波羅探題（ろくはらたんだい）
　(3)御成敗式目〔貞永式目〕（ごせいばいしきもく）〔じょうえい〕
　(4)執権（しっけん）

▶解説◀

1　(1)①上皇やその住まいを「院」とよんでいた。
　②1156年に起こった保元の乱によって力をつけた源義朝と平清盛は，その後，1159年の平治の乱で戦い，清盛が義朝を破って実権を握った。
　(2)日宋貿易を進めるため，平清盛は瀬戸内海の航路を整え，現在の兵庫県神戸市のあたりの大輪田泊を修築した。
　(5)①平泉，②壇ノ浦，③吉野である。
2　(1)将軍の家来となることを誓った武士は御家人となり，京都の警備や合戦で，命懸けで戦う（一所懸命）など，将軍のために働いた。
　(2)六波羅探題は，承久の乱の後に朝廷を監視し，西国の武士を統制するために置かれた。

p.149　第4回

1　(1) Iア　　IIエ　　IIIイ
(2)①蒙古襲来　②北条時宗
　③集団戦法
(3)管領
(4)守護大名
(5)倭寇
(6)下剋上

2　(1)東大寺南大門
(2)①ウ　②ア
(3)能
(4)狂言

解説

1　(1)ア60年近く続いた内乱は，足利義満が南北朝を統一して終わらせた。ウ和人に圧迫を受けていたアイヌの人々は，1457年にコシャマインを指導者として蜂起し，以後80年ほど争乱が続いた。
(2)②北条時宗は8代執権。当時の元の皇帝はフビライ＝ハンだった。③火薬や鉄片をつめた武器が使われ，日本軍は苦しんだ。
(5)倭寇は，当時海賊行為や密貿易によって中国や朝鮮を苦しめていた。

2　(1)東大寺南大門は，宋の建築の影響を受けた壮大な建物である。門の左右に二体の金剛力士像が納められている。
(3)観阿弥と世阿弥は，足利義満の保護を受けていた。能は，その後も歴代将軍に愛好された。

p.150　第5回

1　(1)軍：十字軍
　聖地：エルサレム
(2)ルネサンス〔文芸復興〕
(3)宗教改革
(4)イエズス会
(5)Aウ　Bイ　Cア

2　(1)①カ→エ→ア　②ウ→イ→オ
(2)楽市・楽座
(3)検地
(4)例百姓の一揆〔反抗〕を防ぐため。
(5)兵農分離
(6)例布教を行うヨーロッパの国々との貿易を認めていたから。

解説

1　(3)ルターは，人は聖書をよりどころとした信仰のみによって救われると説いた。
(4)フランシスコ＝ザビエルは，イエズス会の創設者の一人で，1549年に来日し，日本に初めてキリスト教を伝えた。

2　(1)織田信長と関係が深いアは1582年，武田勝頼と戦ったエは1575年，室町幕府が滅んだカは1573年である。豊臣秀吉と関係が深いイは1592年，北条氏を滅ぼしたウは1590年，オは1597年。
(2)楽市・楽座の「楽」は「自由」という意味。
(5)農民は武器を奪われ，田畑の耕作のみに専念するようになった。

p.151　第6回

1　(1)①う　②い　③あ
(2)ウ
(3)朝鮮通信使
(4)キリスト教の禁止
(5)出島
(6)①イ　②ウ
　③エ　④ア

2　(1)武家諸法度
(2)徳川家光
(3)①ウ　②ア　③オ

解説

1　(1)①島原・天草一揆は1637年，②豊臣氏が滅んだ大阪の陣は1615年，③徳川家康が征夷大将軍になったのは1603年。
(2)親藩は徳川一門。譜代大名は，初めから徳川氏の家臣だった大名。幕府の重要な役職には，譜代大名や旗本が任命された。
(6)①は対馬藩，②の長崎は幕府の直轄地（長崎奉行），③は薩摩藩，④は松前藩。

2　(1)天皇や公家を統制するために定めた法令は，禁中並公家諸法度という。
(2)参勤交代では，江戸と領地の往復や江戸屋敷での生活のために多額の費用がかかり，大名にとっては負担となった。
(3)イ白村江の戦いの後九州に置かれた役所。エ承久の乱の後，京都に置かれた役所。

p.152 第7回

1 (1)老中<ruby>老中<rt>ろうじゅう</rt></ruby>

(2)Aウ　　Bエ　　Cア　　Dイ

(3)千歯こき<ruby>千歯<rt>せんば</rt></ruby>

(4)商品作物<ruby>商品作物<rt>しょうひんさくもつ</rt></ruby>

(5)公事方御定書<ruby>公事方御定書<rt>くじかたおさだめがき</rt></ruby>

(6)う

2 (1)①ウ　　②ア　　③d

(2)解体新書<ruby>解体新書<rt>かいたいしんしょ</rt></ruby>

(3)ウ

▶ 解説 ◀

1 (1)老中は政務を取り仕切っていた常置の最高職。大老は，臨時で置かれる職で，老中の取りまとめを行う。

(2)B享保の改革，D寛政の改革というよび方も覚えておこう。

(3)土地を深く耕すことができる備中鍬，栄養価の高い肥料である干鰯や油かすが用いられ，新田開発も進められて，米の生産量が飛躍的に増えたことが江戸時代の農業の特色である。

(6)田沼意次は，天明のききんで百姓一揆や打ちこわしが多発したため，責任を取って老中を退いた。

2 (1)①中山道は，群馬県や長野県，岐阜県などを通る街道である。②イの菱川師宣は『見返り美人図』，ウの松尾芭蕉は『おくのほそ道』，エの喜多川歌麿は美人画で有名。③商業の中心地として栄えた大阪のことである。諸藩の蔵屋敷が置かれていた。

(2)『解体新書』は蘭学を代表する出版物である。

p.153 第8回

1 (1)Ⅰイギリス　　Ⅱインド

　　Ⅲドイツ

(2)イギリス

(3)産業革命<ruby>産業革命<rt>かくめい</rt></ruby>

(4)人権宣言<ruby>人権宣言<rt>じんけんせんげん</rt></ruby>

(5)アヘン戦争

(6)①イ　　②エ　　③ア　　④ウ

2 (1)イ→エ→ア→ウ

(2)b

(3)ア，エ（順不同）

(4)例関税自主権がなかったこと。<ruby>関税自主権<rt>かんぜいじしゅけん</rt></ruby>

　　例領事裁判権を認めたこと。<ruby>領事裁判権<rt>りょうじさいばんけん</rt></ruby><ruby>認<rt>みと</rt></ruby>

▶ 解説 ◀

1 (1)Ⅰの名誉革命の結果，イギリスでは立憲君主政と議会政治が実現した。Ⅱのインド大反乱はイギリスに抑えられ，インドはアジア進出の拠点となる重要な植民地となった。Ⅲのドイツ帝国は，プロイセンのビスマルクの指導によってドイツの統一が実現し，誕生した。

(6)①は1804年，②は1863年，③は1689年。④アヘン戦争の結果を知った幕府は大きな衝撃を受け，1842年に薪水給与令を出した。

2 (1)アは1866年，イは1858〜59年，ウは1867年，エは1863年である。

(2)ペリーは浦賀（神奈川県）に来航した。

(3)函館（北海道）と下田（静岡県）である。

p.154 第9回

1 (1)Ⅰ五箇条の御誓文<ruby>五箇条<rt>ごかじょう</rt></ruby><ruby>御誓文<rt>ごせいもん</rt></ruby>　　Ⅱ西南戦争<ruby>西南戦争<rt>せいなんせんそう</rt></ruby>

(2)aイ　　bエ　　cア

(3)①廃藩置県<ruby>廃藩置県<rt>はいはんちけん</rt></ruby>

　　②学制<ruby>学制<rt>がくせい</rt></ruby>

　　③地租改正<ruby>地租改正<rt>ちそかいせい</rt></ruby>

(4)例君主の権力が強い。<ruby>君主<rt>くんしゅ</rt></ruby><ruby>権力<rt>けんりょく</rt></ruby>

(5)例直接国税を15円以上納める25歳以上の男性。<ruby>納<rt>おさ</rt></ruby><ruby>歳<rt>さい</rt></ruby><ruby>男性<rt>だんせい</rt></ruby>

2 (1)樺太・千島交換条約<ruby>樺太<rt>からふと</rt></ruby><ruby>千島交換条約<rt>ちしまこうかんじょうやく</rt></ruby>

(2)小笠原諸島<ruby>小笠原諸島<rt>おがさわらしょとう</rt></ruby>

(3)日朝修好条規<ruby>日朝修好条規<rt>にっちょうしゅうこうじょうき</rt></ruby>

(4)台湾<ruby>台湾<rt>たいわん</rt></ruby>

▶ 解説 ◀

1 (1)Ⅱの西南戦争では，徴兵令によって組織され，武器で優位に立つ近代的軍隊が政府に不満を持つ士族の軍を破った。

(4)天皇主権の憲法を構想していたことから，君主の権限の強いドイツの憲法が参考にされた。

(5)有権者は人口のわずか1％ほどだった。

2 (1)1855年の条約では，樺太の国境は画定せず，択捉島は日本領，得撫島はロシア領とされていた。

(3)1875年の江華島事件を口実に，翌年日本は朝鮮を開港させ，不平等な条約を結んだ。

(4)台湾出兵の後，明治新政府は武力を背景に琉球藩を廃止して，沖縄県を設置した。

定期テスト対策

スピード
チェック

教科書の
重要用語マスター

社会 歴史

＼付属の赤シートを
使ってね！ ／

帝国書院版

「スピードチェック」は取りはずして使用できます。

年表で チェック

年	時代	できごと
700万年前	[旧石器]時代	最初の人類が出現　猿人→原人→[新人]
		[打製石器]が使われる→[狩り]や採集の時代
1万年前	縄文時代	[縄文土器]が使われる→[貝塚]から生活が分かる
		植物の栽培が始まる
300年 B.C.	弥生時代	[稲作]が始まる
A.D.		奴国が漢の皇帝から
		[金印]を与えられる
300年		[卑弥呼]が中国に使者
	古墳時代	[ヤマト王権]の統一が進む→九州北部から東北地方南部
		中心となる人物は[大王]とよばれる
500年		[渡来人]が仏教・土器・機織・漢字などを伝える

地図：メソポタミア文明　中国文明　インダス文明　エジプト文明

0　　2000km

ファイナル チェック

☐❶現在の人類の直接の祖先となる人々を何という？ — 新人

☐❷磨製石器や土器を使うようになった時代は？ — 新石器時代

☐❸メソポタミア文明の文字を何という？ — くさび形文字

☐❹中国文明の殷で生まれ，亀の甲などに書かれた字は？ — 甲骨文字

☐❺秦にかわって，中国を統一した王朝は？ — 漢

☐❻中国と西方が結ばれた交通路を何という？ — シルクロード

☐❼紀元前6世紀ごろ，インドで仏教を開いた人物は？ — シャカ

☐❽紀元前5世紀にギリシャのアテネで行われた政治は？ — 民主政

☐❾紀元前1世紀に地中海一帯を支配した帝国は？ — ローマ帝国

☐❿イエスが説いた教えを弟子たちが整えた宗教は？ — キリスト教

☐⓫7世紀初め，ムハンマドが説いた宗教は？ — イスラム教

☐⓬縄文時代の人々が暮らしていた住居を何という？ — たて穴住居

☐⓭3世紀，女王卑弥呼が治めていた国を何という？ — 邪馬台国

☐⓮倭国と連合し高句麗や新羅と戦った朝鮮半島の国は？ — 百済

☐⓯大阪府にある日本最大の前方後円墳を何という？ — 大仙（大山）古墳

第2部　第1章　古代　古代国家の成立と東アジア
第3節　中国にならった国家づくり
第4節　展開する天皇・貴族の政治

年表で チェック

年	できごと
593	[聖徳太子]が摂政になる
607	小野妹子を[遣隋使]として派遣
645	[大化の改新]が始まる
672	壬申の乱が起こる
701	大宝律令の制定
710	[平城京]に都を移す
743	墾田永年私財法の制定
794	[平安京]に都を移す
894	[遣唐使]の停止
935	平 将門の乱が起こる
1016	[藤原道長]が摂政になる
	→[摂関]政治の全盛

▶〔天平〕文化…聖武天皇のころの文化
・遣唐使の影響で国際的

▲〔正倉院〕の宝物の螺鈿紫檀五弦琵琶

▶〔国風〕文化の発達（平安中期～後期）
・〔かな文字〕の発明　・〔寝殿造〕
・紀貫之…『〔古今和歌集〕』
・〔紫式部〕…『源氏物語』
・清少納言…『〔枕草子〕』
・浄土信仰…〔藤原頼通〕→平等院鳳凰堂

ファイナル チェック

☐❶聖徳太子が，役人の心得を示すために定めたものは？　　十七条の憲法
☐❷飛鳥地方を中心に栄えた日本で最初の仏教文化は？　　飛鳥文化
☐❸中大兄皇子らが蘇我氏を倒して行った政治改革は？　　大化の改新
☐❹壬申の乱に勝利して，即位した天皇は？　　天武天皇
☐❺701年に定められた律令国家の基本法を何という？　　大宝律令
☐❻戸籍に登録された6歳以上の人々に口分田を与え，そ　　班田収授法
の人が死ぬと国に返させる制度を何という？
☐❼稲の収穫の約3％を納めた税を何という？　　租
☐❽新しく開墾した土地の私有を認める法を何という？　　墾田永年私財法
☐❾国ごとに国分寺，国分尼寺を建てた天皇は？　　聖武天皇
☐❿❾の天皇が都に建てた寺は？　　東大寺
☐⓫奈良時代に完成した歴史書は？　　古事記，日本書紀
☐⓬東北各地で，朝廷の支配に抵抗した人々は？　　蝦夷
☐⓭藤原氏が摂政や関白を独占した政治を何という？　　摂関政治
☐⓮死後に極楽浄土に生まれ変わることを願う信仰は？　　浄土信仰

第2部　第2章　中世　武家政権の成長と東アジア
第1節　武士の世の始まり

年表で チェック

年	できごと
	武士が台頭する
935	［平 将門］の乱が起こる
939	［藤原純友］の乱が起こる
1086	［白河上皇］が院政を始める
1156	保元の乱が起こる
1159	［平治］の乱が起こる
1167	平 清盛が［太政大臣］になる
1185	［壇ノ浦］で平氏が滅びる
	全国に守護・地頭を設置
1192	［源 頼朝］が征夷大将軍になる
1221	［承久の乱］が起こる
1232	［御成敗式目］の制定

▶鎌倉幕府のしくみ

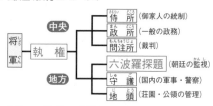

▶新しい仏教の誕生

・［念仏］を唱える
　［浄土宗］…法然，時宗…一遍
　浄土真宗（一向宗）…［親鸞］
・題目を唱える
　日蓮宗…［日蓮］
・座禅で悟りを開く…［禅宗］
　臨済宗…［栄西］，曹洞宗…道元

ファイナル チェック

☐❶平氏や源氏などの武士の集団を何という？　　　　　　　武士団

☐❷中尊寺金色堂を建立するなど，東北地方を統一し，三　奥州藤原氏
　代にわたって勢力を振るった一族を何という？

☐❸天皇が上皇となった後も実権を握って行う政治は？　　院政

☐❹武士で初めて太政大臣になった人物は？　　　　　　　平清盛

☐❺❹が大輪田泊を修築して行った中国との貿易は？　　　日宋貿易

☐❻1192年に源頼朝が任じられた役職は？　　　　　　　征夷大将軍

☐❼鎌倉幕府に家来となることを誓った武士を何という？　御家人

☐❽執権の地位を独占し，政治の実権を握った一族は？　　北条氏

☐❾幕府を倒すために承久の乱で兵を挙げた人物は？　　　後鳥羽上皇

☐❿日本最初の武家法である御成敗式目を定めた人物は？　北条泰時

☐⓫琵琶法師によって語られた軍記物は？　　　　　　　　平家物語

☐⓬念仏を唱えれば極楽に行ける教え（浄土宗）の開祖は？　法然

☐⓭親鸞によって開かれた仏教の宗派を何という？　　　　浄土真宗〔一向宗〕

☐⓮東大寺南大門にある運慶らが制作した像を何という？　金剛力士像

スピードチェック

第2部 第2章 中世 武家政権の成長と東アジア
第2節 武家政権の内と外
第3節 人々の結び付きが強まる社会

年表でチェック

年	できごと
1274	文永の役 ┐
1281	弘安の役 ┘ [蒙古襲来（元寇）]
1297	幕府が[徳政令]を出す
1333	[鎌倉幕府]が滅びる
1336	南北朝の内乱が起こる
1338	足利尊氏が征夷大将軍になる
1368	[足利義満]が3代将軍になる
1392	[南北朝]が統一される
1404	[勘合]貿易が始まる
1429	[琉球王国]が成立
1467	[応仁の乱]が始まる
	戦国大名の登場

▶ 室町時代に生まれた伝統文化
・[能]…観阿弥・世阿弥親子が大成
・[狂言]…能の合間に上演される
・水墨画…禅僧の[雪舟]が完成
・茶の湯が流行
・[書院造]…床の間・障子・違い棚など

▲[東求堂同仁斎]…銀閣と同じ敷地内にある[足利義政]の書斎

ファイナルチェック

☐❶2度にわたる日本遠征を指示した元の皇帝は？ —— フビライ＝ハン

☐❷蒙古襲来のときの鎌倉幕府の執権は？ —— 北条時宗

☐❸幕府が出した，御家人の借金を帳消しにする法令は？ —— 徳政令

☐❹鎌倉幕府を倒して建武の新政を行った天皇は？ —— 後醍醐天皇

☐❺足利尊氏が開いた幕府を何という？ —— 室町幕府

☐❻有力な守護大名が任命された将軍の補佐役を何という？ —— 管領

☐❼14世紀半ば，東シナ海で海賊行為をしたのは？ —— 倭寇

☐❽室町時代に，陸上の運搬に活躍したのは何と何？ —— 馬借・車借

☐❾室町時代の村の自治組織を何という？ —— 惣〔惣村〕

☐❿農民が借金の帳消しなどを求めて起こす一揆は？ —— 土一揆

☐⓫室町時代の都市でできた同業者の団体を何という？ —— 座

☐⓬実力者が上の身分の者に打ち勝つ風潮を何という？ —— 下剋上

☐⓭戦国大名が領地を治めるために定めた法を何という？ —— 分国法

☐⓮城の周辺に家臣や商工業者を呼び寄せてつくった町は？ —— 城下町

☐⓯『浦島太郎』などの絵本を何という？ —— お伽草子

第2部　第3章　近世　武家政権の展開と世界の動き
第1節　大航海によって結び付く世界
第2節　戦乱から全国統一へ

年表で チェック

年	できごと
	新航路開拓…〔大航海〕時代
1543	〔鉄砲〕が伝えられる
1549	キリスト教の伝来
1573	〔室町幕府〕が滅びる
1575	〔長篠の戦い〕が起こる
1582	〔本能寺の変〕で織田信長が自害
	太閤検地の実施
1588	〔刀狩〕令を出す
	→兵農分離が進む
〔1590〕	豊臣秀吉が全国を統一する
1592	〔朝鮮〕に攻め入る（文禄の役）
1598	秀吉の死で朝鮮から撤退

▶ 新しい航路の開拓

〔コロンブス〕の航路（1492年）
ポルトガル　スペイン　ゴア
太平洋　大西洋　喜望峰　インド洋
〔バスコ=ダ=ガマ〕の航路（1498年）
〔マゼラン〕一行の航路（1521年）

▶ 〔桃山文化〕が発達…壮大で豪華
・文化の担い手…〔戦国大名〕・大商人ら
・屏風絵…〔狩野永徳〕らが活躍
・城…安土城，姫路城，大阪城
・茶の湯…〔千利休〕が作法を完成
・〔かぶき〕踊り…出雲の阿国が始める

ファイナル チェック

□❶ローマ教皇を中心としたキリスト教の宗派は？　　カトリック教会

□❷聖地エルサレムの奪還を目指した遠征軍を何という？　　十字軍

□❸14〜16世紀のヨーロッパでおこった古代ギリシャ，ローマの文化を理想とする風潮を何という？　　ルネサンス〔文芸復興〕

□❹ルターが始めたカトリック教会に対する抗議運動は？　　宗教改革

□❺現在のペルーにあったスペインに滅ぼされた国は？　　インカ帝国

□❻鉄砲を伝えたポルトガル人が漂着した島は？　　種子島

□❼16〜17世紀にかけて，日本とポルトガル，スペインとで行われた交易を何という？　　南蛮貿易

□❽日本にキリスト教を伝えたイエズス会の宣教師は？　　フランシスコ=ザビエル

□❾全国統一を進めた尾張の戦国大名は？　　織田信長

□❿❾が行った市の税や座を廃止して，商工業を活発にさせる経済政策を何というか？　　楽市・楽座

□⓫秀吉が，全国を統一の基準で調査した検地を何という？　　太閤検地

□⓬武士と百姓の身分を分けた政策を何という？　　兵農分離

第2部　第3章　近世（前半）　武家政権の展開と世界の動き

第3節　武士による全国支配の完成

年表で チェック

年	できごと
1600	[関ヶ原の戦い]が起こる
1603	[徳川家康]が江戸幕府を開く
1607	朝鮮との国交の回復
1615	大阪の陣
	→[豊臣]氏を滅ぼす
	[武家諸法度]の制定
1635	[参勤交代]の制度が整う
1637	[島原・天草一揆]が起こる
1639	ポルトガル船の来航禁止
1641	オランダ商館を[出島]に移す
	→[鎖国]の完成
1669	蝦夷地で[シャクシャイン]の戦い

▶江戸幕府のしくみ

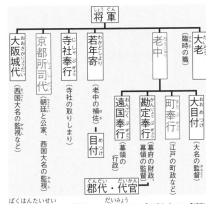

・幕藩体制…幕府と大名が支配する[藩]を基礎とする政治体制
・大名の種類…親藩，[譜代]，外様

ファイナル チェック

- ☐❶1600年に起こった徳川家康と石田三成の戦いは？ 　関ヶ原の戦い
- ☐❷徳川家康が開いた幕府を何という？ 　江戸幕府
- ☐❸❶の戦いのころに徳川氏に従った大名を何という？ 　外様大名
- ☐❹幕府が大名を統制するために出した法令を何という？ 　武家諸法度
- ☐❺幕府と藩が全国の土地と人民を支配する体制は？ 　幕藩体制
- ☐❻参勤交代を制度化した3代将軍は？ 　徳川家光
- ☐❼朱印状を持つ船が東南アジアで行った貿易は？ 　朱印船貿易
- ☐❽東南アジアの各地にできた日本人が住む町は？ 　日本町
- ☐❾1637年，圧政とキリシタン弾圧から起こった一揆は？ 　島原・天草一揆
- ☐❿幕府が貿易を統制し，日本人の出入国を禁止した政策は？ 　鎖国
- ☐⓫幕府が長崎港内に築いた扇形の小島を何という？ 　出島
- ☐⓬❿の中，長崎で貿易が許された国はどことどこ？ 　オランダ・清
- ☐⓭将軍の代がわりごとに朝鮮から派遣された使節は？ 　朝鮮通信使
- ☐⓮1669年に蝦夷地で交易の不満から，松前藩に対して立ち上がったのはどのような人々？ 　アイヌの人々

スピードチェック

年表で チェック

年	できごと
1680	農業・商工業が発達する [徳川綱吉]が5代将軍に [新田開発]が進む 風土に合う[特産物]が生まれる
1709	新井白石の改革
1716	[徳川吉宗]の享保の改革
1742	[公事方御定書]が完成
1772	田沼意次が老中になる 天明の飢きん →農村で[百姓一揆] 都市で[打ちこわし]が起こる
1787	松平定信の[寛政]の改革

▶ **元禄文化**（徳川綱吉のころ）
・文化の担い手…京都・大阪の[町人]
・文学…[井原西鶴]→浮世草子(小説)
　　　　[近松門左衛門]→人形浄瑠璃
・俳諧…[松尾芭蕉]が完成
・浮世絵…菱川師宣「見返り美人図」

▶ 〔**化政**〕**文化**（19世紀はじめ）
・文化の担い手…江戸の庶民
・錦絵…[喜多川歌麿]→美人画
　　　　[葛飾北斎]→「富嶽三十六景」
　　　　歌川広重→「東海道五十三次」
・俳諧…[与謝蕪村]・小林一茶
・教育…[藩校](武士)・[寺子屋](庶民)

ファイナル チェック

☑❶江戸時代に最も大きな割合をしめた身分は？　　**百姓**

☑❷年貢の納入などで百姓に連帯責任を負わせる制度は？　**五人組**

☑❸身分制度の維持のために幕府が重視した儒学の一派は？　**朱子学**

☑❹日本橋を起点とした5つの主要な街道を何という？　**五街道**

☑❺大阪で,年貢米や特産物が運び込まれた諸藩の建物は？　**蔵屋敷**

☑❻徳川綱吉のころ,大阪や京都で栄えた文化を何という？　**元禄文化**

☑❼役者絵や美人画を書いた菱川師宣は何の祖？　**浮世絵**

☑❽享保の改革を行い,米将軍と呼ばれた8代将軍は？　**徳川吉宗**

☑❾❽が制定した裁判の基準を示した法令集を何という？　**公事方御定書**

☑❿18世紀に行われた問屋から原料などを借りて,家内で行う工業を何という？　**問屋制家内工業**

☑⓫株仲間を奨励し,商工業の発達を促した老中は？　**田沼意次**

☑⓬吉宗の政治を理想とし,寛政の改革を行った老中は？　**松平定信**

☑⓭本居宣長が大成した,日本古来の精神を研究する学問は？　**国学**

☑⓮オランダ語で西洋の学問を研究することを何という？　**蘭学**

第2部　第4章　近代（前半）　近代国家の歩みと国際社会
第1節　欧米諸国における「近代化」

年表で チェック

年	できごと
1642	[ピューリタン] 革命が起こる
1661	ルイ14世の絶対王政
1688	[名誉] 革命が起こる
1689	→ [権利の章典] を制定
	イギリスで産業革命が始まる
1775	アメリカ独立戦争が始まる
1776	→ [独立宣言] を発表
1789	[フランス] 革命が起こる
	→ 人権宣言を発表
1804	[ナポレオン] が皇帝になる
1857	[インド大反乱] が起こる
1861	アメリカ [南北戦争] が起こる

▶ 啓蒙思想…[基本的人権] の尊重
・ロック…[社会契約説]
・モンテスキュー…[三権分立]
　　→アメリカ合衆国憲法に影響
・[ルソー]…人民主権
　　→フランスの [人権] 宣言に影響

▶ 産業革命と資本主義・社会主義
・18世紀…紡績機・機織機の発明
　　→18世紀末 [蒸気機関] が動力になる
・[資本主義]…工場や機械を持つ資本家
　が、[労働者] を雇い利益を目指す
・社会主義…[マルクス] らが唱える
　労働者中心の平等な社会を目指す

ファイナル チェック

☐ ❶ 民主政治の一つで，国民に統治の権利があり法に基づいて行う政治を何という？ … 共和政

☐ ❷ 国王や皇帝の権力を法で制限し，国民が行う政治は？ … 立憲君主政

☐ ❸ 名誉革命の翌年に出された章典は？ … 権利の章典

☐ ❹ イギリスの課税から植民地の人々が始めた戦争は？ … アメリカ独立戦争

☐ ❺ イギリスで社会契約説を唱えた啓蒙思想家は？ … ロック

☐ ❻ ❺の影響を受け，三権分立の考えを唱えたのは？ … モンテスキュー

☐ ❼ フランス革命中に出され，人民主権をうたう宣言は？ … 人権宣言

☐ ❽ 工業中心の社会への大きな変化を何という？ … 産業革命

☐ ❾ 労働者中心の平等な社会を目指す考え方は？ … 社会主義

☐ ❿ 奴隷や貿易の対立から起きたアメリカの内戦は？ … 南北戦争

☐ ⓫ ❿中，奴隷解放を宣言したアメリカ大統領は？ … リンカン

☐ ⓬ 1871年ドイツ帝国成立を進めたプロイセン首相は？ … ビスマルク

☐ ⓭ インドで，イギリスの支配に対して，不満を持つ民衆が起こした反乱を何という？ … インド大反乱

年表で チェック

年	できごと
1825	幕府が〔異国船打払令〕を出す
1837	〔大塩平八郎〕の乱
1840	〔アヘン〕戦争
1841	水野忠邦の〔天保〕の改革
1853	〔ペリー〕が浦賀に来航
1854	〔日米和親条約〕を結ぶ
1858	〔日米修好通商条約〕を結ぶ
	→尊王攘夷運動の活発化
1860	〔桜田門外〕の変
1866	〔薩長同盟〕を結ぶ
1867	大政奉還，〔王政復古〕の大号令
1868	戊辰戦争

▶ イギリスの〔三角〕貿易

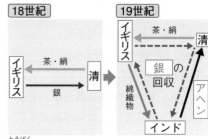

▶ 倒幕運動の中心人物

長州藩	〔薩摩〕藩	
〔木戸孝允〕	大久保利通，西郷隆盛	
〔土佐〕藩	公家	
坂本龍馬	〔岩倉具視〕	

ファイナル チェック

☐❶1840年に起きたアヘン戦争の講和条約は？　南京条約

☐❷日本で19世紀に始まった，働き手を工場に集め，分業により製品を大量に生産するしくみを何という？　工場制手工業

☐❸老中水野忠邦が行い，2年余りで失敗した改革は？　天保の改革

☐❹日米和親条約で開港された2つの港は下田とどこ？　函館

☐❺1858年に日本とアメリカが結んだ条約を何という？　日米修好通商条約

☐❻輸出入品に自由に関税をかける権利を何という？　関税自主権

☐❼外国人の犯罪を本国の法で裁判する権利は？　領事裁判権

☐❽天皇を尊び，外国人を追い払う考え方を何という？　尊王攘夷

☐❾薩摩藩で下級武士から登用された2人の人物は？　西郷隆盛，大久保利通

☐❿幕末に薩摩藩と長州藩が結んだ同盟は？　薩長同盟

☐⓫❿の仲立ちをした土佐藩の武士は？　坂本龍馬

☐⓬1867年に天皇に幕府の政権を返したことを何という？　大政奉還

☐⓭⓬を行った江戸幕府15代将軍は？　徳川慶喜

☐⓮新政府軍と旧幕府軍の戦争を何という？　戊辰戦争

年表で チェック

年	できごと
1868	[五箇条]の御誓文
1869	[版籍奉還]が行われる
1871	廃藩置県，「[解放]令」を布告
	[岩倉]使節団を派遣
	[日清修好条規]を結ぶ
1873	徴兵令，地租改正
1874	[民撰議院設立建白書]提出
1875	[樺太・千島]交換条約を結ぶ
1876	[日朝修好条規]を結ぶ
1877	[西南]戦争が起こる
1889	[大日本帝国憲法]発布
1890	第1回衆議院議員総選挙

▶身分別の人口

総人口 約3313万人

皇族・華族・士族 5.5

[平民] 93.6%

旧神官・僧 0.9

（1872年）

（「日本の人口」）

▶明治維新の改革

・[学制]…1872年，6歳以上の男女に小学校教育を受けさせる

・兵制…1873年[徴兵令]が出される

・税制…1873年[地租改正]が行われる
地価の3％を現金で納める
→地租改正反対一揆→税率[2.5％]に

ファイナル チェック

□❶幕末からの一連の改革や社会の変化を何という？ … 明治維新

□❷倒幕の中心であった薩摩，長州，土佐，肥前の4藩の出身者が実権を握って行った政治を何という？ … 藩閥政治

□❸藩を廃して，府県を置いたことを何という？ … 廃藩置県

□❹富国強兵政策の中心で，産業の発展を目指すことは？ … 殖産興業

□❺❶で，都市部を中心に欧米の文化や生活様式が取り入れられた風潮を何という？ … 文明開化

□❻『学問のすゝめ』を著した明治時代の思想家は？ … 福沢諭吉

□❼武力に訴えて，朝鮮に開国を迫ろうという主張は？ … 征韓論

□❽北海道の開拓と防備のために移住させた士族は？ … 屯田兵

□❾板垣退助らが中心となり，憲法などを求めた運動は？ … 自由民権運動

□❿1880年に❾の代表が大阪に集まって結成したのは？ … 国会期成同盟

□⓫大隈重信がイギリス議会政治を目指し作った党は？ … 立憲改進党

□⓬大日本帝国憲法の草案を作った初代内閣総理大臣は？ … 伊藤博文

□⓭1890年発布の国民の道徳に影響を与えた勅語は？ … 教育勅語

年表で チェック

年	できごと
1886	〔ノルマントン号〕事件
1894	〔領事裁判権〕の廃止に成功
	〔日清戦争〕が起こる
1895	〔下関〕条約を結ぶ
	三国干渉を受ける
1902	日英同盟を結ぶ
1904	〔日露戦争〕が起こる
1905	〔ポーツマス〕条約を結ぶ
1910	〔韓国〕併合
1911	〔関税自主権〕の回復に成功
	〔辛亥革命〕が起こる
1912	中華民国の成立

▶ 日本の軽工業・重工業の生産高の変化

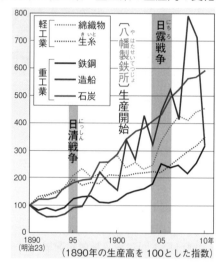

（1890年の生産高を100とした指数）

ファイナル チェック

☐❶列強が原料や市場を求めて海外に進出し，軍事力を強めて植民地を支配しようとする動きを何という？　**帝国主義**

☐❷1894年に，領事裁判権の廃止に成功した外相は？　**陸奥宗光**

☐❸東学を信仰する農民中心に朝鮮で起きた反乱は？　**甲午農民戦争**

☐❹朝鮮をめぐって清と日本の間で起こった戦争は？　**日清戦争**

☐❺❹の講和条約で得た遼東半島を清に返すよう，ロシアとフランス，ドイツが日本に迫ったことを何という？　**三国干渉**

☐❻日本とイギリスの利害一致で1902年に結ばれた同盟は？　**日英同盟**

☐❼アメリカが仲介した，日露戦争の講和条約を何という？　**ポーツマス条約**

☐❽1910年に日本が韓国を植民地化したことを何という？　**韓国併合**

☐❾三民主義を唱え，辛亥革命を指導したのは？　**孫文**

☐❿❹で得た賠償金によって建設された製鉄所は？　**八幡製鉄所**

☐⓫三井，三菱，住友などの実業家を何という？　**財閥**

☐⓬足尾銅山の鉱毒被害に対して運動を行った人物は？　**田中正造**

☐⓭黄熱病の研究者で，ガーナで亡くなった人物は？　**野口英世**

第2部　第5章　近代（後半）　二度の世界大戦と日本
第1節　第一次世界大戦と民族独立の動き
第2節　高まるデモクラシーの意識

年表で チェック

年	できごと
1914	[第一次世界大戦]が始まる
1915	日本が中華民国に[二十一か条の要求]を出す
1917	[ロシア革命]が起こる →ソビエト政府の樹立
1919	パリ講和会議　[ベルサイユ]条約を結ぶ
1920	[国際連盟]が発足
1921	[ワシントン]会議
1923	関東大震災
1925	[普通選挙法]の成立　治安維持法の成立

▶アジアの民族運動…アメリカ大統領，ウィルソンの[民族自決]の考えの影響を受け，各地で独立運動が起こる
・朝鮮…1919年[三・一独立運動]が起こる
・中国…日本の[二十一か条の要求] →1919年[五・四運動]が起こる
・インド…[ガンディー]の非暴力・不服従運動→イギリスの支配に抵抗

▶大正デモクラシー…大正期に盛んになった民主主義的風潮→社会運動へ
・[護憲]運動…藩閥政治を批判し，憲法に基づく政党政治を求める運動 →男子[普通選挙]が実現
・都市部…[労働]争議
・農村…[小作]争議

ファイナル チェック

☐❶第一次世界大戦で対立した2つの陣営は？　　三国同盟，三国協商

☐❷「ヨーロッパの火薬庫」とよばれていた半島は？　　バルカン半島

☐❸第一次世界大戦のきっかけとなった暗殺事件は？　　サラエボ事件

☐❹大戦中にレーニンを指導者とした革命が起きた国は？　　ロシア

☐❺❹の革命の後にできた国を何という？　　ソビエト社会主義共和国連邦

☐❻❺の成立前，各国がロシアで行った軍事干渉は？　　シベリア出兵

☐❼1918年，米価の上昇から起こった暴動は？　　米騒動

☐❽第一次世界大戦の反省から発足した国際平和機関は？　　国際連盟

☐❾民族自決の考えを唱えたアメリカの大統領は？　　ウィルソン

☐❿日本初の本格的な政党内閣を組織した人物は？　　原敬

☐⓫1925年の普通選挙法での選挙権の資格は？　　満25歳以上の男子

☐⓬大正時代に高まった民主主義的な風潮を何という？　　大正デモクラシー

☐⓭普通選挙法と同じ年に成立した法は？　　治安維持法

☐⓮1922年，部落差別の解決を目指し結成されたのは？　　全国水平社

☐⓯青鞜社を結成し，女性解放運動を行った人物は？　　平塚らいてう

年表で チェック

年	できごと
1929	世界恐慌が起こる
1931	[満州事変]が起こる
1932	五・一五事件が起こる
1933	[国際連盟]の脱退を通告
	ドイツで[ヒトラー]が政権を握る
1936	[二・二六]事件が起こる
1937	日中戦争が始まる
1939	[第二次]世界大戦が始まる
1940	[日独伊]三国同盟を結ぶ
1941	太平洋戦争が始まる
1945	3月[沖縄]戦が始まる
	8月[原子爆弾]の投下→降伏

▶世界恐慌の対策と影響

・アメリカ…[ニューディール]政策

・イギリス・フランス…[ブロック経済]

・[ソ連]…五か年計画で影響受けず

・イタリア・ドイツ…ファシズムが伸張
→[ムッソリーニ]・ヒトラーが台頭

・日本…1927年の[金融恐慌]とあわせて大きな打撃→昭和恐慌へ

▶原爆ドーム

・人類の負の遺産として，[世界遺産]に登録

ファイナル チェック

☐❶1929年10月，株価が大暴落したアメリカの都市は？ ニューヨーク

☐❷❶から始まった世界経済の深刻な不況を何という？ 世界恐慌

☐❸❷の影響を受けなかったソ連の計画経済は何？ 五か年計画

☐❹イタリア・ドイツで広がった独裁体制を何という？ ファシズム

☐❺孫文のあとをついで中国国民党を率いた人物は？ 蒋介石

☐❻海軍の青年将校らが犬養毅を殺害した事件は？ 五・一五事件

☐❼1937年，盧溝橋事件をきっかけに始まった戦争は？ 日中戦争

☐❽国民や物資を優先して戦争に回すことを定めた法は？ 国家総動員法

☐❾第二次世界大戦の前にドイツとソ連が結んだのは？ 独ソ不可侵条約

☐❿ナチ党が迫害し，収容所で大量虐殺された民族は？ ユダヤ人

☐⓫中学生や女学生が軍需工場で働くことを何という？ 勤労動員

☐⓬都市の子どもたちを，地方へ避難させたことを何という？ 学童疎開

☐⓭日本の無条件降伏を促した宣言は？ ポツダム宣言

☐⓮1945年8月に原子爆弾が投下された2つの都市は？ 広島・長崎

☐⓯⓭の受諾を国民へラジオ放送で伝えた日はいつ？ 1945年8月15日

スピードチェック

年表でチェック

年	できごと
1945	[国際連合]（国連）の成立
1946	日本国憲法の公布
1949	[中華人民共和国]の成立
1950	[朝鮮戦争]が起こる
1951	[サンフランシスコ]平和条約・日米安全保障条約を結ぶ
1956	[日ソ共同宣言]→国連に加盟
1965	[ベトナム]戦争が起こる [日韓基本条約]を結ぶ
1972	[沖縄]が復帰
1978	[日中平和友好条約]を結ぶ

▶戦後改革
・[財閥]解体
・[農地改革]… 自作農の増加
・労働組合法の制定…労働者の地位向上
・選挙法改正…[20]歳以上の男女に選挙権が与えられる
・日本国憲法の制定…国民主権・基本的人権を尊重・[平和主義]

▶占領政策の転換
・冷たい戦争（冷戦）…アメリカは占領政策を転換
・[朝鮮戦争]の影響→自衛隊の創設
・[日米安全保障]条約を結ぶ →アメリカ軍基地を認める

ファイナルチェック

☐❶連合国軍総司令部を表すアルファベットの略称は？　GHQ

☐❷❶の最高司令官は？　マッカーサー

☐❸三井，三菱などの大企業集団の解体を何という？　財閥解体

☐❹自作農を増やすために行われた改革を何という？　農地改革

☐❺1946年11月3日に公布された憲法を何という？　日本国憲法

☐❻民主主義教育の基本を示した法を何という？　教育基本法

☐❼アメリカ中心の資本主義陣営と，ソ連中心の社会主義陣営が厳しく対立している状態を何という？　冷たい戦争〔冷戦〕

☐❽1949年に毛沢東を中心とする共産党が成立させた国は？　中華人民共和国

☐❾朝鮮戦争で作られた警察予備隊は1954年に何になる？　自衛隊

☐❿日本に米軍基地を置くことを認めた条約は？　日米安全保障条約

☐⓫❿の条約に調印した日本の首相は？　吉田茂

☐⓬❿の条約改定に対する大規模な反対運動を何という？　安保闘争

☐⓭1955年，インドネシアのバンドンで開かれたのは？　アジア・アフリカ会議

☐⓮日本の核兵器に対する基本姿勢は？　非核三原則

第2部　第6章　現代　現在に続く日本と世界
第2節　世界の多極化と日本の成長②
第3節　これからの日本と世界

年表で チェック

年	できごと
	高度経済成長
1964	東京[オリンピック]
1973	[石油危機]
1975	第1回[サミット]の開催
1990	東西[ドイツ]の統一
1991	バブル経済の崩壊
	[ソ連]の解体
1993	[ヨーロッパ連合]発足
	[55年体制]が終わる
1995	阪神・淡路大震災
2001	同時多発テロが起こる
2011	[東日本大震災]が起こる

▶日本の経済
・高度経済成長期（1960〜70年代）
　→石油危機により成長期を終える
・[先進国首脳会議]（サミット）参加
・[バブル経済]の崩壊▶平成不況
・政府開発援助（[ＯＤＡ]）…1990年代
　日本は世界最大の援助国となる
・東京一極集中が課題
▶グローバル化と地域紛争
・[湾岸戦争]（1991年）
・ヨーロッパ連合[ＥＵ]（1993年）
・アメリカ ニューヨークで
　同時多発[テロ]（2001年）
・[イラク]戦争（2003年）

ファイナル チェック

☐❶1950年代後半以降の，日本経済の急激な成長は？ 　高度経済成長
☐❷工場排水などによる地域住民の環境問題を何という？ 　公害問題
☐❸❷の対策を構じるために1971年に設置した省庁は？ 　環境庁
☐❹1975年から開催されている先進国首脳会議の略称は？ 　サミット
☐❺1980年代，アメリカとの貿易で起きた問題を何という？ 　貿易摩擦
☐❻❶のとき，急速に普及した電気洗濯機，電気冷蔵庫， 　三種の神器
　テレビをまとめて何という？
☐❼1980年代に株や土地が実際の価値よりも異常に高く 　バブル経済
　なった状態を何という？
☐❽多数の大衆に情報を伝達する手段を何という？ 　マスメディア
☐❾冷戦の終結を宣言した米ソ首脳の会談を何という？ 　マルタ会談
☐❿国境を越えて，社会，経済，情報などあらゆる面で相 　グローバル化
　互に依存を強めることを何という？
☐⓫温室効果ガスなどにより地球の気温が上昇する現象は？ 　地球温暖化
☐⓬政府の手によらない支援活動を行う組織は？ 　非政府組織〔ＮＧＯ〕

解答と解説

p.155 第10回

1 (1)八幡製鉄所
(2)領事裁判権
(3)下関
(4)アメリカ
(5)エ
(6)孫文
(7)①ア ②エ ③イ ④ウ

2 (1)Aウ Bア
(2)エ
(3)Bイ Cエ

解説

1 (2)ロシアの南下を警戒するイギリスと交渉し，陸奥宗光外務大臣のときに，領事裁判権の廃止に成功した（1894年）。
(4)日本とロシアの講和会議は，アメリカのポーツマスで開かれた。ポーツマス条約では日本が賠償金を得られなかったため，世論は反発し，日比谷焼き打ち事件が起こった。
(7)アは1894年で日清戦争のきっかけとなった。イは1902年，ウは1906年，エは1895年のできごと。三国干渉の後，ロシアに対する反発が強まり，日露戦争へ発展するきっかけとなった。

2 (2)(3)Cは石川啄木が韓国併合をよんだ短歌で，帝国主義国としての動きを活発化する日本の動きへの批判，朝鮮の人々への哀切の情が読み取れる。

p.156 第11回

1 (1)護憲運動
(2)イ
(3)①ア ②イ
(4)ソビエト社会主義共和国連邦
(5)ウ
(6)ベルサイユ条約
(7)例25歳以上のすべての男性
(8)治安維持法

2 (1)①ウ ②ア ③エ
(2)関東大震災

解説

1 (1)最初の護憲運動は，1912年に政党を基礎とした内閣が倒され，陸軍や藩閥に支持された桂内閣が成立したことがきっかけだった。
(2)中国でのロシアの南下に対抗するため，1902年

に日本とイギリスが結んだ軍事同盟。ヨーロッパでは，イギリスを中心とした三国協商と，ドイツを中心とした三国同盟が対立していたため，日本は中国におけるドイツの拠点などを占領した。
(5)立憲政友会の原敬は，外務・陸軍・海軍大臣以外の閣僚に立憲政友会の党員を起用し，わが国初の本格的な政党内閣を実現した。

2 (1)①平塚らいてうは，1920年に新婦人協会を結成し，女性の政治集会権の獲得に貢献した。

p.157 第12回

1 (1)アメリカ
(2)ソ連
(3)ヒトラー
(4)イ・エ（順不同）
(5)例ダム建設などの公共事業を増やした。
(6)ウ→ア→イ→エ

2 (1)ポーランド
(2)ファシズム
(3)東条英機
(4)学童疎開
(5)広島・長崎
(6)①ポツダム宣言
②8月15日

解説

1 (2)五か年計画を進めていた社会主義国のソ連は，世界恐慌の影響をほとんど受けなかった。
(4)ブロック経済とは，本国と植民地などの関係を強め，関係国以外からの輸入品に高い税をかけて締め出し，国内産業を保護する政策。
(6)アは1931年，イは1932年，ウは1927年，エは1933年のできごと。

2 (1)ドイツは，ソ連と独ソ不可侵条約を結んだ後，ポーランドに侵攻した。
(5)広島には8月6日に，長崎には8月9日に，異なる種類の原子爆弾が投下された。
(6)ポツダム宣言は8月14日に受諾を決定し，翌日正午に天皇がラジオ放送で敗戦を国民に知らせた。

p.158 第**13**回

1 (1)例(満)20歳以上の男女。
(2)農地改革
(3)ア・イ・オ（順不同）
(4)例国民主権，
基本的人権の尊重〔個人の尊厳〕，
平和主義

2 (1)①ウ　②国際連合〔国連〕
(2)高度経済成長
(3)沖縄　(4)石油
(5)①ベルリン　②ドイツ
(6)Ⅰウ　Ⅱア

◆━━ 解 説 ━━

1 (1)初めて女性にも選挙権が与えられ，1946年4月に行われた衆議院議員総選挙では，39人の女性国会議員が誕生した。
(2)経済の民主化のもう1つは，財閥解体。
(3)アによって，労働組合をつくる権利が保障された。教育勅語は廃止され，イの制定で教育の民主化が進められた。オは「家制度」に基づく明治時代に制定された旧民法を改正し，男女平等と個人の尊重を基本とする新民法が制定された。

2 (1)①アは1941年，イは1875年，エは1905年。
②国連安全保障理事会の常任理事国だったソ連が認めたことで日本の加盟が実現し，国際社会に復帰することができた。
(5)1980年代半ばにゴルバチョフがソ連の指導者となったころから，冷戦の緊張緩和が進み，1989年に「ベルリンの壁」が崩壊した後，マルタ会談で冷戦終結が宣言された。
(6)イは1995年，エは1998年，オは1955年。

p.159 第**14**回

1 (1)Ⅰ漢　Ⅱ魏　Ⅲ隋　Ⅳ唐
(2)ヤマト王権
(3)鑑真
(4)①エ
②オ
(5)九州地方
(6)足利義満
(7)キリスト教
(8)例日本人の海外渡航と帰国が禁止されたため，日本に戻ってこられなくなった。

2 (1)天平文化
(2)源氏物語
(3)雪舟
(4)伊能忠敬

◆━━ 解 説 ━━

1 (1)Ⅰ…奴国の王は漢の皇帝から，「漢委奴国王」と刻まれた金印を授けられた。Ⅱ…卑弥呼が使いを送ったことは，「魏志」倭人伝に記されている。Ⅲ…遣隋使。Ⅳ…遣唐使として送られた。
(6)勘合貿易は，明が倭寇の取り締まりを室町幕府に求めたことから始まった。

2 (2)『枕草子』を書いた清少納言も，紫式部と同じように教養があったため，現在でいう家庭教師をつとめており，ライバル関係にあった。

p.160 第**15**回

1 (1)五箇条の御誓文
(2)例ドイツの憲法の君主権が強いという特徴
(3)①イ　②カ
(4)南北戦争
(5)ウ
(6)イ
(7)日露戦争

2 (1)〔冷たい戦争〕冷戦
(2)朝鮮戦争
(3)①日米安全保障条約〔安保条約〕
②吉田茂

◆━━ 解 説 ━━

1 (4)南北戦争は，自由貿易や奴隷制をめぐって起こった。リンカンは北部を指導して勝利した。
(5)南北戦争は1861〜1865年の間続き，当時の日本では，尊王攘夷運動や倒幕の動きがさかんになっていた。アは1877年，イは天保の薪水給与令のことで1843年，ウは生麦事件の報復として1863年に起こり，エは1894年，陸奥宗光外務大臣のとき。
(6)Eが掲げられた『青鞜』は，女性のための雑誌。

2 (2)朝鮮戦争の背景には，第二次世界大戦後の朝鮮半島で，アメリカを後ろ盾とする大韓民国とソ連を後ろ盾とする北朝鮮が分かれて誕生したことがある。